El-İhkam Fi Usulil-Ahkam

Muhammed el Ahmedi

EL İHKAM Fİ USUL AHKAM

Seyfeddin Ebu' Hasan Ali bin Ebi Ali bin Muhammed el Ahmedi
1- Cild

Temel Hüküm Kuralları

1- Kural : Fıkhın temellerini anlayabilmek için hedefleri konularını izah etmek ve meseleleri, ilkeleri gözönüne serilmeden önce fıkhı anlamak gerekir. Söylüyoruz ki; harhangi bir kişi ilim dallarından herhangi birini öğrenmeden önce işte o ile dalının ne demek istediğini, kafasında tasarlayıp, daha sağlam bir beklenti elde edebilmesi için, aynı zamanda konusunun, fayda ve zararlarını özelliklerini anlaması gerekir.
Gerçek gayesi nedir? Boşuboşuna uğraşmaması için hepsini bilmelidir. İlkeleri tasarlamak , bu ilkelerin özelliklerini anlamak, ilkelerin temelini anlaması bakımından önemlidir. Dayandığı sağlam bir yapı, dayanak olması bakımından önemlidir.

Fıkhın temelleri ve usulleri ne demek?

Söylüyoruz ki; birisi fıkıh dediğinde ne arlıyoruz. Usulleri anlamak için önce fıkıhın ne olduğunu anlamalıyız. Usul; lugatte tamlanan fıkıh tamlıyandır. Anlamak demektir. Hud suresi 91. ayeti kerimede Allahu(c.c) Teala buyuruyor ki " söylediklerinin çoğunu anlamıyoruz." İsra suresi 41. Ayette ise " Ne var ki siz onların tesbihini anlamazsınız." Araplar bu konuda şöyle diyorlar. Fıkıh,anlamak demektir. Söylediklerini fıkıhladım , yani anladım demektir. Bazı söylentiler ta ilimir kendisidir. Fakat ;anlamak zihnin zekası demektir. Bir konuyu anlamak ayrı ilime sahip olmak ayrıdır Her anlayan alim değildir, ama her alim anlar.
Fakat din adamlarının tanımında Fıkıh; ancak dini hükümlere ve adlarına aittir. İncelemek ve ispatlamaya bağlıdır. İlim ; dini hükümlerin kuşkuya yer bırakmayacak şekilde ertelenmesidir. Halk dilindeki anlama rağmen usulde fıkıh ilim değildir. Fakat fıkıh; konular hakkında bigilendindirme ve kesin bir şekilde anlamlandırmadır. Kendi içinde çelişki olsa bile.
Dini hükümlerden bir veya ikisi tek başına onların tanımladığı fıkıh değildir. Ancak tümü fıkhı meydana getirir. Çünkü ; Fıkıh bütün hükümleri kapsayan bir şeydir . Dini hükümler akıl ve hissiyatı saf dışı bırakmak değildir. İlmi bir delili inceleme dallarının elde ettiği kanıtları göz önünde bulundurmayarak ispatlamak örf usullerinde fıkıh değil .
Söylenmek istenen şeyi Cibril Aleyhisselam vasıtasıyla Hz. Muhammed'e (S.A.V.) vahy gelmesi örf usulüne göre fıkıh değildir. Çünkü incelenemez. Fıkhın usulleri ise herhengi bir şeyin aslı , kendisine ait olan ona istinaden olabilen şeydir.
Fıkhın usulleri ise herhangi bir şeyin fıkıh kanıtları , delilleri ve bu delillerin dini hükümlere aitliği ve nasıl elde edildiğine topluca bakar. Ayrı ayrı değil.
Özel kanıt ve deliller özel konularla ilgilidir. Fıkıh usullerinin konusu ise ;bilinmesi gereken herhangi bir ilimin , konusu ; o ilimi bulmak için türünün olumlu veya olumsuz tüm verilerinin incelenmesidir. Usul alimlerinin konusu;inceleme yaptıklarında delillerinin ,dini hüküm dışına çıkmayarak , kendi içinde bölümlerinin değişikliğidir
Usul ilminin gayesi ise ; dini hüküm ilimlerini insanların anlaması , sonucca varması ve ilimin onlara yetişmesidir. Bunların gayesi, dünya ve ahiret saadetidir. Varılması istenen , sorunların nereden geldiği, durumunun anlaşılmasıdır.

1.Kelam ilmi: Dinen ispatlanmış hükümlerdir. Allah (C.C) ve sıfatını tanımak, (özelliklerini), Peygamber Efendimiz (S.A.V.)'in getirdiği, bildirdiği şeylere inanmaktır. Bunların dışındakileri de tanımaktır.
2.Arapça ilmi :Buradaki deliller sözlü delillerdir.
-Kitap
-Sünnet
-İlim adamlarının ve eskilerin söylediklerini konuları anlamasının mecaz yönü, hakikat yönü, genel yönü, özel yönü, kat'i yönü , bağlayıcı yönü, iptal yönü, izmar, mantık söylem, anlam, kaza , işaret, uyarma, ima ve bunların dışında bilmediğimiz konuların.
Dini hükümler ise bu ilme bakan, ilgilenen kişi delillere bakar. Dini hükümlerin hakikatlerini bilmelidir. İspatı veya reddi için gayesi tasarlanmalıdır. Sorunların izahı; örnekler vererek , şahitlerin çokluğundan yararlanarak , inceleme ve araştırmaya ön ayak olur. Söylemiyoruz ki ; herhangi bir sorunda deliller var veya yok. Delillerin varlığı veya yokluğu , reddi , bu hükümlerin olmadığını göstermez.
İlkeleri ise; Bütün ilimlerin ilkeleri tasavvurat yani tasarlamak doğru belgelerle olur. İçindeki kanıtlanmış ise herhangi bir ilmin sorunları üzerinde duracak, yüksek ilim ilkesi gibi içindeki doğru olmayan, kabullenilmiş fakat bu ilimden daha üstün bir ilimle kanıtlanıncaya kadar Arapçadan ve dini hükümler dışında tutulur.
Usul ilmindeki ilkeler nelerdir? Söylüyoruz.
-Kelam
-Arapça dini hükümler dışına çıkmaz. Bunlar ayrı ayrı ele alınacaktır.

1.KISIM:KELAM İLKELERİ
Fıkhın usulleri fıkhın delilleridir. Bunun içindeki delilleri tanımak, ilmi ve zanni bölümleriyle bunların inceleme olmadan varoluş delillerini tanımak gerekir. Tasavvur ve sınırdan başka bir şey değildir.
Delil: Arapça'da –del– yani yol gösterendir.
Delil ilme aittir. İşaretler şüpheler zanna götürüyor. Yani varsayım haline geliyor. Fıkıh adamları; insan aklı selim ile istediği şeye varabilir diyorlar. Yani 1. Akıl yolu ile istenilen şeye varılabilir. 2.Delillerde bakış açısı sağlam değildir. 3. Tasavvuri ilme varmak için kat'i ve zannı içine almalıdır.
İlim usulü tanımlamalarında istenilen sonuca varmak;gerçekçi , akıllı olarak yaklaşmak ve hissi olarak yaklaşmaktan ibarettir. Bunlar iki konu üzerinde yoğunlaşır.

1.Alim yazardır. Yazar akılcıdır. Eser sahibidir. Alim eser sahibidir.
2- Kitap-sünnet- icma-kıyas(karşılaştırma)
3- İçki haramdır. Şarabın yasaklanması, sarhoş ettiğinden, bütün içkiler yasaktır. Peygamber Efendimiz (S.A.V.) "Bütün içkiler haramdır" buyuruyorlar. –Hadis–
Nazar lugatte (dilde) gözlemektir. Merhamet, karşılaşma ,şevkat, düşünme , itibardır.
Kadı Ebu Bekr demiş ki:Fikir, ilmi ve zanni düşünce sonunda oluşur. İstisna olarak, hayat ve hayat şartları bunların dışında tutulmuştur.
İlmi ve zandan kasıt genellemektir. İkisi birarada olursa bu istinilendir. İyi bir şey fakat başka bir anlamla bu açıklanabilir. Ayrıntı ve şüpheye düşmeden bu yol seçilebilir.
Daha önce anlatmış olduğumuz 'Abkar El Efkar' fikirlerinin gözlemi ise "Akıllıca davranmak, geçmiş meselelerine ilimle ve zan ile yaklaşmaktır." Gayesi;akıllardaki olmayan şeyleri olan gibi göstermektir.
Gözlem eylemi:Tasavvur ve onaylamayı içerir. Kat'i ve zanni delilin sağlamlığı bakımından önemlidir. Bunun tersi ise gerçek değildir. Aklın varlığı şarttır. Gaflet ve uykudan, ölümden aklı kurtarmak sayesinde ilme varılabilir.
İlim hakkında ayrılığa düşülmüştür.

İlmin konusu hakkında bazıları sınırlandırılması mümkün değildir diyenler olduğu gibi, bunların içinden kısmen tanım yollarında kısım ve örnek diye ayırırlar. İmam-ı Harameyn ve El Gazali kısım ve örnektir diyorlar.Bu da tam doğru değildir.
Bölümlerin faydası yoksa ilimi , diğerlerinden ayırd etmeye yaramayacaktır Ayırd edebilecek niteliği olsa bile ancak bu kadar açıklanabilir.
Diğer görüş :Bilgi ilimde zarurudir. Nazari değildir. Çünkü herşey ilimle öğrenilir. İlimden başka birşey öğrenilmiş ise bu roldür. Çünkü herkes kendinin varoluşunu öğrenmesi zorunludur. İlim bu tasarlamalardan birisinin onaylanmasını zorunlu kılar. Bu da doğru değildir.
1.görüşte ilmin dışındaki şeyler ilme isnad ediliyor,bağlanıyor. Ayrıca ilmen ilgisi olmayan şeylere ilgilendirilmesi yanlıştır.
2.görüşte gerçek olaylardan ve davalardan oluşan tasarlamalar zinciridir, zaruridir. Bu da yanlıştır. Çünkü zaruri davalara ancak akıl tarafından inanılır. Gerçek içeriği tasarlanarak durmadan tasarlanıyor. Bu tasarlamalar nazari (görsel) veya zorunlu olsa gereklidir. Diğerleri ise sınırlama getirirler. Bu da çok sınır tanımıştır. Bu sınırlamaları daha önce 'Ebkar EL Efkar' ile iptal ettik Söylenmek istinen şey ise ilim, bir sıfattır. Kendisine tüm anlamları ve gerçekleri ayırdetme, çelişkiye düşmeden kararlaştırabilme yeteneğidir.
Sıfat dediğimiz, kendisine ve başkasına yüklenilen niteliktir. Ayırd etme demek hayat ve koşullarını anlamaktır. Bütün gerçekleri anlamak ile hissi anlayışlar arasındaki farkı anlamak tümüyle bütün hususları anlamaktır.
Ebü'l Hasan mezhebine uygularsak idrakler bir ilim çeşidi ve türüdür. Bu topluca bağlayıcıya ihtiyacımız kalmaz.Daha önce var olmayan bir şeye eski bir kısımdır. Bu da hiçten varoluştur. Olay zaruridir.
El ilmül hadidi :Hiçbir mükellefin bu ilmi gözlem ve delillerle elde etmesi mümkün değildir. (Allah'ın(C.C) ilmini). Demek ki bilimin içeriği , gerçek gözlemle demektir. Fakat zan ise iki ihtimal arasına sallanıyor.

2.KISIM :ARAPÇA İLKELERİ

Daha önce usulleri dilden ele alıyorduk. Bunun içindeki ilkeleri tanıtmak lazım. Bir de sunuş olarak söylüyoruz. Yeryüzünde ki en şeref li varlık insandır. Çünkü Allah (c.c) tarafından en güzel şekilde yaratılmıştır. Çünkü Allah(C.C) akıl ve idrak vermiştir. (Anlaşılır şeyleri anlema yeteneği.)
Varlık sebebi gerçekleri ayırdetmesidir. Peygamber Efendimiz (SAV) buyuruyor ki "Ben bir hazineydim. Bilnmiyordum. Varlıkları yarattım onlar vasıtasıyla kendimi tanıtıyorum."Bu bir kudsi hadistir. Allahu (cc)Teala onun vasıtasıyla buyuruyorlar.
Gözlem sonuçlarına bakılmadan; zaruri olayları ve istenilen şeylerin gerçekleştirilmesi daha önce herkes kendi bildiği şeyi kendisi yapıyordu. Gerekssinme sonucu delil göstererek herhangi bir kişinin diğeri hakkında bilgi elde etmek, veya ihtiyaçlarını karşılamak için ihtiyari fiiller doğmuştur. Bunun daha hafifi , gerekçeler ve malzemelerin sahibi değillerdir. Gerekçelerin kalabalığından doğan zararları yoktur.
Allahu Tealanın (CC) bir lütfu olarak insan diğer hayvanlardan ayrı olarak konuşma yeteneği verilmiştir. Ses telleri vermiştir. Bunların değişikliğinden doğan sonuç , konuşma delili hasıl olmuştur. Konuşma dili kendisi anlam için konulmuşsa veya konulmamışsa birinci kısım ihmal edilip , itibarı yoktur. İkincisi ise;çeşitlerine göz atmak lazım. Durumunun başlangıcı ve yollarının tanımı , bu iki asıla göz atmak gerekir.

1.ASIL ÇEŞİTLERİ 2'DİR:
1-Müfred

2-Mürekkeb
Müfred 6 fasıldan oluşur.
1.Fasıl:hakikati yani gerçeği gösterir. Herhangibir kısmı asıl birşey göstermez. İnsanın sözü gibi . insanın sözü –inne- ve –ide- burada insan söylediğimizde , örneğin: Abdullah dediğimizde tekildir. Allah'a (CC) istinaden Allah'a (CC) kulluk manasına olursa, ele alınırsa murekkebdir.
2.Fasıl: İşaret bölümleri ise ikiye ayrılır.
1.Lafz-ı delaleti yani sözün manayı ifadesi .
2.Sözsüz ifade

1.Sözün manayı ifadesi anlam ifadesinin bütününü ele alır,veya bir kısmını ele alır.
Deladet(İşaret) : Anlaşmaya varılan , dolaysız bir şekilde manayı ifadedir. Göstermek ve işaret etmektir. Örneğin insana insan dediğimizde onu yani neyi kasdettiğimiz açıktır.
İşaretin dolaylı ifadesinde ise ; gösterilen anlatılmak istenen mana şu şekilde ele alınır.
İnsan sözünün anlamı içinden; konuşan bir canlı varlık anlaşılır. Dolayısı ile ifade anlatımıdır. Dolaysız işaretler daha yaygındı. Çünkü diğerleri basit bir şekilde anlatılır. Gösterlilen , işaret edilen basittir, ayrıntı yoktur.
Lafz-ı olmayan yani sözsüz işaretler. Verilen sözün anlamı olması şarttır. İşaret edilen mana açıkça kesindir. Sözden anlamak için akıl veya direkt olarak sözden anlayan zeka, anlayış gereklidir. Bu gereken şekilde anlaşılmışsa bu gerekli işaretlerdir. Dolaylı işaret,dolaylı anlatım ve yol göstermek akıllıca ve sağlıklı bir anlatım ve yol gösterme değildir. Bu anlatım ; gereken , uyulması lazım olan şartları içermez. Fakat kısmi dolaylı anlatım az söz anlatımından ortaya çıkar.
Diğer tarafta ise sözsüz anlatım vadır. Dolaysız anlatım sözlü anlatım içinde olduğundan diğeri sözlü anlatım içinde değildir.
Uyulması gereken hemen hemen doğrudan doğruya eşit sözlü dolaysız anlatımı içerir. Dolaysız anlatım geneldir. Bunların gerekeni ve bölümleri yoktur. Ayrıca kısımlandırma yoktur.
3.Fasıl : Tekil Bölümleri
Bu da haber kipi kısımlarından biri. Bu haber kipi iki kısımdan oluştuğu için doğruluk sıfatını taşımayabilir.
1.ise haber kipinin kendi cinsinden olabilir veya olmaz. 1.ismin kendisi 2. Fiil
1.bölümün ara başlığı harftir. Bunların eksik isimleri de vadır. Özneler gibi, sıfatlar gibi. Haber kipi bunlardan oluşmaz.
4.Fasıl : İsim :Varlıkların adı olan kelime.
Zamana bağlı değildir. Yapısı itibarı ile tek olabilir, çoğul olbilir. Tek olursa anlamı kendinden ayrı olarak tek olabildiği gibi çoğul da olabilir. Tekil ise anlamı çeşitlidir.
1.Kısım :Yukarıdaki anlama göre çoğul ortaklık edebilir veya etmeyebilir. Ortak olanlar toplucadır. Bu ortaklık fiili olarak veya kişiler olarak olabilir . Mesela gezegen. Kişiler ise insan ismidir veya dışarıdan başka bir isim; evren , alem, dünya , güneş, ay veya ortak hükümlerle anlatılan bir isim altında bir dağ manasına gelir. Sıfat olabilir veya olmayabilir. Sıfat ise bilim adamı veya kudretli. Sıfatsız ise kendisi – den- insan veya at veya ilim –cahil-olabilyor. Bunlar v.b.
Bunların anlamı ile ilgili görüş ayrılığı yoktur. Hemen hemen aynıdır. Belirtili belirtisiz isim olabilir. İnsan veya at örneğinde olduğu gibi belirtisiz. Bunların ortak belirleyenleri veya nesne belirliyenleri olabilir. Bu nedir?sorusuna cevap nesnedir. Ne? sorusuna zarf cevap verir.
Ortaklıklarda öznel olan kelime anlamı ortaklıklara elverişli değil ise bir bölümdür. İçinde yazışma olabilir veya olmayabilir. Birincisi ise ismin türleri .Örneğin Zeyd Amr bir isimdir. Kişidir veya başka şeylerden ona geçen fiilden , yani başka şeylerden intikal eden fiiller. Fiilden intikal edenler , sesten

intikal edenler. Bir aslan, kartal, akbaba isminin isim manaları vardır. Bunlarda fazıl gibi olanlar da var. Sıfat isimlerdir. Cömert gibi.
İkincisi ise fiilden türemiştir. Örneğin mazi, şammara (sıvadı)yani şimdiki zaman. Zaman yoruluyor. Sus(emir kipi)kendisi veya başkasından alınan ilişki gibi. Örneğin hamran ismi. Bunların hepsi normaldir. İki isimden oluşan veya ayrı ayrı olanlarda. Abdullah gibi de olduğu gibi Hadramut isminde olduğu gibi baalebek gibi bileşik isimdir. Ayrıaca iki haften oluşan kelimeler de vardır. İsim ve fiilden oluşan kelimeler vadır. Ör. Gözudönmüş gibi. Fiil ve harften oluşan kelimeler vardır. Ör. Ali kalktı gibi. İsim tek ise ve adları değişikse (isim tekil ise) böyle bir durumda tüm doğru olarak 1.si ortak isimler beyaz-siyah gibi veya belli olmayan; siyaha kara diyorlar. Herhangi bir kişiye bir sözü dersek bunu biliyoruz. Aynı zamanda ne için söylediğimizi biliyoruz. İlmen bunu ona söylediğimizde siyah –kara dersek ilim burda sözün bir bölümüdür. Türemiştir. Sıfat durumuna gelir. Gerçek isimdir. İkincisi ise mecazidir. İsim çeşitli ise bunun manaları tek veya çeşitli olabilir. Adları bileşik veya çeşitlidir. Tanımlıyan ve nitelik bildiren isımler ör. Kısa boyluya cüce –müce denir. Bunun gibi kelimelerdir. Adları çeşitli ise belirtili isimlerdır. İnsan ve at gibi.
1.Mesele :Ortak sözlerde insanlar ayrılığa düşmüşlerdir. Arapça' da (lugattaıbazı insanlar bunları kabul edip ipatlamış ,bazıları kabul etmemişti. Oluşumun akıllıca varlığına çözüm:bir sözün iki anlama girmesini akıl kabul edebilir. Başkaları da bunu teyid eder. Durum itibarı ıle karşılıklı yollarda kabul edilir.
İki kabileden biri bir ismi hakikat anlamıyla, ikincisi başka anlamını istemeyerek, birbirlerinin haberi olmadan verebilir. İki sözde meşhur olur. Fakat sebebini saklıyorlar. Bu durumda akıl farkı anlayabilir. Bu söz bir hedef için ise , bunun anlamı cümleden tam olarak ayrıntılı değil. Tümünü belirttiği için ayrıntısız söz olmaz.
Ortak sözlerde (bazı insanlar dediler ki)dilde gerçek olmasaydı isimler adlandırmalar ile tanımlanmamış olurdu. İsimler tamamlanmış ise ; bunların tamamlanmış harflerden oluşması gerekir.
 Adlandırmaların çoğunun sözlü belirtilerden yoksunluğu ve onlara da gerekli olduğu yanlıştır. Çünkü isimler belirtili harflerdan oluşmuş ise belirtili olması gerekmez. Bu görüş de makbul değildir.
Herhangi bir adlandırma gayesi; hedefin durumu ile ilgilidir. Sonu olmayan durumlarla ilgili böyle birşey imkansızdır. Bunun için çok anlamlar için Araplar ona ait bir söz koymamışlardır. Ortaklık ve ayrıntılı şekilde ör . koku çeşitleri veya sıfatların çoğu . Ebu'l Huseyn El Basri dedi ki "Arapça'da taharet ve hayz için bir ad koymuşlar. Birbirine zıt iki kelime olduğu halde " Söyleyen söyler ki; söylenenin ortak dayanağı olmayan , bu ilmin esaslarını ortaya koyanların dayanağının gayesi ise; ilim bileşimi ve aclandırmalarının çokluğudur. Gerçeklerin anlamına ortak olan kelimelerin , gerçeklerin değişikliği ile değişmemesidir.
1. gerçek 2. mecaz olabilir. Bunların yerleri bize gösterilmemiş dikkate alınmamışsa; daha sonradan olan önceliklidir. 1. İhtimalde göz atsak bu çift anlam veya otaklığı red ediliyor.
2. anlamda bu çift anlama , ortaklıktan daha çok önem veriyor. Yerine göre değerlendiriliyor. Daha doğruya yakın bir şekilde söylenmesi lazım. Hepsinin ortak görüşü; mevcud olan ismin eski varlık kelimesidir. Gerçek kelimesi sonradan olan veya evvel olandır. Var olan isim eskilere verilir. Gerçek kelimesi sonradan olan birinde mecaz olsa bile işareti mecaz ise, olumsuzluğu yasaklanmıştır. Mevcut ismi Allah (CC)'ın zatına delil işaret eder Veya Allah'ın (CC) sıfatından bahseden işarettir.
1.ise:Allah'ın (CC) zatı bütün varlıklardan değişiktir. Bu olmasaydı ortak bir eşitlik olabilirdi. Bu da mümkün değildir. Varlık isminin herhangi bir sıfatta Allah'a (CC) ait olması bu olaydaki anlayışta veya varlık isminin olaylardaki durumu veya aksidir.
1. ise varlık adında var olan varlık gereklidir. Çünkü zat'ına ait şeyler Allahu (CC) Tealanın varlığına ve zat'ına gerekliliktir. Veya Allahu Teala (CC) (Rab veya) varlığı mümkün , imkan için varlığı zaruret olmuş.

Allah'tan (CC) başka Rabbın var olması imkansızdır. 2. sinde ortaklık sıfatları gerekli ve istinendir. Gayesi anlayış ise bu ortaklıkla aynı manaya gelmez.
Anladığımız şey oranlı eşitliğin zaruretidir. Bu da sözden anlaşılmıyor. Bileşim ortaya çıkabilir veya çıkmayabilir. Çıkmadığında konulmuş gayesinin ne olduğu anlaşılmaz. Ayrıntı ile ilgili anlayış zaruret hali değildir. Cinslerin isimlerinin konulmasıya bunların ayrıntılı veya ayrıntısız olması, daha sonra fayda vermez. Burada istenilen yarar ayrıntının anlaşılmasıdır. Bu da ortak sözün konulmasını yasaklar. Genel olarak bütün hepsinin anlayışları fayda sağlamaz. (Bu da kadı ve Şafii'nin gittiği yerdir, yoldur. Sonra açıklanacak.)
Ortaklık dilde Allah'u (CC) Teala'nın kelamı ile olur. Allah'u (CC)Teala buyuruyor ki :Et-Tekvir suresi 17.ayet; "Kararmaya yüz tuttuğunda geceye ve olsun."Yani ortak olan şey gecenin gelip gitmesi. Birbirine zıt olan anlayış veya anlatmaksa bununla beirlikte beyan varsa faydasız uzatma var demektir. Beyan yoksa gayesini aşmıştır. Bu da gayesini anlatmak değilse abesle iştigaldir. Çirkindir. Bunun için Allah (CC)'ın kelamını bunlardan uzak tutmak lazımdır. Korumak lazımdır. Bu da güzellik ve çirkinlik gibi sıfattır. Sıfat iptal edilecek . Şafii mezhebine göre ve Ebu Bekr Kadı'ya göre ortak tür genellerden bir çeşittir. Genellikle Allah'ın (CC) kelamında yasaklanmamıştır. Genellikler oluyor. Beyanın delil oluşumu ile bir çeşit veya bütün şekillerin iptali, biri hariç olur.
2. Mesele : bazı şeylerde otaklık var zannedilmiştir. Bunlarda eşesli bazı hallerde eşanlamlı sanılmış fakat "ortaktır." Birincisi ise ilk söylediğimiz noktadan burada konu değişik şekilde arz edilir.
1. Zaman   2. Çizgi
1. Burada ilkelerdeki isim ortaklık sanılıyor. Bu da böyle değildir. Çünkü ilkelerdeki isim yalnız onların hangi anlamına bakarak verilmiştir. Çünkü bir zaman için veya çizgi için değil. Bu bakımdan ortak değildir. Ayrı ayrı anlamları vardır. Bu sebeple eşsesli fakat ortaklık yok.
2.ise; bordo dediğimizde rengi belirliyoruz. Şarab üzümden yapıldığı için şarab veya üzüm rengine benzer. İlaç da olabilir aynı renk de ona da benzer. İnsan bu ikisisi aynı anlamlı sanabilir. Ama değildir. Bordo rengi bir renktir. Ona bağlı ayrıntı ne olursa olsun burada eşanlam yoktur. Ortaklık özelliğine bakmadan bazı özelliklier yüklendiğinde nisbeten eşanlamlıdır.

3.Mesele:bazı insanlar dilde eşanlamlılar olmamalı diyorlar. İsim çeşitlerinde asıl önemli olan, bakılması gereken adlandırmadaki isimlerdeki çeşitlendirmedir. Her ismin bir adı var. Diğer adlardan ayrı olarak 4 şekilde beyan ediliyor.
1.Adlandırmanın birliği
İki sözden birinin faydası , işlevi, başka bir anlam elde etmek için iptal ediliyor.
2.Adlandırma bileşimi söylenmişse adlandırma türlerinin, çeşidinin isim çeşit ve türleriyle birlikte isimlerin kullanılması adlandırmanın türlerine nadiren daha yakındır.
Bu da gösteriyorki belirli bir hedefe böyle varılabilir. Sözlerin çeşitlerinin kullanılması kuralı bozar. Asılın tersi olur.
3.Bir ismin ezberlenmesi iki isimden daha kolaydır. İstenilen en iyi faydayı (iki şekilde) ayrı eklem için
.
4.İsim bir olursa herkes onu anlayabilir, tanıyabilir, ezberleyebilir. Seslendirilip hitap etmesinin faydası genel olup, isimlerin çeşitleri ise çoğalırsa iki sonuç olur.
1.Ya bütün isimleri ezberleyeceksin, ya da onlardan birini seçeceksin. O da çok zor.
2.Bunların muuhatabı faydasının ihlali oliur. Her kişinin bir ismini anlaması diğerlerinin anlamaması olabilir. Uzmanlaşma sonucu anlayabilenler olur, anlayamayanlar olur. Cevap ise: insan aklınin ermesinin inkar edilemez bir durumu vardır. Akıl iki sözü bir tane adlandırmaya verebilir, koyabilir. Bunu bütün insanlar kabul eder. Veya iki kabilenin birisi iki ismi ile bir şeyi adlandırabilir. Birbirleriyle

haberdar olmadan bu adlandırmayı yapabilirler. Sonra bu durum ortaya çıkar. Zaruret sonucu ortaya çıkan iki dile bakıldığında aynı imkanın iki dil için geçerliliği ortaya çıkar.
1.şıkta: İki isimden birisinin faydası yok denilmişti. Bu doğru değil. Dilde olaya ayrıntılı bakmalı, olayın derinliğine inmelidir. Bir de istenilene varmak için faydalanılan yolların çoğaltılması gerekir. İki yoldan birisi kapalı ise diğeri açık olabilir. İki harfin söylenmesi şiirlerde , nazım yazılarında, nesir yazılarında, beyitlerde kolaylık sağlar. Edebiyat ve dil erbabı için fasih söz söylemek onun sanatında bir değerdir.
2.şıkta:Söylenilen ise eşanlamlı sözler olabilir. Buna engel yoktur. Ortak isimlerden biri mecaz isimlerin yerine olabilir.
3.şıkta: Diğer sakınılması gereken şey ezberin arttırılmasıdır. Herkese eşanlamlı sözleri ezberleme verilse , ya hepsini ya bazılarını ezberleyeceklerdir. Böyle olmamalıdır. Birtakım faydaları olsa bile yanlıştır.
4.şıkta : İki dilde eşanlamlılığı ispat ediyor. Bu nasıl oluyorda dil kurallarını yok sayıyor. Gayesine bakarak dil kurallarını yok saymak sakınılacak bir durumdur. Çünkü dilde eşanlamlılar vardır. Arapça söyleyişlerden alınanlara göre uzun boyu bir mişiye verilen isim hurma ağacı , sırık boylu gibi. Bunları yasaklayın herhangi bir delil yok. Eşanlamlı sözlerin hepsi burada ortaya çıkmamış , bazıları ortaya çıkmış. Ortaya çıkan kelimeler, ortaya çıkmayanları beyan eder. Bu söz sınırlıdır. Bazı isimler eşanlamlı sanılmıştır. İsimler bir konu için çeşitli sıfatlarla adlandırılır. Ör. Keskin kılıç, hint kılıcı gibi. Ör. Konuşkan , söylevsi kelimesi böyle değildir. Eşanlamlının farkı, daha izahatlı olmasıdır. Kesin anlamlı kelime bu yönden daha açıklamalı bir anlam haline gelmez. Birinin diğerine geçme şartı yoktur. Kesin anlanlamlının aksine, aynı eşanlamlının kendisi değil , bu sözden anlaşılır. Kendi ölçüsüne göre herhangi bir asıl anlamlı kelimenin faydası yok. Ona bağlı olarak kalır. Söylenilen bazı sözlerdeki gibi ör. Hasen-besen şeytan- leytan. İbn'l Dureyd dedi ki Ebu El Hatim'e sordum; besen ne demektir?demişler. O da ne olduğunu bilmiyorum demiş.
1.Kısım :İsim üç kısımdır.
1.Muzher isim : kendi manasını ıpucuna gerek olmadan sözün gelişinden anlamaya işaret eden isimdir.
2.Muzammar isim:Kendi manasına denk gelen muhatap veya gaiplik yani ikinci veya üçüncü şahısa söylenen ipuçları vasıtasıyla işaret eden isimdir. İkiye ayrılır. 1-zamirler 2-fiiller
3. Mübhem isim: Kendisinden sonra zikredilen veya işaret edilen bir cümle olmadıkca anlamları anlaşılmayan isimlerdir. Bu , şu , o gibi. Ör. El-kan. Baba (eb),kardeş (ah) gibi.
Mübhem isimler tek harften oluşur. Zamir ise ; iki harften aşağı olmaz. (o) gibi .(Arapçada)mübhem isimler , iki harften aşağı olmaz. Şu, bu gibi. Cümle ile ilgili olan şey kendisi ile ilgili olabilir veya olmaya bilir.
Zamirler mübhem (işaret isimleri)insan ya da at kelimelerinin tekrarı gibi.
Bazı isimlerin sonunda yoğun (YE) harfi vardır. Haşimiyy gibi.
4. Kısım: İsim hakikat ve mecaz diye ayrılır. Hakikat kelimesi dilde haktan alınmıştır. Hak ise değişme sabittir. Batıl'ın zıddıdır. Bir şeyin hakkını hak etmiş deniyor. Aynı şey söyleniyor ki bir şeyin hakikati değişmez. Allah'u Teala (CC) buyuruyor ki Zumer suresi 71.Ayet'i Kerimede "Azap sözü kafirlerin üzerine hak vacib olmuştur." Araf suresi 105.Ayet'i Kerimede "Allah (CC) hakkında gerçekten başkasını söylememek benim üzerime vaciptir-borçtur." Fakihlere göre gerçek isimler hem dini hem dilseldir. Dil ile ilgilidir. Dilbilimi örf ile bilimsel olarak ikiye ayrılır. Şu anda söylenilenler bilimseldir.
Dilbiliminde kullanılan söz şu şekilde de olabilir. Ör . Aslan dediğimizde cesaret anlatılır. Ayrıca konuşan canlı olarak insan ele alınır. Örfi olan dilbiliminde ise geleneğe dayanılır. İkiye ayrılır.

1-İsmin genel anlamda konulmuş olması. Arapça'da özel olarak bazı kullanılış adlarından yararlanılır. Ör. 4 ayak sözü gelenek olarak hayvan anlamına gelir. Fakat asıl dilde –dep- hayvan demektir. 2-Bazı kelimeler geleneklerini kullanarak , mecazi olarak dil kuralları dışına çıkar. Ör. Had kelimesinin asıl anlamı "bir emin yerde" dir. Ayrıca gelenek olarak kullanılan mecazi manası insan artıkları, dışkısıdır. Bunların söylenmesi durumunda başka anlam anlaşılmaz. Kendilerine ait olan özel isimleri başka türlü söyleniyor.
Fakat dini isimlerde Arapça'nın o isime ne dediğini bilseler veya bilmeseler dinin gerçeği ne ise kullanılır. İsim o mana için konmamış olsada gerçeği kullanılmalıdır. Bu isimler ör. Namaz,hac, iman , küfür gibi kelimeler terimler değişik şekilde kullanılmaz. Kullanılan söz geneldir. 1.si bu terim hangi şeye hitap etmişse o geneldir. Mecazi ifade dilde olabilir. Bu da bir durumdan başka bir duruma geçer. Bir kişinin bir yerden başka bir yere geçer durumu gibi. Fakihlerin terimlerine göre bu mecaz şeylerde, söz hakikat yerinden başka bir yere gitmesi, sınırlamalarının veya tesbitine bakılmadan dikkat edilmesi ve bilinmesi gereken şey mecaz. Sözün hakikatten bilimsel ve geleneklerden başka bir tarafa gitmesini anlatır. Hakikati daha önce kısımlarına (bilimsel, dini, geleneksel) ayırmıştık. Söylüyoruz ki, kim sözü kullanılan mana dışında ayrı manada düşünmüşse mecaz- ı mürsel olarak düşünmüş olur. Mecaz-ı mürsel değil ise dilde öyle bir şey kabul edilmemiştir. Geleneksel ve dini hakikatleri dil kuralları dışında bırakmış olur. Genellikle mecaz-ı mürsel sözün kullanımında, söz kullanış dışındaki tanımı muhatap alır. Muhatabın içindeki anlam başkadır. Hakikat ve mecaz arasındaki ilişki hakikatin şekli ve görünüşü açısındandır. Ör. İnsanın resmi duvarda resmedilen yerine insan duvarda resimcidir gibi. Öyle zahiri sıfata (görünen) hakikatin yeri aslan isminin insana verilmesinde ortaklık cesarettir. Köle adı esire verilir. Genellikle Arapaça'da meyva suyu şarab diye adlandırılır. Olabilirlik yönü çeşitli olsa bile kurallardan çıkmıyor. Sözler mecaz sözlerde mutlak değil. Söylediklerimize göre durumların kullanılan sözlerden başka bir anlam cıkmaz veya çıkar. Hakikatten ayırd etmet için, ikisinin arasındaki anlam başka bir durumu belirtiliyor. Söz ortaktır veya belirtilen şeyde genellik olmayan ismin özelliğinin delillerine göre dilde hayvan kelimesi –4ayaklı- hayvan yerine kullanılan mecazdır. (4 ayak) asıl anlamda şöyle bir ör. Şura suresinin 11. Ayeti Kerimesinde Allah (CC) buyuruyor ki "Onun binzeri hiçbir şey yoktur." Burada onun benzeri mecazdır. Mesela aslan sözü de insan yerine kimi saman kullanılır. Yüceltmek , büyük göstermek için. Kullanılan söz konu itibariyle kullanılmamış, gerçeklik varsa mecaz sayılmaz. Ör. Dışkı sözündeki gibi. Hayvan kelimesini söylediğimizde 4 ayaklı hayvan sözünde mutlak hayvan manası vardır. Onun gibi benzeri yoktur sözünde dildeki anlam yok. Yani dildeki isim olarak kullanılmamıştır. Benzetmek için onun gibisi yok. Kendisine benzer. Zıtlık vardır. İnsan yerine aslan dediğimizde aslan isminin sıfatını almış oluruz. Geleneksel hakikatlerde bu insanların koydukları geleneklere dayanarak yapılan sözler mecaz sayılmıyor. Hakikat ve mecaz anlamı gelenekleşmiş ise , herhangi anlamda bir söz gelirse , hakikat ve mecaz arasında ilişki varsa hakiki mecaz olarak nakledilir. O kişilerden alınmamışsa mecaz olarak aynı durumlarda değil. Aynı zamanda hakikat olarak tanımlıyor. İnatçı değil de söyleyemezsin. Hakikati var. Söylenen sözün anlamı yoksa mecaz diye haberdar olmadan algılanabilir. Hafızaya ilk gelen gerçek manasıdır. Hafızaya gelmeyen mecaz manasıdır. Sözünden ne meanaya gediği gerçeğine bakılmadan anlaşılıyor ortak sözlerden çelişkiye düşülüyor. Onun belirtileri gerçegine söylendiğinde herhangi bir şey anlayamazsın. Sözün (zihne gelen)anlamı akla gelirse mecaz diye anlaşılmışsa buda söylediklerimize ters düşer. Anlaşılmamışsa genellikle hakikatin kendiside hakikatle uzmanlaşmış olur. Arasıra genellikle çoğunluktan daha tercihli oluyor. Ortak sözde bütün yönleriyle genellikle sorun yok. Fakat ortak sözden bir kişi bir anlam çıkarıyorsa , hakikati hemen söylendiğinde ilk akla gelen şey hakikatidir. Anlaşılmamışsa ince işler oraya girer. Dikkatlice incelenmelidir. Söz kendi anlamı ile değilse ör. Kinayeli , imalı sözdür.

Arapça veya dini hükümlere göre yazan kişiler kinayeli sözlerden ör. Uzun boylu kişilere hurma ağacı denmesi gibi , herkese söylenmeyeceğini bildirirler. Eli açıklık hakikattir. İlim adamına gerçek bir sıfat verilmiştir. Ör. 'Fazıl' .İkisi Allah'ın (CC)varlığıda mevcuttur. Fakat Allah'a (CC) Fazıl veya eliaçık denmez.
Şişe dediğimizde; bu camdan oluşan bir gerçektir. Bir sıvı toplama kabıcır. Aynı anlam testi veya çömlekte de mevcuttur. Fakat onlara şişe denmez.
Lakin kinayeli sözler gerçeği söylemez. Bazı mecazlarda genellik yoktur.
Söyledi ki:1. Şekil söylediğimiz şeylerde dini sözlerde bir engel yoksa şekillere dayanarak, örneklere dayanarak yasaklanma vardır. Bu olmasaydı isim kinayeli olurdu. 2.şekil kinayeli söz hakikat delili değildir. Mecazı delilidir. İçinde gerçek adlar ile (isim) hakikati anlatmaz. Emir ismi özel bir kişiye söylenir. Bir de emir isminin fiillere mahsus hali vardır.
Allah (CC) Kur'anı KerimKamer suresi 51. Ayet' i Kerimesinde "Bizim buyruğumuz bir anlık bakış gibi , yani bir tek sözden başka bir şey değildir." Buyuruyor. Hud suresi 97. Ayeti kerimesinde "Firavun'un emri doğru değildir." Çoğu hakikat yönüyle emirlerdir. Fiillerdeki haliyledir.
Söylemeyiz ki mecaz söz çoğul olmaz. Hakikatin çoğulu olur diyemeyiz.
Bazılarının dediği gibi çoğunlukla eşek sözü inat yerine geçer. İki veya üç eşek olursa eşekler olur. Çoğul isimlere verilendir, adlandırmaya değil.
Bunlar burada kendi içlerinden türememiş Şişe dediğimizde anlantılan anlam testi veya çömleğe türetme yoluyla yüklenebilinr . İçinde sıvı bulunduran kap, ortaklıktır.
İsim bir safat için konulmamışsa bu sıfalardan isim türetilmez. Türetmek ; kelimesinden yasaklanma olmadığı halde doğru değildir. Burada mecazlık var. emir isminin fiile dönüşü, emir eden kimsenin isminden olmaz. Şişenin örneğinin aksi bir durum söz konusudur. Şişe kelimesi testi veya çömleğe verilmez. Verilen karar hakikattır. Burada önemli olan camdır, ayırd edendir
Vücuttan cıkan kokulara verilen isim gerçektir. Türemiş değildir. İsim hakiki olarak bir konuya bağlı olmalıdır. Başka durumlarda mecaz olabiilir.
Allahu Teala (CC) Yusuf suresi 82. Ayette " İstersen içinde bulunduğumuz şehre sor."
Başka anlamlarının içinde mecaz gösterilmesi, ortak olduğu için bu ortak sözün mecaz anlamı taşımamasının mazereti gösterilerek kalanların mecaz olduğu söylenemez.
Söyleyişte ortaklıkta aslen ayrılık vardır. Mecaz aslın gerçeği ise bu da anlamlardaki söz gerçekliği ile sabitlenirse başkaları da mecaz olabilir ikisi arasında ortak bir anlam yoksa. Bu sözün göstermiş olduğu düzgünlük söylenebilir. Genellikle Arapça'da onlar; manalı bir söz kullandıklarında mutlaktır. (lugat ehli)
Başka sözlerin yerine kullanmışsa bir bağlantı ile bağlanmıştır. Bu da hakikati gösterir. Yani başkalarındaki mecaz olarak isimlendirildikleri için , söylem ve anlamda yalnız işaret ile yetinmektedir. Gerçekte mecazsız hakikat veya gerçek kullanımlar daha yaygındır. Söz anlamda gerçek ise anlamı ile bağlantılıdır. Söyleyişinin kendi anlamı dışında fakat bağlantının içinde mecaz gösteriyor. Ör. Kudret ismi sıfattır. Varlıktır. Etkileniyor. Kudreti var manasına geldiğinden ismi taşıyanı etkiliyor. Sıfat halinde .
Canlılara Allah'ın (CC) kudretine bak v.b. şeyler söylenir. Onun üstünde hiçbir kudret yoktur.
Bağlantılanan söz gerçek ile ilgili değil ise adlandırma ile ilgili ise adlandırmanın ayrılığı için isim birinde gerçek ise diğerinde mecaz olabilir. Ortaklık var. Bir anlam konu an isim buna verilmiş anlam veya adlandırmayı başka mana ile yapar. Esas mecaz anlamına gelmez. Hakiki ve mecazda ikisinin ortak isimlerinin vasıflandırılması onlara ait değildir. Zikredilen isimler ör. Zeyd ,Ömer gibi. Hakikat , söz kullanımı ile hangi anlamda kullanılırsa odur. Böylece mecazın başka bir anlamı çıkıyor. Gerçek ve mecaz durumu dilde var. Kullanılmadan önce isimlerin bir anlamı var. Fakat bu özel isimler böyle değildir. Başka manaya gelmez. Ne hakikat ne mecazdır.

11

Konulmuş sözler ilk önce konu itibarı ile belirtilmezler. Çünkü gerçek mecaz değil. Yoksa bu durumdan daha önce konulması farzın tersidir.
Bütün ilk durumlar, meslek erbabının unvanları bile hem gerçek hem mecaz olarak kullanılır. Sanaat hem kendilerine , hem kullandıkları malzemelerine hem gerçek hem mecaz olarak kullanılan kelimenin iptali her hakikatin mecaz , her mecazın hakikati var demektir.
Mecazın gayesi gerçek manayı gizli anlatmaktır. 1.söz gerçek değil , geleneklerde mecazdır.
Kullanılan sözün isimlendirilmesi durumuna göre bir hakikatin geleneksel emirlerine bakılırsa bu gerçek bir bakış oluyor. Fakat bu gerçek mecaz olan duruma göre , dildeki belirtilmiş gerçeğinin bu duran veya olabilirlikten dayanağı varsa olur. Bir de hakikat ve mecaz ortaklığında Arapların söylemlerinin hepsinin birinci durum dışında olması olmaz. Yani hakikat ve mecaz dışında olmaz. Bunlardan bir tanesi de içinde olması lazım. Bu meseleler 5 bölümde ele alınır.
1.Mesele:Dini isimlerin olabilirliğinde şüphe yoktur. Kanun koyan , başlayan kişinin Arapça isimlerinden bir isim konulmasına ihtiyacı yoktur.
Bunların isimlerinin , anladıkları veya anlamadıkları anlamın dışında , kendi isimlerine konulmamış bu iişaretlerin isimlerinin anlamları onların kendilerine tabi değildir. İsim anlama vacib değildir. Bunun için isim adlandırılmadan önce isimin faydalanmasını delil göteriyor. Bu da durumun başlangıcının değiştirilmesini mümkün kılıyor.
Ünvanlı isimlerde (sanat sahibi ve erbabının kendilerine ve malzemelerine verilen)anlaşılmayan durum ise olumsuz ve belgelenmenin gerekli olmasıdır. Kanun adamı Arapça isimlerinden kullanmıştır. Ör. Oruç, namaz, sözünü kullandığında , bunlar durumlarından çıkmış mı? Bunu Kadı Ebu Bekr yasaklamıştır. Fakihlerden Havariç ve Murteziler bunu kabul etmişler. İspat etmişler. Fakat Kadı'nın iki mazereti var.
1-Kanun koyan böyle yaparsa bunu ümmetin tanıması , onun isimlerinin tanımının açıklanması gerekmektedir.
Onların ne anlatmak istediklerinin bildirilmesi gereklidir. Onlar da bunu anlamıyorlar. Bu teklif kabul edilemez, hoş karşılanamaz.
Dinin kurallarıyla olan bu olayların kesin bir söyleme dayanması gerekmektedir. Yani dayanağı kesin olmalıdır burdaki özür kabul edilemez. Burdaki teklif edilen kanunun yasaklanması hoş karşılanmaz. Batıl olur. Murtezilerde bu yasaklanmıştır. Bu teklif çekilmez, kabul edilemez. Anlamaları teklif edilmişse anlatmadan önce anlamalarının sağlanması gerekir. Bu böyle değildir. Anlatmak ise ; anlatım sözleri nakil vasıtasıyladır. Bu da anlatımların tekrarı ve eşanlamlar ile olur. Anne babanın çocuğuna nasihatları gibi sürekli olacak. Dilsizlere işaretlerle anlatmak gibi.
2.Mesele:Bu sözleri Kur'an'da içine alır. Diğer anlamların belirlenmemiş faydası Arapça dilinden olmazdı. Söylediler ki "bilim adamlarına ikram edin." Gayesi fakir ve cahillere anlatındır. Burada öz Arapçada kendisine ve resmine ait değildir. Arapçanın koymuş olduğu anlama göre ; bunlar olmasaydı ilmin esaslarını ortaya koymadan önce bütün sözler Arapçadır. Bu görüş bunu yasaklamıştır. Fakat Kur'an Arapçadır. Bu görüşe göre Arapça Değildir. Allahu Teala Zuhruf suresi 3. Ayet'i Kerime'de buyuruyor ki "Apaçık kitaba and olsun ki bi anlayıp düşünmeniz için onu Arapça bir Kur'an kıldık."Şuara suresi 195. Ayeti kerimesinde "Apaçık Arap dili ile" İbrahim suresi 4.ayette "Her peygamberi yalnız kendi kavminin dili ile gönderdik."buyuruyor. Bu yolun zayıflığı ayetlerle de belirlidir.
Kur'an kendi içinde Arapça olmayan kelimeleri bulunduruyorsa hapsi Arapça olmuyor değildir. Kur'an Arapçadır. Arapça olarak indirilmiştir. Kur'an ayetlerine göre surelerine göre , tümüne göre ele alınıp isimledirilebilir. Bir sureye Kur'an denebilir. Hakikattir çünkü. Kur'an tümden alınmıştır. Söylenir ki: Dişi deve sütlerini memelerinde toplamıştır. Okuma anlamıyla havuzda su toplanırmış gibi. Bir surede

tümü anlamı vardır. Çünkü harflerden , sözcüklerden, ayetlerden oluşmaktadır. Bunun için ona Kur'an diye söylenebilir.
Hedefinin aksine söylersek olmaz. Biri yemin etmişse "Kur'an okuyamıyorum diye" bir sure olursa yemini bozulmuş olur. Çünkü sure Kur'an'ın içindedir.
Anlam yüklenmesi bazılarından daha öncelikli değildir. Bunun için Arapça olmayan bir dilin yüklenmesidir. Topluca Kur'an'dır. Toplu bir şeyin içinden birini yapmak tümünü içerir. Bütün ümmet söylerse Allah (CC) yalnız bir Kur'an indirmiştir diye, Kur'an'ın bölümler de Kur'an sayıldığından ikilik oluşur. Bu da fikir birliğine ters düşer.
Kur'an bir tektir. Bunun için bütün olarak ittifakla adlandırılma zarureti vardır. Ümmet fikir birliğine girmiştir. Kur'an'ın yalnız bir indiğine dair fikir birliği oluşmuştur.
1-Tümü Kur'an diyenler
2- Bazıları değil diyenler.2.si yanlıştır.
Söylenen şey: Kur'an'ın bazı bölümlerinin Kur'an sayılıp sayılmayacağıdır. Yoksa ayet ve surelerinin anlaşıldığına göre Kur'an 'ın bir tek olduğuna ilişkin fikir ayrılığı yoktur.
Kur'an'ın bazı kısımlarının , karşı bir grup tarafıdan Kur'an değildir demeleri , bazı bölümleri Kur'an demeleridir. Demek değilki istenilen bazı veya bir kısmı Kur'an olsun.
Ortaklıklarda bir kısım ismiyle gsterilmişse ortaklık vardır. Söyleniyor ki- et-kemiğin bir kısma da olur. Suyun tümü bir ortaklık anlamıyla ortak oluyor. Adlandırma isme ait oluyor. Bu da bazılarının çoğunda ortak olmamış. Onlar – on –değil. Onların bazıları on değil. Yüzük bazı yüz. Ekmek bazı ekmeği ısırıyor. Yani evin bazı ev v.b.
Görülüyor ki Kur'an tümü Arapça'dır. Bu hakikat yönüyle ve mecaz yönüyle 1. Yasaktır. 2. Doğrudur. Olumsuzluklar olumlu sözlerden, söylemlerden, ispat söyleminden daha makul değil. Hakikate varmak isteyen için tercihli iki yol vardır. Bütün Kur'an'ı ele alırsak tümü Arapça dır. Bu da hakikat ve mecaz yönüyle 1.yasak 2.doğru.Çoğu Arapça olan Arapça'dır. Zenciye siyah deniyor gibi. Fakat zencinir dişleri, gözleri istisnadır. Örnek. Rumi beyaz diye adlandırılır. Gözleri , kirpikleri istisnadır. Şiirde Farsça kelimeler varsa veya çoğu Farsça ise içinde Arapça sözler varsa bile şiir Farsça sayılır. Kur'an içinde surelerin başlangıcında Arapça olmayan harfler var. Kur'an'da Arapların daha önceden bilmedikleri ibadetler ve onların tabirleri var. Onlar Arapça değil.
Allahu Teala (CC)Bakara suresi 13. Ayette buyuruyyor ki "Allah sizin imanınızı asla zayi edecek değildir."Söylenilmek istenen namazdır. Arapçada eman namaz anlamında değildir. İman tasdiktir. Bakara suresi 43. Ayeti kerimede Allah (CC) buyuruyor. "Namazı tam kılın." Namaz Arapça'da duadır. Dinen ise fiildir,eylemdir,ibadettir. Bakara suresi 43. Ayeti kerimede Allah (CC) buyuruyor ki " Zekatı hakkı ile verin." Arapça'da zekat fazladır. Yani fazla manasına gelir. Dinen farzdır,verilmesi gereken maldır. Bakara suresi 183. Ayeti kerimede Allah (CC) buyuruyor ki "Ey iman edenler oruç sizden önce gelip geçmiş ümmetlere farz kılındığı gibi size de farz kılındı." Arapça'da oruç kelimesi birşey yememektir. Dinen farz olur. İbadettir. Ali İmran suresi 97. Ayeti kerimede buyuruyor ki "Yoluna gücü yetenlerin o evi hac etmesi Allah'ın (CC) insanlar üzerinde bir hakkıdır. Hac Arapça'da kast-I mutlak yani kayıt ve şart konmamış niyet olandır. Mutlak niyettir. Bunlar Kur'an'ın içinde Arapça olmayan kelimelerdir. Arapça olup mecazi olarak konulmuş olanlar da vardır. Arapça olmayan harfler, surelerin ismini belirtmek içindir.
İsimlerin bazıları ibadet fiiline ait belirlenmiş olduğu için Arapça'da özel isimlerle adlandırılmıştır. Dinen sevabı ve cezaları yapılan veya terkedilen şeye göredir. Arapça'nın içinden olmayan hiçbirşey yok Kur'an'ın içinde. Bakara suresi 143. Ayeti kerimede Allahu Teala (CC) buyuruyor ki "Allah sizin imanınızı asla zayi edecek değildir." Burada namazın tasdiği söz konusudur. Allah (CC) namaz kılın, dua edin buyuruyor, zekat verin buyuruyor. Zekat anlamında Allah (CC)'ın istediği elimizdekinin çoğalması için zekat verin. Oruçta anlaşılan imsak yani yememektir. Hacdan anlaşılan niyettir. Kanun

koyan bunlara br şart koymuş kısımlarının doğruluğu bakımından dinen başkalarını onlara katmış. Burada Arapça'nın durumunu değiştirme ile ilgisi yok. Mecezi bakımından bu şartlara ör. Namazı ele alırsak da o namaz kısımlarından biridir. Birşey kısmı ile adlandırılabilir. Şiir var. Kur'an kısımlarının ismini adlandırmış, bir de söz, oruçta , zekat ve hac da söylenebilir. Oruç, zekat, namaz adları özeldir. Hayvan sözüyle bu konunun tercihi var.
Arapça dilinde namaz fiillerin göre namaz adı verilmiştir. İmamın yaptıklarına uyulması gerekir. Zekat da gereken sebeb ismi ile adlandırılmıştır. Sebeb müsebbibten Arapça'da mümkün kılınıyor. Mecaz Arapça'dan başka bir dilde değil bu harflerin isimleri bir surenin isimlerine ait ise bu da özeldir. Arapça değildir. Fakat Kur'an'da Arapça olmayan dilde bulunuyor. İbadette isim olayı dinen doğrudur. Araplar o ibadetlerer isim vermemişlerdir. Bu isimler özel kendi konularına verilmiş, var olmuştur. Fakat kanun koyan bölümlere şartlar koymuştur. Şart olmadan doğru olmaz. Arapça'da namaz duadır. Fakat namaz fiillerle de olabilir. Dua olmadan olabilir. Ör. Dilsizlerin namazı. Duayı anlamıyorlar. Fakat fiilen tek başına adlandıramaz. Dua namazda olmayabilir. Dua bitiminde namazdan çıktı denebilir. Duaya başlasa namaza döndü denebilir. Namaz kıldı, söylenmez. Duasız namaz olur diyenler de var. Bu konuda fikir ayrılığı vardır. Bu fiillerin böyle isimlendirilmesi mecazdır. Aslında önemli olan hakikattir. Bazıları dua fiillerden bir kısımdır der. Bir de kısmı isim ile adlandıranlar var.Bazı kısımların 1.yasak 2.doğru. Onluk-beşlik denmez. Tümü söylenmez yani. Bazıları kısım söylense bile bunların ör. Başlıbaşına mümkün değil. Yani istenilen şey Kur'an sözünün gerçekliğine delildir. Söylersek ki , söylediklerimize göre sizin söylediğiniz şeyler doğru değil ise söylediğiniz şeylerin aslın tesbiti ve başka durumun tesbitini icap eder. Arapça'nın dilsel durumu 2. Şeylerden yoksun değildir. Bunun değiştirilmesi gerekmez. Bu dururmda galip ekseriyet (çoğunluk) kalıcı, değiştirilmiş değildir. Söylediklerine çoğunlukla söyledik. Zıttın durumu var. Daha öncelikli çünkü tek bir mecaz var. Sizin söylediklerinizde çeşit çeşit manalar var. Bu da öncelikli. Bazıların uzmanlaşma yönüyle mümkündür. Namazın fiillerinin adlandırılması gibi. İmama tabi olunmasında imamın namazı tek namaz olarak adlandırılamaz. Zekatta aynı şey. Zekatın farz sebeplerinden dolayı zekat diye adlandırılması doğru değil. Mallarda çoğalma varsa 1. Sebep çoğalmadır. Veya bazı sebeplerden olabilir. Bazı sebeplerden 1. Yasak 2.doğrudur. avlamak balık oltası sebebi ile olur. Oğula baba denemez. Çünkü baba sebeptir, oğulun oluşmasında. Bilimin oluşmasıyla bu sebeple ilim adamına tanrı v.s. denmez. Çünkü Allah (CC) bütün sebeptir. Bir kişinin diğerine öncelikli bir durumu yoktur. Murteziler buna karşı çıkıyorlar. Bazı ayetlerde. Arapça'da "iman"tasdiktir. Dinen tasdik değildir. Burada selam, iman 70 küsur kapının en üst seviyedir. "Eşhedü enla ilahe illallah, ve eşhedü enne muhammeden resulallah" en düşük seviyededir. Sokakta yerden kötü bir şeyin kaldırılması. Bu iman olarak görünür, tasdik değildir. Dinde ibadet fiilleriniı yapılması gerekir. Namaz, oruç, zekat v.b. orada ibadet Allah (CC)'a olur. Bunun için emredildiler. Beyyine suresi 5. Ayeti kerimede Allah (CC) buyuruyor ki "Sağlam dinde budur." Din burada İslam'dır. Ali İmran suresi 19. Ayeti kerimede Allah (CC) buyuruyor ki "Allah nezdinde hak din İslamdır." İslam ise imandır. İmanın şartı ibadet fiilleridir. Delil olrak İslam iman ise, din İslam olmasaydı, olmazsa yani dendi sahibince kabul edilmeyebilir. Ali İmran suresi 85. Ayeti kerimede Allah (CC) buyuruyor ki "Kim İslamdan başka bir din ben ararsa bilsin ki kendisinden böyle bir din asla kabul edilmeyecektir." Müslümanlar, müminlerden istinadır.
Zariyat suresi 35. ve 36. Ayeti kerimelerinde Allah (CC) buyuruyor ki "Bunun üzerine orada bulunan müminleri çıkardık. Zaten orada müslümanlardan bir ev halkından başka kimse bulmadık." Bakara suresi 143. "Allah sizin imanınızı asla zayi edecek değildir." Burada istenen Beyt-ül Makdisde namazdır. Yol kesici inanmış olsa da mümin değildir. Çünkü cehenneme gidecektir. Bakara suresi 114. Ayeti kerimede Allah (CC) buyuruyor ki "Bunlar için dünyada rezillik ahirette de büyük azap vardır. Çünkü cehenneme giden rezildir. Ali İmran 192. Ayeti kerimede Allah buyuruyor ki "Peygamberi ve

onunla birlikte iman edenleri utandırmayacağı günde Allah sizi içlerinden ırmaklar akan cennetlere sokar." Bu müminlere mahsustur.
Zikredilen ayetlerede oruç,zekat, namaz, hac mecaz yoluyla bildirilmiştir. Mecaz dilden ayrı değildir. Yoldan kötü bir şeyin kaldırılması bir eman işaretidir. Bunun mümkünlük yönü vardır. Gerekli olanın değiştirilmesi hakikatini söylüyoruz. Dilde bu duruma karşı birisinin diğerinden üstün olmaması var. Söylenene göre iman İslam'dır. Hucurat suresi 14. Ayeti kerimede Allahu (CC) Teala buyuruyor ki "Siz iman etmediniz ama, boyun eğdik deyin." Burada red edilir.
Önemli olan isimlerde ki adlandırma çeşitleridir. Durumları değiştirmeye gerek yok.
Allah (CC) Bakara suresi 143. Ayeti kerimede buyuruyor ki " Allah sizin imanınızı asla zayi edecek değildir." Burada istenen namazı tasdiktir. Namazın kendisi değil. İstenilen namaz olsa da işaret edilen tasdiktir. Delil itibarı ile isimlendirilmiştir. Dil durumu itibarı ile mecaz sayılır.
Allahu Teala(CC) Tahrim suresi 8. Ayeti kerimede buyuruyor ki "Peygamberi ve onunla birlikte iman edenleri utandırmayacağı günde Allah sizi içlerinden ırmaklar akan cennetlere sokar." Burada her mümin kasdedilmiyor. Yalnız Hz. Muhammed ile birlikte iman edenler açık olarak kasdediliyor. Allah'a ve Resulune düşmanlık yapmayan kişiler, peygamberle birlikte iman edenler kasdediliyor. Birde mükellef imanla vasıflandırılır. Allahu (CC) Teala'nın tasdiğinden konu itibarı ile gafil oluyor. Mecaz yoluyla. Kendisi inanıyor. Tasdiğe doğru gidiyor. Olabilirlik yönünden bir tanesidir. Bazıları diyor ki asıl hakikattir. Bunları önceden cevaplandırdık. Allah'tan (CC) başka ilah olduğuna inanan dinen mümin değildir. Çünkü iman tasdiği mutlak değildir, özel tasdiktir. Allah ve peygamberinin tasdiğidir. Özel isimlerin adlandırılması dinde değil dilde ayrı oluyor. Dilde mecaz sayılıyor. Allah' I(CC) tasdik edip peygambere inanmamak; imanın adı burada yoktur. İkisi arasında önemli olan gerçeklerin tercihi göz önüne alınmasıdır. Başkalırının gerçekleştirilmiş olmasıdır.
2.Mesele:
Fakihler ayrılığa düşmüşlerdir. Arapçanın mecaz isimleri içine alması konusunda Prof. Ebu İshak bunu red etmiştir.
Kendi taraftarları ve başkaları ispat etmiş. Bu da hak olandır. İspat edenlerin Arapça'daki mecaza örnekleri; aslan isminin cesur, ve inatçı insanın eşek olarak adlandırılması,yolun sırtı gibi sıfatlar,(yolun üstü gibi) filan bir kişinin sefer kanadında savaş bir hayatta ayağa kalktı, gökyüzünün karaciğeri, geceninl uzunluğu ihtiyarlamış v.s. dildeki bu isimleri kimse inkar edemez. Bu yönde gerçek veya mecaz isimler dilde vardır.
Ör. Esad (Aslan) sözü hakikatte yırtıcı bir kaplandır. Eşek sözü ise 4 ayaklı yırtıcı olmayan kara ve deniz hayvanıdır. Sırt, üzt, ayak, karaciğer, hayvana mahsus organlardır. Saçlar kulak memesini geçse v.s. bu, isimler hakiki mana olsa ortak söz olmalı. Yani bu sözler söylenir söylenmez anlaşılır. Bazılarının gerçek delilleri eşit olmalıdır. O zaman şüphesiz aslan dediğimizde akla kaplan gelir. Eşek dediğimiz zaman dört ayaklı kara ve deniz hayvanı aklı gelir. Bu örneklerde olduğu haldi, şimdiki insanlar söylediklerinde ve yazdıklarında bu adlandırmalar gerçek ve mecaz anlamda kullanılırlar.
Söylenirse ;Arapça'da mecaz sözünden olsa bu eş e maksadı gösteren işaretle faydası anlaşılmış olabilir. Ve eşsiz yanı maksadı göstermeyen eşarete birincisi ise:eş maksad gösteren eşarete ise o anlamda başka bir anlam göstermez. O anlamda gerçek olması gerekir. İkincisi ise: o da gerçektir. Zira gerçeği anlamsız, anlamı olmayan ancak öşgü olursa anlamlı olabilir. Yani eş veya masadı gösteren işaret olmadan. Bir de bütün örneklerde gerçek sözle österme imkanı yokmuş, kullanılış şekli bakımından anlaşılır. Burda mecasi söz kullanışı. Eşsiz maksadı göteren eşarete ihtiyaç olmadan. (Hikmet, felsefe ve güzel tesirli fasih) dilden uzaktır.
Söyledik ki birinci cevaptaki mecaz ise ancak eş maksadı gösteren işaretle bir anlam çıkabilir. Ayrılık ise ; sözde nasılsa mecaz ve gerçekte sözlerin sıfatlardan , manevi eşanlamlı olayan. Oysa gerçeklik genellikle sıfatı olmaz.

İkinci cevap ise; Mecaz söz kullanma faydası gerçeklik olmadan burada uzmanlık alanı , özelliği dilde hafif olabilir veya yardımcı işaretle sözün düzeltilmesi ve şiir yazmakla düseltme ve yanyana getirme, musabaka, benzeşme, kafiyeli nesir, yüceltme gayesiyle gerçelekten sapma, tahkir gayesiyle ve diğer gayelerle sözde istenimen gayeler var.

2.Mesele: Mecaz isimlerin Allah(CC) kelamı olup olmadığı konusunda fikir ayrılığına düşmüyşlerdir. Bazıları red etmişler. (Zahi ehli) Rafıza ehli vekalan kısam ispat etmişler, kabul etmişler.
İspat edenler Kur'an'dan ayetler getirerek ispat etmişlerdir. Şura suresi 11. Ayeti kerimede Allah (CC) buyuruyor ki "Onun benseri hiçbirşey yoktur." Yusuf suresi 82. Ayette "istersen içinde bulunduğumuz şehre ve aralarından geldiğimiz kafileye sor." Kehf suresi 77. Ayette "Yıkılmak üzere olan bir duvarla karşılaştılar." Birincisi ise bir harf artması olabilir. Yani "K" harfi alınırsa kelam burada özerk (otonom) olarak kalır.
İkincisi ise; noksanlık. Burada şehrin ehli , sakinler çünkü şehre soru sormak imkansızdır. Burada alayır (4 ayaklı kelimesi) anlamı yırtıcı olmayan kara ve deniz hayvanıdır.
Üçüncüsü ise;ödünçlük. Duvarın iradesi olmadığı için bu sözlerin dilde belirtilen yüklenmesi yasaklanmışsa o zaman yüklenen şey mecazdır. Allah (CC) Şura suresi 11. Ayeti kerimeede "Onun benzeri hiçbirşey yoktur." Buyuruyor. Burada gerçekte olumsuz benzetme var. Çünkü "K" benzetme harfidir. Allah (CC) Yusuf suresi 82. Ayeti kerimede belirtilen şehre sormak, burada istenilen şey insan topluluğudur. Zira şehre çoğuldan alınmıştır. Buradan yola çıkarak "Havuzda su topladıl, (kanat) ve dişi deve memeleerinde süt toplamış(kanat) v.s.
Kur'an'a bütün sureleri içine aldığı için Kur'an adı verilmiş.
Alayır ise kafileye ve içinde bulunan insanlara verilen addır. Oysa şehrin adı, duvarlar ve alayır (4 ayaklı karada ve denizde yaşayan yırtıcı olmayan hayvan) ismidir. Fakat Allah (CC) kudretlidir. Konuşturabilir. Allah ile kul arasında elçilik, bir şeyi tahmin ederek oluşumundan önce haber vermesi , zamanı da Peygamber (SAV) onlara soru sorduğu zaman Allah'ın (CC) kudreti ile konuşabilirler. Kehf suresi 77. Ayette Allah (CC) buyuruyor ki "Yıkılmak üzere olan bir duvarla karşılaştılar." Yıkılmak üzere olanl duvar gerçeği yansıtıyor. Allah (CC) her şeyi yaratabilir. Olabilirlik hakkında söylenilenleri doğru kabul edilir. Fakat kendisine ait şeyler olumsuzdur.
Mecaz yalandır. Reddedilebilir. İnatçı bir kişiye eşek denirsi olumsuzluzlarının doğrulğulna inandırlabilir. Aslan kelimesi doğruluğunun olumsuzluğunun reddi yalandır. Mecaz kelimenin en zayıfıdır. Allah (CC) 'ın kelamı bu olaylardan ayrıdır. Dışındadır. Allah (CC) dilediğini yapabilir. Allahu (CC) Teala'nın kelamı haktır. Hakikat mecaza yakındır.
Şura suresi 11. Ayette Allah (CC) buyuruyor ki "Onun benzeri gibi yoktur." Burada bir "Kef" harfi fazladır. Benzetme harfidir. Yani bir de söylenilen insan ehli anlamı bir topluluk burada, toplanmak için bir yerdir.
Bunun için kari kelimesi Kur'an manasını alır. Toplayan mukri ise misafirleri toplayandır.
Söylediklerine göre alayır kelimesi insanlardan oluşan bir kafiledir. Biz diyoruz ki bu kafile hem insanlardan hem de bu 4 ayaklı havanlardan oluşur. 4 ayaklı yırtıcı olmayan hayvanlarla beraber olmazlarsa insan topluluğuna kafile denmez. Bunlar sorsaydılar cevapları olumlu olurlardı. Biz dedik ki duvarların cevabı ve 4 ayaklı hayvanların konuşmasının ihtiyari bir ortam olduğunu belirttik. Peygamberin (SAV)zamanında oluyordu bunlar. Şu an bu durum yok.
Onların söylediklerine göre Allah'ın (CC) söylediklerine ör. "Altından nehirler geçiyor." Tabirine nehirler geçmez diyeceklerdir.
Meryem suresi 4. Ayeti kerimede Allah (CC) buyuruyor ki "Saçım başım ağardı." Yani aslında yanmadı. İsra suresi 24. Ayeti kerimede Allah (CC) buyuruyor ki "Onları esirgeyerek alçak gönüllülükle üzerlerine kanat ger." Buradaki kanat kelimesi mecadır. Alçakgönüllülerin kanatları yok. Bakara suresi 197. Ayeti kerimede Allah (CC) buyuruyor ki "Hac bilinen aylardır." Aylar burada hac değildir. Bunlar

hac fiiillerinin zarfıdır. Hac suresi 4. Ayeti kerimede Allah (CC) buyuruyor ki "Allah'ın ismi bol bol anılan manastırlar ,kiliseler, havralar ve mescidler yıkılır gider." Burada namazlar yıkılmaz. Maide suresi 6. Ayeti kerimede Allah (CC) buyuruyr ki "Yahut biriniz tuvalletten gelirse" Nur suresi 35. "Allah göklerin ve yerin nurudur." Bakara 194. "Kim size saldırırsa siz de ona misilleme olacak kadar saldırın." Kısas düşmanlık değildir Şura suresi 40. Ayet "Onlar sana tuzak kurarlarken Allah da onlara tuzak kuruyordu." Maide suresi 44. Ayet "Ne zaman savaş için bir ateş yakmışlarsa, fitneyi ayandırmışlarsa Allah onu söndürmüştür." Kehf suresi 29. "Onun duvarları kendilerini çepeçevre kuşatmıştır." Mecazlar sayısızdır.

1.İtiraz: mecazın doğru olmadığı çin yasaklanması yalan olabilir, hakikat olabilir. İspatlanırsa mecaz değildir. Akıllı olanlarına yalanın iyi bir şey olmadığı; tam tersi fakat ödünç alınmışmanın olabilirliği arasanda fikir ayrılığı var. Onlara göre iyi bir şeydir. Söylediklerine göre mecaz en zayıftır. Bu da böyle değil. Mecazı belki daha doğru olur. Konuşmacının gayesini ortaya çıkarması bakımından .
2.yasaklanan şey :Mecaza ait olan olgurun koşulunun gerçekliğinin yetersizliğidir. Gerçeklik olanaklarıyla oluyor. Daha önce söylediklerimiz gaye ve hedegler idi.
3.yasaklanan şey: Söyleme ile ilgilidir. Akıllının kabul etmeyeceğini ve bunu da iptal etmiştir. Akılın kötülenmesi iptil edildi. Benzer ayetlerle bunlar zikredildi. Benzer ayetlerde ne cevap olabilir. Cevap buradadır.
4.Olabilirlik söylenmez. Filanın söylediklerine olabilirlik. Allah'u (CC)Teala'nın hakikat ve gerçeği tartışılmamalıdır.
5. İse Allah'ın (CC) kemanının doğru olması gerçek olmasının gösterir. Hakikat mecaza karşı demek değildir.

4- Mesele: Bunlar Kur'an'da Arapça omayan kelimelerin içine alınmış olması konusunda fikir ayrılığına düşmüşlerdir. İbn-I Abbas , İkrime bunu ispat etmişler. Diğerleri red etmiş. Sağlam delilleri Allah'u (CC)Teala Fusulet suresi 44. Ayeti kerimede buyuruyor ki "Eğer biz onu yabancı dilden bir Kur'an kısaydık diyeceklerdi ki ayetleri tafsilatlı şekilde açıklanmalı değimi idi? Araba yabancı delden kitap olur mu?" Kur'an'da yabancı dil, acemc olmadığını ispat eder. Şuara 195. Ayet "Apaçık Arap dili ile" Yusuf suresi 2. Ayet "Anlayasınız dye biz onu Arapça bir Kur'an olarak indirdik." İçinde bir kelime var demişmer. (el muska –kelimes,), istabrak ve reci kelimeleri de Farsça'dır. Taha, nebatile, kıstas Rumca'dır. Ayrıcı Araplar (el-eb) kelimesini örceden bilmiyorlardı.
 Rivayeti Hz Ömer Ranh. Bir ayet okunduğunda –el, eb- ne demektir? Demiştir. Allah'ın (CC) Peygamberinin (SAV) bütün insanlara, değişik dillere göndermiş olduğunu Allah (CC) Sebe suresi 28. Ayeti kerimede buyuruyor ki "Biz seni bütün insanlara ancak müjdeleyici ve uyarıcı olarak gönderdik." Peygamber Efendimiz (SAV) buyurdu "Ben siyahlara, kırmızılara v.s. gönderildim. Allah'ın kitabı bütün dilleri içine alır. Kelamının hem beyan nem mecaz olarak bütün insanlar için olduğu belirtilir. Peygamber Efendmiz kendi kelamının değil , Allah'ın(CC) kelamının bütün dilleri içine aldığını belirtir. Değişik dillerle konuşulması ifade edilemez. Gayezi ise o Araplara anlasınlar diye açık bir şekilde olması bid'at sayılmaz. Büttn ayetleri içine alan ve birbirine çok benzeyen ayetler vardır. Arapça olmayan harfler sure başlarındadır. Fakkat red eden tarafların cevapları; söyledikleri zikredilen kelimeler, bu kelimelerin Arapça olmadığına inanmıyoruz dediler. Hedefi ayrı dillerin ortak kelimeleri olabileceği ve bunun yasak olmadığıdır. Pantalon yerine pantalonlav v.s.
Gerçeklik gösteren şeyler bütun dillerce oybirliği ile anılmış bir kelimedir. –El –eb-kelimesinin saklanmasını (Arapça olmadığı halde) açıklanamaz. Bütün Arapça kelimeler Araplara aittir. İbn-I Abbas dedi ki "Bu kelimenin ne demek olduğunu bilmiyordum. Fatır suresi 1. Ayeti kerimede Allah (CC) buyuruyor ki "Gökleri ve yeri yaratan Allah'a hamd ederim ki" Fatır kkelimesini Arap kadınarından duydum. İlk anlamına geldiğini" demiştir. Bütün insanlara gönderiliş olan Kur'an'ın Arapça dili içinde

başka bir dili almasına gerek yoktur. Yoksa bütün dilleri içine almış olacaktır. Bütün dillerden özet olarak bir kelime alınmıştır. Beyan ve mecaz bile izin sayılırdı. Gayesi Allah'ın (CC) kemamı bütün dilleri içine alır. Bu da bütn dilleri içine almasını (onlardan kelime veya harf) yasaklamaz. Fakat gerekmez. Bu da öyle birşey olmadığını kanıtlar.

5- Mesele: isimin mecez adıyla fikir ayrılığına düşmüşlerdir. Bütün şekilleriyle Arapçaya daynır. İtibar ilişkilerinin arasındaki yeterliliği, olabilirliği daha önceki söylediğimiz gibidir. Bazlarında dayanak ve ilişki şarttır. Bazıları yalnız ilişki il yetindi. Dayanak olarak nakilleri var. yalnız ilişki ile yetinilmiş olsaydı insan açısandan insan kalimesi yerine insan olmayan bir isim ile ör. Uzun boylunun hurma ağacı adıyla isimlendirilmesinin olabilirilği vardır. Boy uzunluğunun benzerliği var. av, olta isimlendirilmesinde , ağaç–meyve v.b.
Duvar duvarda kalır. Oğul baba olur. Sebep ilişkisi sonucu. Sebepleri itibarı ile netice çıkar. Bunun için olabilirlik yönünün dđruluğu değildir. Kullanılış dayanaklarının olması gerekir söyleyen şöyle söyleyebilir. Engel nedir? Bağlantı ve ilişkinin gercek yeri ve olabilirlik yerinen mecez yönüne isim verilmesinin yeterli oyup olmadığıdır. Bazı hallerde ilişkinin olabilirliği vardır. Bu konuda yasak dil ehlinden, Arapça'dan gelmiştir. Bunların isimlerinin kullanılmasının dayanağının değil, özel olarak Arapça dil ehlinin kullandığı dayanakların olabilirlik açısından geçerli olmasaydı hakiki gerçeklik ismiyle adlandırılmasının olabilirdi. Bunun karşılaştırma veya türemiş isim yoluyla olabilir. 1. Yasaklanmış, 2. Bu Arapça dilinden sayılmaz.
Söyledikleri şekillerin tek veya birer şekilde bulunmasını tayin etmek gerekmemektedir. 3. Kısımda Araplar topluca tayin edir. İsim gerçek ismin söylenebilmesi herhangi bir kişi ile başkası arasındaki ilişkiyi tayin etmek ilişkisinin var olması veya belirlenmesi onlar açısından kendi tarafatarları açısından kabul edilmesidir.
Mecazdan başka anlam yoktur. Bunlar kendi dilleri dışında değil içindedir. Durum kendi söyledikleri gibi olsaydı onmarın tarafından yasaklanma mutlaktır. Bu da söylediklerimezin tersi olur. Biz söyledik ki mutlak şartlı yasalanmasının ortaya çıkmaması veya ortaya çıkmasında mutlak olmaz. Burada güçleşme var. sözün zor anlaşılma durumu olur. Reddedenlerin delilleri; mecazın ince gözetim incemesinin yoksunluğunda yerlerinde doğruluk olabilir. Doğruluk yönlerinden olabilirlikten uzaklaşkırmanın yoksun olmasıdır. Nakli dalanak durumları böye değildir. Dayanak olabilirliğinin ilişkisinin hakikat durumu ile arasındaki ilişkinin yoksun olmasından dolayı dayanak yeterli olabilir. Bir kişi şöyle söyleyebilir. 1.Önemli olan dayanak değil, olabilirlik ve hakikat arasındaki ilişkidir. 2. İse ilişkinin yoksunluğu mecaz durumunun zrunluluğudur. Çünkü durgunluğu, mecaz olduğu için değildir. Yoksa isim veya adlandırmanın ortaklık yönündendir. Buradaki ihtimallerin çoğalması durumunda bakan kişi, tercihli yol ile hükme varılarak içtihad ile halledilebilir.
4. Kısım: Burada isim o anlamda ortaklık olabilir veya olmayabilir.
1. Özel isim , 2. Sıfat olabilir veya olmayabilir.
Birincisi cins ismi aynen olanlar; insan , at, aynı olmayan ilim , cahil, sıfat gibi kalkan türemiş isimdir. Anlamlı isimleri şekil itibarı ile değiştiren çoğul olabilir. Artan veya azalan olabilir. Harfler hareket itibarı eile veya dendisinde o anlama delil olma özelliği vardır. Belirgin olmayan bir konuya da isim verilmesi ör. Siyah-siyah ,beyaz-beyaz gibi. Bunlar değiştirilmez. Manevi sıfatlardan türemiş isimlerin oluşması koşulunu bizi destekleyenler kabul etmişler. Murteziler red etmiş. Konuşulan şey; Allah'u (CC) Teala'ya verilen isim yaratılan isim sözlerinden kendisine ait olmayan, kendi yaratılış şekli ile ilgili türemişin ikisi arasındaki farkı anlattık. Hangisinin doğru olduğunu Ebkar-ul Efkar belirtiyor. Bu kısımların meseleleri ikidir.
1.Türemiş sfatlarından kalan kısım koşul olarak türemiş isimlerin gerçek olabilir mi?, olmayabilir mi? bun bazları red etmiş. Bazıları ispat etmiş. Bunun bazıları elde edilibilir, ayrıca mümkün olmayabilir de.

Fakat mümkünlük var ise bu şarttır. Koşul koyanların buna gösterdikleri delil, vuran bir kişinin isimlendirilmesi gerçektir. Çünkü bitmiş bir vurma olayı var. Sıfatlanabilir. Bu olay bittikten sonra o sıfatı taşıyamaz. Fakat aynı zamanda vuran sıfatı söylenemez. Bu hemen vuruş sıfatının hemen ondan çekilmesinin doğru olup olmadığı bakımından görüşler: Bunu tümden çekmesi (bir anlık değil) gerekir. Vuruş anı genel değilder. Doğru olmaz. Özelden çekilip alınır. Burada genellik söz konusudur. Özelin olumsuzluğu genel olumsuzluk olur. Tümevarım. Vuran dediklerinde o anda vurma işlemi yapılmıştır. Anındaki olumsuzluk budur. Bunların kavgasının yerine dava açmış olsalar, vuran kişi vuran sayılır. Burada genellikle anından daha genel vuran – vurulandan, döven – dövülenden daha genel hale gelmiştir. Vuran kişi gerçekte vuruş yapandır. Bu da isterse geçmişte isterse anında bu olay tasdik edilir. Tam tersi gelecekte dövüş yapacak kişi var ise tasdik edilmez. Daha olay olmamış. Yani buradaki vuran gerçekte görnmez. İleride olacaktır. Böye bir şey yoktur. Red edenlerin çeşitli delillerle onaylamışlar.
1-Dil ehli söylüyor ki; failin ismi geçmişte fiili yapmaz ise o zaman söylenmez. Dün Zeyd dövmüş denmez. İleride de aynı şey şöyle olabilir. Zeydi döven failin ismi itibarı ile geçmiş zaman itibarı ile olduğundan söylenir.
2-Türemiş şart olsa. Gerçek türemiş ile zaman konuşan ismi ve haber vereni gerçek değildir. Onlardan haber sözü aldıktan sonra ancak doğru olabilir. Kısımların veya harflerin tümü olabilir. Eski harflerle ve son harflerle de gerçek değildir. Burada söz olmadan konuşan gerçek söyleyen değildir. Bunlar konuşmanın sonunda gerçek olmazsa aynı durumda söylem ve haber yoksa o zaman asıl gerceklik yoktur. Bu da yasaklanmış. Oysa konuşan değildir. Hakikati red eden veya yemin etmiş bir kişi hiç konuşmazsa, gerçekte hiç konuşmuyor değildir. Bir kişiyle hiç konuşmuyorum derse gerçektir. Konuşuyor veya konuşmuşsa (o kişiyle) yalandır.
3-Döven kişi dövüşü gerçekleştiren kişidir. Geçmişte döven kişi, bu kişinin yaptığı eylem tasdik edilmişse gerçekte bu döven kişidir. Birisi şöyle söyleyebilir:Failin isminin söylenmesi hakikattir. Yapan kişinin bunu söylemesi gerçek değildir. Failin ismi gerçek olmayabilir. Failin ismi gelecekte bir fiil işlevini, yaparsa "yarın Zeyd'i döven" ovbirliği ile gerçek değildir. 2. İse bu da gerekli değil. 1. de failin ismi gerekli değildir. Karşı görüştekiler şöyle söyleyebilir. Türemiş gerçek şartı olarak kabul edilmiş. Ünden türemiş mümkün olduğu kadar vardır. Veya başka olgu da vardır ki onun kısımlarının birisidir. Bu da kelam vehaberde bize ters düşer.
4-Döven kişinin ismi bir hakikattir. Mutlak surette dövüş gerçekleştiği için döven olarak adlandırılmıştır. Bu da sahabelerinden öncekilerden inanmayanlarda, geçmiş küfür hasıl olmuştur. Ayakta duran, oturan, ayakta duran. Çünkü bu oturmak ve ayakta durmak geçmişleri vardır. Bu dil ehline göre, müslüman oybirliğine göre olabilir değildir.
Öncelik ve itibar sana aittir. Benden bu konu bu kadar.

2.Mesele: Dilbilimcilere göre bunlar ayrılığa düşmüşler. Karşılaştırmalı ispat,ispat edilmiş mi? edilmemiş mi?
Kadı Ebu Bekr, İbn Sureye, birkaç fakihlerin ve Arap dil ehlinin çoğu ispat etmiş. Diğerleri inkar etmiş. Ediblerden bir grup fikir birliği etmişler. Sıfat isimleri ile işaret isimlerinin karşılaştırılması olayı yoktur diye.
Özel isimlerin konulmuş bir anlamı olması gerekmez. Karşılaştırmada toplam bir anlam olmalı. Belirtilmiş veya isim verilmiştir. Başkalarının hakkında bazı şeyler söylenmesi seybuiyye ve bu gelinos adlandırma ile olanlara taraftır. Karşılaştırma yoluyla değil. Anlamı ise bu adam seybuiyyenin kitabını ezberlemiş, gelinos ilmini benimsemiş ise buna mecaz olarak şöyle söylenir. Seybuiyye okudum deyince onun kitabını okkuduğu anlaşılır. Konulan sıfat isimlerinin sıfat ile arasındaki farkı ayırd etmek için ör. Alim gibi, kadı gibi. Sıfatlar, isim önüne konulur. İsmin anlamını anlamak için, sağlamlaştırmak için gereklidir. Alim adlandırmasının, ilem ile ilgili olduğu bilirlidir. İlimle ilgilenen herkese alim ismi

19

verilmesi kıyasla değil, ilmin esaslarıyla ortaya konulmuştur. Yani iki adlandırılmış veya isimlendirilmiş karşılaştırmanın birisinin diğerine veya aksine ayrılık ise konulan isimlerin adlandırma ile ilgili veya aksine ayrılık ise konulan isimlerin adlandırma ile ilgili kendi durumları ile başka anlam gösterilmesini varlığı ve yokluğu açısından ele alınır. Ör. İçki isminin şaraba verilmesi. Ortaklık söz konusudur. Üzümden sıkılan şeylerin, ikisininde ortak olarak akla etkisi var. Hırsızın ismi de mezar soyucu olur. Ortaklık vardır. (Ayrıca dayanak açısından)Araplarda içki ismi bütün içilen şeylere verilir. Alkollü olana mı? Yoksa üzümden yaılana mı?, bu isim verilir diye görüşler var. 1. İse içki isminin burada şaraba verilmesi dinen sabittir. Karşılaştırma ile değildir. 2. İse geçişsiz fiilin geçişli yapılmasının oluşumu onlardan gelen dayanaklarından ve kendi dillerinden değildir. 3. Olarak bir ihtimal. Bileşik sıfat içinde geçişsiz fiilin geçişli hale getirilmesini delil olarak geçişssiz fiili geçişli kılmak ihtimal olacaktır. Bu da delil olmayabilir. Oçıklandığı gibi bir de delil ihtimalini göz önünde bulundurarak ikisininde öncelikli olmamasıdır. Geçişsiz fiilin geçişli hale getirilmesi yasaklanmış oluyor. Söylenirse bileşik sıfat bir ihtimal delil olmayabilir. Fakat delil olarak üstün gelmesini gösterebiliriz. Bu da beyanları 3 şıktır.
1- İsim sıfala birlikte dönüp başına gelirse asıl da var olup olmadığı bildirilir. Sıfat isme daha üstündür. Bu da o daldaki varlığının isim varlığında gerekli olmasıdır.
2. Arapça'da at ismi olarak isimlendirmişler. İnsan da o zamanlarda isimlendirilmiş. Fail de isimlendirilmiş, etken fiilden türetilmiş. Fail Arap harflerinde üstteki vea alttaki çizgilerle vasıfhandırılır. (Fail üstteki ,meful alttaki) Fail veya mef'ul'ün bazılarını vasıflandırmışlar. Arapç'da fikir birliği ile her ırsan ve atta isimle fail, mef'ul şeklinde ancak karşılaştırma yoluyla olur.
3. Haşr suresi 2. Ayeti kerimede Allah (CC) buyuruyor ki "Ey akıl sahipleri! İbret alın." Bu genellik gösteriyor. Bütün karşılaştırmalarda genellik var. Onların söyledikleri dinen karşılaştırdığında batılıdır. Bütün bölümleri olmuş şeylerdir. Karşılaştırma doğrudur. Şafi meznebine karşı bir görüştür bu. Çünkü şarab içki sayılır. İçenlerin cezalandırılması vacib oldu. Aynı zamanda zina yapanların cezalandırılması vacib oldu. El kamus yemininin tanımı "bir kişinin yemin edip, fakat yalan olduğunu bildiği halde" bu da keffaret ödenmesini vacib kılar. Bu da aynı zamanda ileride bir şey için yemin etmesi halinde gene kıyas ile keffaret öerdnmesi oybirleği ile kabul edilmiştir. Hadis- i şerifte Peygember Efendimiz (SAV) "Komşulara şefaat" Bu da –ortak- Araplar demişler ki eş komşu olarak isimlendirilmiş. Burada ortak olarak daha öncelikldir. 1. Cevabı ; Sıfatla isim aslında varlığı veya yokluğu ismin sebebini açıklayıp delil göstermesidir. Bu itibarla o göstermiş oluyor ki bunun için ille olacak bir şeyin işaret olması lazım. İsmin içkiye verilmesi burada içkinin şiddetine bağlıdır. Üzümden çıkan suyun şeddetine. Bunlar şarab ta mevcud deği, çelişki vardır. Araplar uzun boylu kişile hurma ağacı, siyah at, boz at gibi isimlendirmeler de siyah-beyazın karışımına kırat denmesi, boz at denmesi gibi. Bunların sıfatla hem asılda hem valığı veya yokluğu bakımından ilişki var. at ve devenin boylarına göre hurma ağacı demediler. Siyah insana boz at demediler. Veya diğer siyah-beyaz karışımı hayvanlara da boz-kır- demezler. Bu olaylardaki cevaplarda fikir ayrılığı var. 2. Cevap ;Örneklerine verilen adlandırmaya ait olmamıştır. Karşılaştırma yapılmamış. Araplar bu isimleri zikredilen isimlerinin cinsmerine göre koymuşlardır. Genellik yoluyla. Belirli değil. Kalanlardaki karşılaştırma kullanılmamıştır. 3. Cevap ; Yasaklanmış bütn itibarlarda gellik olsa bile dildeki karşılaştırmaya dahil olmaz. Bu da dinen karşılaştırmakda yönü yoktur. Ümmetin gelecekteki toplanmasının asıl hükümlerdekilerin ortaklığının ihtimalini olası kıldı. Fikir birliği ile olmasa bile, karşılaştırma ile olmasa da ümmet oybirleği ile geçmiş ümmetler ile karşılaştırma yok. Şafii mezhebinde de şarabın içki diye adlandırılmasının karşılaştırmaya dayanarak değildir. Peygamber Efendimiz (SAV)hadis-i şerifine göre, dinin esaslarına göre bilinir. Mezar soyucusu da hırsız olduğu için, eşanlamlı olduğu için cezalandırılır. Dinen cezalandırılır. Yemin bozulmasının yemin olarak isimlendirilmesi Peygamber Efendimiz (SAV)'in emri ile olur. Şafii de komşunun ortak olarak isimlendirilmesi karşılaştırma ile değil. Dinin esaslarına göre eşe verilmesi mananın itibarı ile eşin durumunu uzaklaştırmamak içindir.

Daha yakındır diye. Eş ortaktan yakındır. Komşudur. Daha yakın kimse yoktur. Dilde bazıları karşılaştırma var diyo. Bazıları yok diyor. Fikir ayrılığı var. bir de söylenen haklı olarak incelenmeli, izlenmelidir.

5- Fasıl:
Fiil ve Kısımları: Bir zaman içinde eylem ve hareket bildiren kelime fiildir. Mastar fiilin ismidir. Eş zamanda , geçmiş ve şimdikidir. Gelecek zaman ise zamanlara göre ayrılır.
Geçmiş Zaman: Kalktı , oturdu. Şimdiki zaman ve geniş zaman sözde bir. Kalkıyorum , kalkıyor. Muzaranın başında 4 tane harflerden biri bulunur. Ya elif (l) ya (t) ya(ya) yada (na) bulunur. (Arapça'da)
Gelecek zamanın şimdiki zamandan ayrılması için (sin) harfleri kelimenin başına olursa 2. olur.
Emir fiili ise bu da (l), (te), (ya), (na) harflerinin silinmesi lie oluşur. Bu kısımda faili olmayan fiiller vardır. Eksik fiiller gibi. Methetmek , yermek fiilleri gibi. Şaşmak gibi.
Di'li geçmiş zaman : Nahivcilere göre; Fiil bir tekil kelime olsa mutlaktır. Filozoflara göre tek ise fiil şimdiki veya geniş zamanda deildir. Çünkü harflerine göre o harfler o konuyu gösterior. Belirlenmiş veya belirlenmemiş tekildir. Kısımları yok. Tekil ise kısımları olmayan , ona hiçbirşey gerçek bir şey göstermez.
Şimdiki veya geniş zamanda bir fiil (Y) ile başlayan olursa geçmişe katılır. (tekilllerde) Başkaları hariç fiil delillerine de ortak olduğu için , belirli olmayan konu için . bu da doğru deildir. İkisi de bu anlamda ortak etmişlerse, belirli olmayan konuyu (V) işareti yönünden iş ayrılıklarda , geçmiş 2. tersidir. Çünkü içinden bir harfi mevcud değil ki bir konuya işaret etsin.

6- Fasıl: Harf ve Sınıfları:
Harf ise başka alanda anlam gösteren ise bu da sınıflandırılır. İzafat harfi : Fiil anlamda isimler gösteriyor. Bu da 3 kısımdır.
1-Harf olarak mümkün olanlardan dan, e, de, ba , lam, ruba, kasem, wawe , tası, dan ise bir gayesinin başlangıcı , örneğin Bağdat'tan gittim. Bazıları örneğin, ekmekten yedim. Cins beyanı için ör. Demirden yüzük, artı bana kimse gelmedi. (e_a) ella. Bir gayenin bitimi için ör. Bağdat'a gittim ile anlamıyla Nisa suresi 2. Ayeti kerimede Allah (CC) buyuruyor ki "Onların mallarını , kendi mallarınıza katarak, kendi mallarınızmış gibi yemeyin." Hatta harfi (e,e) anlamla.
(de,da) Zarfiye ör. Zeyd evde. Bir üzere , üstünden anlamıyla ör. gelebilir. Allah (CC) diyor ki "sizi hurma dallarına asacağım." Şöyle söylenebilir. Söylediklerime atfen o ilime baktım. Bu ek için ise ör hastalıdır. Bir de yardım , dayanak için olabilir. Ör. kalem yazdım. At sureyle satın aldım. Üstünde , üzere , anlama gelebilir. Allah (CC) Ali İmran suresi 75. Ayeti kerimede "Ehl-i kitaptan öylesi vardır ki , ona yüklerle mal emanet bıraksan onu sana noksansız iade eder. Fakat onlardan öylesi de vardır ki , ona bir dinar emanet bıraksan tepesine dikilip durmazsan onu sana iade etmez." Burada yüklerle gibi, dinar gibi. Bir de onun için anlamına gelir. Allah (CC) Meryem suresi 4. Ayeti kerimede şöyle buyuruyor "Ve ben rabbim sana ettiğim dua sayesinde hiç bedbaht olmadım." Burada sana ettiğim dua için ve sana ettiğim duayı da anlamına gelir. Bir de fazla veya artan şekliyle gelebilir. Allah (CC) Bakara suresi 95. Ayeti kerimede buyuruyor ki " Kendi ellerinizle kendinizi tehlikeye atmayın." Ör. mal Zeyd'in , bir fazla alabilir (artma) , Ruba ise azalma için burada ne kadar söz edilebilir. Ör. belki bilim adamı .
-vav- yemini için , birleşik -be-nin yerine geçmiştir. Allah'a yemin ederim gibi. Te –vav- yerine tallahi gibi olabilir.
2-   Hem harf ve isim ör. (Ali) gibi. –Ar- yerine vel-kef zaman üstün,yükseklik harf olabilir. Zeyd'in borcu vardır. İsim gibi şairin dedikleri gibi. –A- kelimesi uzaklaştırma, ayrıca harf de olabilir. Hur suresine Allah (CC) 63. Ayeti kerimesinde Allah buyuruyor ki "Onun emrine aykırı davrananlar baylarına bela gelmesinde veya kendilerine çok elemli bir azap isabet etmesinden sakınsınlar." İsim olabilir. Ör. onun sağında oturdum. Bu da bet, zet, me, kef, benzitme harfi ör. zeyd gelmiş. Kelimesinde

Zeyd kelimesi Ömer'e benzer. Çok şiddetli soğuk bir gün şairin dediği gibi. Ayrıca zaman harfleri. Bunlar zaman gayesinin başlangıcının harfleri ile başlıyor. Ör. bir günden beri görmedim. Cuma gününden beri görmedim.
1-muz 2-munz
Bunlar harf olabildiği gibi isim de olabilir. –Z'leri – isimlerden sonra gelen harfler isimlerin –rafi- alameti refaa alametleri gerçekleştirilmetir.
3-Hem fiil hem harf: Haşa gibi,ğada gibi. O kelimelerden sonraki gelen harfler bu kelimenin sonunu kesre kılmak sureti ile gerçekleşir. Ayrıcı bunların sonuna harf ve fiillerin sonuna nasip alameti koyuyor. Bir şeyin faal olmasını sağlıyor. Fiilin edilgen halden etken haliqe gelmesi gibi. Fiile ait muzarı dahil olarak onun gizli –en- ile harfi var. Bu da ismi nasib ediyor. Haberi ise kesre ile rafi ediyor. Ör. enne, inne, lakin, leyte, lalle gibi. Atıf edatı harfleri : 10 tanedir. 4 tanesi ortak şeylerde atfedilen ve atfeden de ortaklık var. diğerinde ayrılıyor. Bu da –vav- fasumme,hatte gibi. (… çaya….ya kadar) -vav ise bütün edep ehlinin oybirliği ile kabul ettiği şey toplam şartsızdır. Sıralayıp ,planlamaya ve yardımcı eklere ihtiyaç yoktur. Bazılarına göre mutlak planlama gerektir. Farra'ya göre bu planlama için toplamak imkansızdır. Allah (CC) buyuruyor ki "Ey iman edenler rükü edin, secde edin." Bir de veya – vav- anlamına gelir. Fatır suresi 1. Ayeti kerimede Allah (CC) buyuruyor ki "Melekleri 2'şer, "3'er, 4'er kanatlı erçiler yapan Allah'a hamd olsun."
Allah (CC) Ali İmran suresi 7. Ayeti kerimede buyuruyor ki "Halbuki onun tevilini ancak Allah bilir. İlimde yüksek payeye erişenler ise ona inandık;hepsi rabbimiz tarafındandır derler." Ma ile anlamına gelir. Dolaysız tümleçtir. Ör. soğuklar çok geldi. İz anlamıyla gelir. Ali İmran suresi 154. Ayeti kerimede Allah (CC) buyuruyor ki "Sonra o kederin arkasından Allah size bir güven indirdiki." (bu güvenin yol açtığı)
1. görüşe göre planlı ve yardımcı eklere gerek yok diyenlere göre 9 şekilde ispatlar. 1. Şekil –vav- planlama ,düzenlemeli şekilde olsa ör. Ömer ve Zeyd'I gördüm. O zaman Bakara suresi 58. Ayeti kerimede Allah (CC) buyuruyor ki "Bu kasabaya girin, orada bulunanlardan dilediğiniz şekilde bol bol yiyin,kapısından eğilerek girin. Girerken   "Hıtta" (ya rabbi bizi affet) deyin ki sizin hatalrınızı bağışlayalım. Zira biz iyi davrananlara karşılığını fazlasıyla vereceğiz demiştik." Muhsin kelimesi ihsan mastarından   isim faildir. Yukarıda açıklanan ile çelişir. Araf suresi 161 ise "Onlara denildi ki 'Şu şehirde yerleşin. Ondan (nimetlerden) dilediğiniz gibi yeyin. Bağışlanmak istiyoruz deyin ve kapıdan eğilerek girin ki hatalarınızı bağışlayalım.' İyilik yapanlara ihsanımızı daha da arttıracağız."
7-   görüşe göre planlama olsaydı burada Ömer ve Zeyd kavga etti denmezdi.
8-   Görüşe göre şöyle denirdi ;Ömer ve Zeyd geldi. Gelişleri ile yalan söylenmiş olur. Gecikeni ön sıraya almış. Bu da olmaz.
4. görüş şöyle olabilir. Zeyd' i gördüm, sonra Ömer' i. Burada tekrar kelimesi önce ise çelişkilidir.
5. görüş ise; Planlamak olsaydı o zaman bilgi alınmazdı. Kim önce gelmiş kim gecikmiş. Burada atıf ile anlaşılırdı.
6. görüşte ; Köleye de planlama olması gerekirdi. Çünkü onun efendisi ona şöyle bir şey söylerse "Zeyd ve Ömer' i getir."gibi .
7. görüş ise; Çeşitli isimlerde ki atıf-vav-ı toplama –vav-ına aynı denktir. (anlamı açısından) Aynı isimlerde ise atıf-vav-ı yaz anlamı yerine geliyor. Bu da planlamaya ihtiyaçları yok.
8. görüş ise ; Mutlak toplama akla uygundur. Ona bir harfin faydası olması lazım. O da ona faydalı olacaksa harf-vav-dır. Oybirliğiyle –vav- alınmıştır.
9.görüş ise ; Planlı olsaydı şart cevabına girerdi, -fa-gibi. Bu da tabi söylenmez. Zeyd eve girerse dirhem verirsin. Şöyle söylenmesi dirhem ver.
Söyleyen şöyle söylüyor.

1-Şekilde –vav- planlı değildir. Hem planlı hem plansız olabiliyor. Ayetlerde bildirilen Bakara 58. Ayeti kerimede Allah (CC) buyuruyor ki "Bir önceki sayfalarda bu ayetler açıklandı." Planlı olmadan bunların kullanılması caiz olmayabilir.
2-Şekilde Ömer ve Zeyd kavga ettiler cümlesinde. Burada -vav-a gerek yok. Planlama ve düzenleme yoktur. –fa- gelmiş olabilir veya sümme gelmiş olabilir , -vav-yerine. Bu da harflere gerek de yok.
3-Şekil ; Yalancı olmaya gerek yok. Yardımcısının değer vermesi ile veya sözlerin sonunun önce gelmesi bu da mutlak toplamın olablilirliğinin yerine gelir. Ör. aslanı gördüm. Dendiğinde yiğit bir insan görmüş olabilir.
4-Şekil: Şöyle söylediğine göre Zeyd gördüm. Sonra Ömer. Bu da tekrar olmaz. Bu da faydalı değil. Mutlak toplam üstlenmesini yasaklar. Burada bir mümkün olma hali vardır. İsabetli değildir. İhtimal olabilir. Şöyle söyleseydi; Zeyd'i gördüm ,ordan önce Ömer. Çelişki değildir. Çünkü yararlı bir cümle vardır. Mümkünlük vardır.
5- Sözün açıklanma ihtimalinde mümkün olma vardır.
6-Burada köleye planlama gerekli değildir. Durumları icabı ile burda mümkün olma vardır. Gereklidir. –vav- Planlamada hakiki gerçek olsaydı mutlak toplam elde ederiz. Mecaz ise aslın tersidir. Hakikat olsa ortak olması lazım. Bu da aslın tersi. Hakikat olsa ortak olması da aslın tersi. İki durum arasındaki birbirinin farkı önemsizdir, öncelikli değildir. Söylediklerimizde daha öncelikli ise planlama da gerçek olsa mutlak toplama ona ait olan harflerden –hele- onunsuz olur. Mutlak toplama gerçek olsa planlama da burada ona ait olan belirleyer harf olmadan olmaz. –fa- sümme- gibi. Mutlak planlamada hakikat olarak ortaklık var. –fa-sümme- arasında. Bunlara delil olarak aralarında anlaşma var. kayırma yönüyle veya içerik yönüyle , aynı zamanda mutlak toplama işaret ediyor.
Buna göre ortak tertip de işanlarnlı bir kelimenin duşlanmasının bunun mutlak toplam dışlanmasından daha öncelikli değildir.
7- Şekil: Söylediklerine göre –vav- yerine (toplam) ya –vav- toplam veya teniyeleri kullanılır. Bu da böyle değildir. Mutlak toplama olduğu için planlamada özeldir. Bu da –fa-sümme- gibi.
8-Mutlak toplama anlaşılabilir akıl kabul edebilir ise buna bir harf delil göstermesi lazım. Aynı zamanda mutlak planlama da akıl alır, belirli harflerin onu göstermesi lazım. Oybirliği ile faydası olmaz. –vav-sız. –vav- mutlak toplamada Zeyd'i gördüm. Ömer'i gördüm. Sözleri ile gerçekleşir.
9- Şekil: söyledikleri çelişkilidir. Sümme, bade sonra ve sonradan planlamayı ispat ederler. Bunu da daynaklarla açıklıyorlar. Allah'u Teala (CC) Hac suresi 87. Ayeti kerimesinde buyuruyor ki "Ey iman edenler rüku edin, secdeye kapanın."
Aynı şekilde planlamayı gösterir. Sahabiler Peygamber Efendimize sormuşlar nasıl başlayacağız diye. O "Allah'ın başladığı şeylerden başlayın." Buyurdu. Bu da –vav- planlama gerektirir. Olmasa idi olmazdı. Rivayet Peygamberimiz (SAV) oturduğu yerde birisi dedi ki "Allah'a veresulune itaat eden hidayete erer, ikisine isyan eden delalete düşer. Peygamberimiz (SAV) ona dediler ki "Ne biçim hatipsin. Allah ve resulune isyan eden delalete düşer." Diyeceksin. –vav- mutlak toplam olsaydı fark etmezdi. Ömer Ranh. dil ehliydi. Planlamayı gösteriyor. Bazı sahbeler İbn'ül Abbas v.b. bunu red etti. Bize neden umrenin hacdan önce yapılmasını emrediyordun dediler. Bakara suresi 196. Ayeti kerimede Allah (CC) buyuruyor ki "Haccı ve umreyi Allah için tam yapın." Bu sahabe de dil ehlindendi. Bu da planlamayı işaret ediyo. Burada planlama dahil olsaydı bu da olmazdı diyor.
Burada hükümse: Bir koca bir eşine evlermeden önce boş ol derse , üç kez söylerse bu da 1 defa sayılır. Fakat mutlak bir toplam için olsa 3 kez birarada olacaktı. Anlam ise sözde tertip sebep gerektirir. Planlama oluşumunda gereklidir. Buna uyulması lazım, veya dayanağı red edenlere Bakara 158. Ayette Allah (CC) buyuruyor ki "Şüphe yok ki , safa ile merve Allah'ın koyduğu nişanlardandır."
Planlama ordan olabilir. Red edenler bu planlamanın buradan geldiğiri kabul etmiyorlar. Peygamber Efendimiz (SAV) rüku secdeden önce planlanmıştır der.

Peygamber Efendimiz (SAV) buyuruyor "Benden gördüğünüz gibi namaz kılın." –vav- tertipli olsaydı Peygamberimizin (SAV) bu beyana ihtiyacı kalmazdı. Ayrıca Peygamber Efendimizin (SAV) "Siz Allah'ın başladığı gibi başlayın" demesi buna delildir. Dil ehli oldukları halde bunu sordular. –vav-tertipli olsaydı soru sorkaya ihtiyaç kalmazdı. Söyleyen söyleyebilir ki mutlak toplam için olsaydı sorulara ihtiyaç kalmazdı. Bu çelişkilidir. Bir de Peygamber Efendimizin (SAV) Allah'ın başladığı gibi başlayın demesi tertibin planlamanın delilidir. Peygamber Efendimizin (SAV) söylediği gibi Allah'a (CC) isyan eden ve resulüne isyan eden delalete düşer. Allah'ın ismini birinci söylemesi Allah'ı yüceltmektir. –vav- üedüisi vardır. Birbirine bağlıdır. Allah –resul birbirinden çözülmez. Planlı – tertiptir. Tasarlayıp tertiplenmiştir.
Bir de Ömer Ranh. Söyledikmeri tazimdir. Hedefi yüceltmektir. Yüce icminin önce söylenmesinde tertip galesi yoktur. Sahabeden İbn-I Abbas olayında inkar ettikleri şeyler . umrenin hacdan önce gemisi . ayette ise hacdan sonra yazılmasını sahabe gösterdi delil olarak. Burada tertiple emredilmiş ayet içeriğine terstir. Bu da anlaşılan umrenin tertibinin hacdan önce olması İbn-I Abbas anlayışıyla çelişiyor. İbn-I Abbas Kur'an'I tercüme ediyor.
Hüküm yasaktır. –vav-ın mutlak toplam okarak gösterilmesi. Bunu Ahmed bin Hanbel, Malik ve bazı arkadaşları, Lais bin Saad, Rabiya bin Ebi Leyla, Şafii'den dayanak var. burada bi kişi eşine evlenmeden boş ol derse son kelime 1'I anlatıyor. Kelam tümü ile ele alınıyor. Yani onun söylediğinin tersine 3 kez değil çeşit olarak ele alınıyor. Toptan söylerse iki kelimeden ibarettir. Son kelime ele alınır. Mutlak toplamdır. Anlamı çeşitli çelişkiler vardır. Zeyd'I gördüm, Ömer'I gördüm. Bu da iki isimleri de zikrine göre toplu olarak kabul edilmiş oybirliği ile . nasıl oluyor da sebebinin önce söylenmesinin onun daha öncelikli olmasını veya onu fazla sevmesini gerektirmez. Gayesi haber vermesidir. Başkalarının ihbar edilmesinin gayesinin 1-ihbar edeken kast olarak başkalrını ihbar ediyor. 1. İhbar ederken topluca kelam bu meselelerde çekicidir. 1.si daha tercihli olarak olsa bile –fa-sümme- hatta- tertibi belirtiyor. Başka yönlerden de değişiyor.
-fa- ise ikincinin icabı birinciden sonra göstermeden.
Bu da ediplerin ittifak ettiği şeylerde dil ehlinin dayanaklarına başvurarak Allah (CC) Araf suresi 4. Ayeti kerimede buyuruyor ki "Ve onlara (olup bitenleri)tam bir bilgi ile mutlaka anlatacağız. Biz onlardan uzak değiliz." Burada Taha suresi 61. Ayette "Allah hakkında yalan uydurmayın. Sonra o bir azab ile kökünüzü keser."buyuruyor.
Bakara suresi 283. "Yolculukta olurda, yazacak kimse bulamazsanız (borca karşılık) alınmış bir rehinde yeterlidir." Hepsi daynakları teyid ediyor. –fa- vav yerine geçiyor. Şairin dediği gibi. Sümme 2. nin icabı birinciden sonda süre gösterir. Taha suresi 82. Ayeti kerimede Allah (CC) buyuruyor ki "Şu da muhakkak ki ben , tövbe eden, inanan ve yararlı iş yapan , sonra (böylece) doğru yolda giden kimseyi bağışlarım." Hidayet kelimesi burada tövbe-iman-iyi amellerin hepsi hidayetin devamlı olması için bunları içine almalı. Zarurettir. Bu da –vav- anlamına da geliyor. Yunus suresi 46. Ayeti kerimede Allah (CC) buyuruyor ki "Seni vefat ettirirsek nihayet onların dönüşü de bizedir. (Ozaman onlara ne omacağını göreceksin.) Sonra Allah onların yapmakta olduklarına da şahittir." Göre –hatta- ise atfeden atfedilen matuf edilenden bir parçadır. Ör. Bütün insanlar ölmüşler. Peygamberler bile ve hacca geldi yayalar bile. 1. Daha tercihlidir. 2. Değil. Bir de bunlardan 3 tanesi ortak bir hükme varır. Zikredilenlerden birisi onlarda –em- veya –imme-amme-gibi bunla beraber haber, soru işareti ,emir kelimesi –em- ancak soru işaretlerinde veya yani –ovm- veya –inne- soru? Şüphli durumlarda oluyor. Zeyd gedi veya Ömer.
Zeyd gelmiş olabilir. Ömer gelmiş olabilir. Burada seçme Zeyd'imi döveyim, Ömer'imi döveyim? gibi. Amma Zeyd'I döveceğim, amma Ömer'I döveceğim. Buna izin veriliyor.
El Hasan ile arkadaş olanlar veya İbn-I Seyrin bulunduğu yer ile onların bulunduğu yer.

Burada veya soru ile ilgili şüphe var. Amma ise 1.de haberin olmasını tayin etmek şüpheli olur. 3 tane ortak atfeden atfedilene ters düşer. Lakin, la, vebel.
Şöyle söylüyorlar ;Bana Zeyd geldi. Ömer değil. (la değil). Bel-dir manası yani (Bel Ömer'dir) la değil. Bu da Zeyd bana gelmedi. Lakin Ömer geldi.
Nef'I harfleri :Ma,vela,velem, velemma, velen, vein, fe emme halde nefidir. Burada geçmiş zaman – hale- yakın. Ör. ne yapıyorsun, ne yaptı? Gibi. Şimdiki zaman –la-ise gelecekte nefidir. Ör. Evde kimse yok. Haber olarak, nahi olarak yapma gibi veya yapamıyordu gibi. Len'I kelimesi gelecekteki zamanı teyid etmek için. Bugün yerimi terk etmedim. Bu da söylediklerini teyid etmek için yerimi terketmeyeceğim gibi.
İn nefi harfi: Yasin suresi 29. Ayeti kerimede Allah (CC) buyuruyor ki "(onları helak eden) Korkunç sesten başkası değildi." Tembih harferi ha, hiye, elle, ve, emme. Ör. Bunu yap. Gibi. Kalkan Zeyd'dir. Çıkan sensin.
İcab ve tasdik harfleri: evet, doğru, ecel, hangisi gibi.
Nida harfleri: ya, ve eyya, hayya, giti. Uzaklık nidası ey, hemze yakınlık nidası.
Naam –efendim. Zeyd kalkmadı. Fakat biz diyoruz Zeyd kalktı. Nef'inin olumlu koyulması bela yani Zeyd kalkmadı. Siz diyorsunuz ziyc kalktı. Ecel bu haberin tasdiğinden başka bir şey yok. Zeyd geldi mi? cir ,ecel yani evet denir. Tasdik vardır.
Cir, en , eve, ay gibi harfler tahkik harfleridir.
Şunu yapacağım, bu durum böyle, ve eyvallah istina harflirde var. onlardan elle-haşa- ade-hale, mastar harf –ma- örnek . yaptığın şeyleri beğindim. Ve inne. Ör. Böyle yapmasını istiyorum.
Tahziz harfleri: lavela , lavma, vehal. Ör. Bunu böyle yaptın mı yoksa?
Geçmiş zamanın şimdiki zaman durumuna yakınlaşmasını sağlayan –gad-gibi.
Zeyd kalktı. Soru harfleri ise:hemze , hel, ör. Zeyd kalktı mı? Zeyd kalkmış mı?
Gelecek zaman harfleri: sin, savfe, enne, la, inne, ör. yapacak, yapmanı istiyorum. Bir de yapma kelimesi,yap kelimesi.
Zarf harfleri: en, lav, ör. gelsen,gelseydin, ikram ederdi.
Talil harfleri: key harfi. Ör. Bir kişiye gittim bana iyilik yapsın diye.
Reda harfleri: Yapma, etme gibi. Kella, ör. Bir kişi durum böyedir derse hayır cevabı gibi.
Lamad harfleri: ör. Erkek kelimesi. Ergenlik çağına giren erkeğe verilir. Cinsin bütününe verilir. (lam ad tarifi) Lam cevbı kasır. Yemin ederim, bunu böyle yaparsan,bunu böyle yaparım gibi.
Lavvi cevap lamı.
Lavle: ör. Bu olsaydı, bu olacaktı gibi.
Emir lamı: Zeyd yapsın diye.
Başlangıç lamı: zeyd gidendir gibi.
Te harfleri (3 harf) muannesi: İsim ve fiillere dişilik veren kelime ör. yaptım.
Tenvin harfleri: belirsizliği göstermek için isim ve sıfatların sonunda harekesiz –nun- harfidir. Tenvin söyleyişte –nun- sesini verir. Yazılışı kelimenin sonundaki harekesine göre değişir. Ör. yemin ederek bunu böyle yapacağım.
2. Çeşit: Tekil sözlerdin çoğul anlam çıkarma sözüdür. Kelam bütün işaretlere dolayı dolaysız verilen isimdir. Anlaşılmaya çalışılan dil kelamıdır. Nefsi söz değildir. Dil kelamı ise şöyel bir isim veriliyor. Harfler ve seslerden delilsiz verilen bir isim. Bu da ihmal olunmuş terk olunmuşla adlandırılır. Bir de bunun sözde ihmal edilmemiş sözün belirlenmesi önemlidir. Değişik görüşler var. Fakihlerin çoğu tek kelime iki harften fazla oluşmakta ise bu da kelam sayılır. Tartışılmaz. Bu da sözün duyulmuş harflerden düzgün olarak seçilmesini kullanınmasını tek bir kaynaktan olması 1- Kayıttır, 2- Harfden sakındılar. Ör. zay kelimesi Zeyd'den. 2. Kayıtta harflerin yazılışından sakınılması veya bunu dışında bırakılmasını 3-Kayıtta; ayaklı yırtıcı olmayn kara ve denizde yaşayan hayvan seslerini çok seslerinin ele alınmaması.

4-Kayıtta ise; Bu tek isimden, bu ismin harflerinin her harfi ayrı ayrı bir kişilerden cıkarsa bu da selam sayılmaz. Fakat görüş ayrılığı var. Sözlerin topluluğu için bu da yararlı değil . bir de ör. Zeyd hayır. Bir de ne zaman gibi., bunlaran kelam sayılap sayılmayacağı konusunda fikir ayrılığı var. Bazıları kelam der. Birere kelimenin her biri delildir demişlerdir. Bazıları kemal saymıyor. Bu durumlarda ki ayrılık, burada kelam isminin konusunda edep ehil oybirliğinin dışında kalmışlardır. Dil ehlindeki durumu ele alırsak Zemahşeri bu konuda kelam iki kelimeden oluşur. Biri birine isnad edilmiştir. 1. Kelimeninde söylenmesinden dil sakınmıştır. 1'I 2'ye isnad edilmiş.

Zeyd Ömer veya Zeyd Ala (üzere) Zeyd'de içinde veya bu kelimelerde Zeyd kalkıştı. Burada toplam iki kelimeden oluşur. Bu kelem değildir. Birinin ötekine isnad edilmediği için iki isimlerden oluşan kelimeler için örb kalkan Zeyd ,veya isim ve fiil gibi ör. Zeyd kalktı. 1-İsim cümle 2- Fiil cümledir.

Yani kelam yalnız isim ve harflerden oluşmaktadır. Veya yalnız fiillerden veya yalnız harflerden oluşmaktadır. Ne harflerden ne fiillerden oluşmamaktadır. Söylenirse bu çelişiyor. İki kelimenin oluşmasının, birinin ötekine isnad edilmesi ikisi de ihmal edilmiş, terkolunmuş. Bu da kelam sayılmaz. Zeyd erkek dendiğinde aynı zamanda erkek Zeyd dendiğinde Zeyd kelimesiyle şyle olmaz. Bir sözcükte bu durumu tek anlam olarak gösteriyor. Bu da söylediklerinde yoktur. Söylediklerinde olan şey. Hayvan natık ve alim insan bu da faydalı kelam sayılmaz. Bir kelime ötekine isnad edilmiş, olsa bile faydalı olmaz. Söylenmesi gereken kelam ise iki kelimeden oluşmuş bu da uzlaşmış olmalıdır. O zaman susulabilir.

2. Asıl: Dil ilkelerinde anlama ve tanıma yolları.

Herşeyden evvel konulan sözlerin anlamlarının belirtilmesinin doğal bir ilişkinin var olup olmadığı arasında bu incelenecektir. Bazı çoğaltma (teksir ilmi) ilmi erbabı ve Murtezilerin bazıları demişler söz ve mana arasında doğal bir ilişki olmazsa o sözcüğe ait özel değildir demişlerdir. Burada böyle bir şey yok. Durum itibarı ile şöyle varlık sözcüğünü hiçe koyluş olsan veya hiçi olsada yasaklı olmaz. Ör. kura v.s. Bir isim bir şeyin var veya yok oluşu tabiatıyla uygun değil. Konan şeylerin, sözcüklerin bazıları delillerle buradaki önemli olan iradenin uzmanlaşma özelliğidir. Bunu belirten Allah(CC) tır. Yaratık ise bir gayedir veya gaye değildir. Burada doğal iyişki ispat edilmiştir. Bu da sözün bazılarının anlamlarına göre usmanlaşmanın bağlı bir durumudur. Fakihlerin fikir ayrılığına düştüğa bir durumdur. El-Eşari ve zahir ehli ve fakihlerden bir grup dediler ki "Allah (CC) ilmin esaslarını ortaya koymuştur. Bu da ilahi dinin kurallarıyla olmuştur." Vahiy yolu ile veya Allah'ın (CC) sesler ve harfler yaratıp birine veya bir topluluğa seslendirip olara zaruri ilim yaratıp bu da anlamlara delil olarak ellerindeki delil ise Bakara suresi 31-32. Ayeti kerimede Allah (CC) buyuruyor ki "Allah Adem'e bütün isimleri öğretti. Sonra onları önce meleklere arzedip; Eğer siz sözünüze sadık iseni, şunların isimlerini bana bildirin dedi. Melekler ya Rab ,seni noksan sıfatlardan tenzih ederiz. Senin bize öğrettiklerinden başka bizim bilgimiz yoktur." Dayanak söylenmek istenen şey Adem ve meleklerin Allah'ın talimatları dışında birşey bilmedikleridir. Enam suresi 38. Ayeti kerimede "Yeryüzünde yürüyen hayvanlar ve (gökyüzünde)iki kanadıyla uçan kuşlardan ne varsa hepsi ancak sizin gibi topluluklardır." Nahl suresi 89. Ayeti kerimede "Ayrıca bu kitabı da sana herşey için bir açıklama", Alak suresi 3. Ayeti kerimede "Oku , insana bilmediklerini belleten, kalemle (yazmayı) öğreten rabbin en büyük kerem sahibidir.", Necm suresi 23. Ayeti kerimede "Bunlar (putlar) sizin ve atalarınızın taktığı isimlerden başka bir şey değildir. Allah onlar hakkında hiçbir delil indirmemiştir." Bunların bazıları eşyaların dini isimler ile adlandırılmasını yasaklamıştır. Rum suresi 22. Ayeti kerimede "Onun delillerinden biri de gökleri ve yeri yaratması, lisanlarınızın ve renklerinizin değişik omasıdır." Söylenmek istenen dildir.

Bahşemiye görüşüne göre bir tolulukta dil ehli ilmin esaslarını ortaya koymuştur. Bir kişi veya toplum, bu konulmuş svzlerin anlamlarına karşı konulmuştur. Diğer grup işaret ve tekrarla adlandırmışlardır. Ana-babanın süt çocuğunu büyüttükleri gibi. Sağırlar işaretle, tekrarla anlaşıyor.

İbrahim suresi 4. Ayeti kerimede "Allah'ın emirlirini onlara iyice açıklasın diye her peygamberi yalnız kendi kavminin diliyle gönderdik." Örnek delildir. Dini hükümler dil ehline bir delildir. Ebu İshak El Ferayi diyor ki; Kader insana cini bir kuraldır. Dini terim olsaydı bu insanın başkasını davet etmesini bir konu üzerinde anlaşılmasıdır. Dini kurallardan başka bir şey yoktur. Kadı Ebu Bekr ve diğerleri inceleme ve araştırma ehli bu meslelerden oybirliğini savundular, olabilir dediler. Bazılarının gerçekleşen olduğu bazılrının olmadığı biliniyor. Burada kati bir delil yok. Şüpheler çok olduğundan çelişiyor. Gerçek şöyle olmalı. Bu konuda istenilen şey yakinen oluşan meselelerde gerçeği söyleyen Kadı Ebu Bekr'dir. Bunların incelenmesi için gerçek olmayan zanni ve yakini bir durum yok. Kasıtlanan şey ise Eşari'nin zöylediğidir. Zan ise gerçektir. Gerçek El Eşari'nin söylediğidir. Kuralların gösterilen şeyleri belirtmesi böyle söylenmelidir. Burada açıklıyan gibi. Allah (CC) Bakara suresi 31. Ayeti kerimede buyuruyor ki "Allah Adem'e bütün isimleri öğretti." Burada belirtilmek istenen hidayet, ilham ile demektir. Öğretmen dediğimizde hidayet yukarıdaki ayetten anlatılmak istenen gibi öğretimdir. İlham yoluyla olur. Bu duruma göre öğretmendir. Hadidir. Bir konunun anlaşılmasının yol göstericisidir. Allah (CC) Enbiya suresi 80. Ayeti kerimede buyuruyor ki " Ona, savaş sıkıntılarınızdan sizi koruması için zırh yapmyı öğrettik." 79. Ayeti kerimede "Böylece bunu (bu fetvayı) Süleyman'a biz anlatmıştık." İlham kelimesinin hidayet vermesi içindir. Önemli olan istenilen şey hitap ile , dinin kurallar ile anlatılmasıdır. Bütün mutlak isimlerin veya kendi zamanında var olan isimlerin 1- yasak , 2- doğrudur. Teslim olursak istenilen şey mutlak isimler. Fakat bunların dışında eğitimin Hz. Adem'e ilham yoluyla öğrenmesi din kurallarıyla belirlidir. Aslı den kuralını gerektirmez. Eski yaratılış terimlerinden Allah'ın (CC) Adem'e öğrettikleri onun dışındaki herşeyi Allah'ın (CC) öğretmesini anlarız.

Bütün bilinen isimlerin Allah (CC) tarafından Hz. Adem'e dinin kurallarıyla bildirmesi olmuştur. İhtimal bunlar unutulmuş ondan sonda dinin kuralları yok olmuş. Bir de onun çocuklarının bunlaarı dilden terim olarak sözün var olmasını anlamış olabilirler. Fakat Bakara suresi 31. Ayeti kerimede (CC) buyuruyor ki " Allah Adem'e bütün isimleri öğretti." En'am suresi 38. Ayeti kerimede Allah Allah (CC) buyuruyor ki "Ayrıca bu kitabı da sana herey için bir açıklama" Alak suresi 5. Ayeti kerimede "İnsana bilmediklerini belleten, klemle (yazmayı) öğreten Rabbin en büyük kerem sahibidir." Yermek kendi içindedir. Putlara verilen isimleri ilah olarak görüyorlardı. Dillerin ayrılığının ise oybirliği ile görüşlerin isnad edilmemiş, söze başka anlam vermek yoluyla dile yüklenmesinden daha öncelikli olan bunun bu dillerin ortaya çıkmasını güçlü kılmıştır.

Dinin kuralları ise üstünde durulması gereken o sözlerin anlamına delil oldugudur. Ancak bu sözlerin dışında bir emirle anlaşılıyor. Bir de kelam ise dinin kuraları ile olur. Bu da 1. Kelam gibi zincirleme olur. Burda kalan fikir birliği ile verilmiş dini terimlerdir. İbrahim suresi 4. Ayeti kerimede Allah (CC) buyuruyor ki " (Allah'ın emirlerini) onlara iyice açıklasın diye her peygamberi yalnız kendi kavminin diliyle gönderdik." Bu durum ayrıdır. Dillerin özelliği musyondan daha önce gelir diyenler vardır. Cevabı ise söyledikleri gibi. Adem (A.S) eğitilmesi ilham, vada , dini terimleri ile olur. Bu da belirlenen olayların tersidir. Öğretim sözünün zikredilmesinin herhangi bir durum icad eden bir emir veya durum kendisine ait adlandırılırsa böyle söylerebilir. Bunu kimsenin öğretmemesi gerekir, kendisinin öğrenmesi gerekir. Bu da ilham yardımıyla (insan kendi zatı hefsi ile) anladığında reddi doğru olmaz. Fakat reddi doğrulanmıştır. Oluşum mecaz olacaktır. Gerçekler ise Davud, Ali, Süleyman'ın hakkındaki eğitimin değişimi gerekmez. Sözün başka manaya değişmelerinde ortak bir delil var. Burada asıl olan hiç olmamasıdır. Söylediklerine göre kendi zamanlarında var olan isimlerin gösterilmesi şöyle olur. Bu isimler o zamanlarda olmasaydı. Bu da kabul edilemez. Allah'ın (CC) öğrettiği bütün muhatap edilecek durumlarda öğretim bütün sözlerin gnelliğinin işlemisini gerektirir. Söylediklerine göre şöyle olmalı. Bütün isimlerin Adem (A.S)'a önceden terim halinde gelmiş olmalıdar. Söyledik bu ihtimal olsa fakat gerçek ve aslın olmamasını, onu davet ederlirin bir delile ihtiyacı olması red edilir. İptal edilir. Bu da unutulmasını red ediyor. Asıl olan unutmamaktır. Durumun olduğu gibi kalması için Bakara suresi 32. Ayeti kerimede Allah (CC) buyuruyor ki "Senin bize öğrettiklerinden başka bilgimiz yoktur." Bunların söz değişimini gösteriyor. Bunun cevabı verilmiştir. En'am suresi 38. Ayeti kerimede "Biz o kitapta hiçbir şeyi eksik bırakmadık." Bütün insanlara beirtilmiştir ki. Akıllı insanlar açıklamıştır. Söylediklerini olumsuzlaştırma ve dillerinin anlatılmasını cevaplandırdık. Nahl suresi 89. Ayeti kerimede Allah (CC) buyuruyor ki "Ayrıca bu kitabı da sana herşey için bir açıklama",Alak suresi 5. Ayeti kerimede "İnsana bilmediklerini belleten, kalemle (yazmayı) öğreten rabbin, en büyük kerem sahibidir." Yermek Zem ayetinde itikadları içinl ayıplanmışlar. Bu da belirlenmenin tersidir. Yermek işareti delilsiz kabul edilemez. Sonuncu ayette söylenenler tercihin göz önünde bulundurulması lazım. Söz dilden farklı anlam vermek yoluyla dile yüklemesinden daha öncelikli olan bu dillerin ortaya çıkmasının güçlü kılınmasıdır. Fakat izmarda bu durum daha az olduğu için bu da dillerin izmardan yoksunluğundan başka bir şey değildir. Kudretin izmarının dillere yansımasının yoksulluğudur. Söyledikleri anlamda zincirleme değildir. Allah'u (CC) Teala'nın istediği hiçbirşeyin de engeli yok. Bu da onu işitenlerde gerçek ve zaruri ilimleri yaratabilir. Konulmuş anlmaları ile daha önce söylediğimiz gibi. Söyledikleri söylem ve terim olarak hem vada (ilmin esaslarını ortataya koymak) hem ıstılah(ilim ve sanat konularından birini anlatan terim) olarak belirlenmiş olmalıdır. Zincirleme için gereklidir. Bu da yasaktır. Dinin kurallarının biliminden başka bir şey kalmaz. Bir de bu ayette eleştirilen gibi de bilimi yolu Peygamberin (SAV) mektup çağrısı olsa bu böyle değil. Din ilminini aslının belirlenmiş olması bilinendir. Vahiy veya diller yaratılışı ile bu zaruri ilimlerde dinleyenler için yaratılmış ona ait çeşetli anlamlar yaratılmış. Daha önce bunlar söylendi. Bunları anlaa yolları, bilinenden şüpheye düşülmez. Zanna varılmaz. Bildiğimiz şeylerin cevher olarak adlandırılması sunmak veya göstermek gibi. Bir de diğer adlandırmalar v.b. gibi.

Kuvvetli kat'I bir söylenti bize belirsiz durumlarda kuvvetli söylentinin olmadığını gösterir. Zan gerçekleştirme yolu ise birer ihbar ile bu da fazla olan ise çok olan birinci kabul edilir.

3.Kısım: Dini Hükümler ve Fıkıh İlkeleri

Bilinmesi gereken şey dini hükümlerin ilk önce hakim olmasının gerekliliğidir. Davacı davalı ile herbirinde bir asıl var. İhtimal olarak bunlarda 4 usul var.

1.Asıl: Hakimde. Bilinmesi gereken şey Allah (CC) dan başka hakim yok. Onun hükmünden başka bir hüküm kabul edilemez. Akıl burada iyilik veya kötülük etmedir. Akıl nimet verene şükür gerekmez dilebiliyor. Din olmadan hüküm olmaz. Bunların içinde herbirinde bir mesele çizilecek.

1.Mesele: Taraftarlarımızın görüşüne göre akıllıların çoğu fiilleri iyilikle veya kötülükle sınıflandırmaz. Akıl iyilik ve kötülük yapmaz diyorlar. İyilik ve kötülük isimledirilmesi 3 itibarla olur. Bu gerçek dışı bir görüştür.

1-İyilik ismi, güzellik ismine, hedefe göre verilir. Hedef kötülük bunun tersidir. Hedeflerin farklılığına göre değil, kendine göre adlandırılır. Bir yerin siyah veya beyaz diye sınıflandırılmasının tersidir.

2-İyilik isminin de bu da kanun koyan kişinin veya emirlerine yapılan takdir. Bu fiiller içinde Allah'ın (CC) yaptığının fillerini kapsar. Yapılması gereken vacib veya müstehablar mübah olmaz. Çirkin ismini burada kanun koyanın emrine yapan kişinin yerilmesin. Bu da haram olması, mekruh veya mubah olmaz. Bu da kanun emrinin veya dini emirlerin değişikliğinin çeşitlendirilmesini fiillere göre ayırır.

3-El Hasan (güzel) isminin verilmesinin bir işin haber olup yapılmasına ve yapılması işin gücü var diye yanlış şeylerin yapılmamasının ve hataya düşülmemesi 1. İtibardan daha geneldir. Mübah gibi. Bir de karşıda çirkin şeylere göre dikkat edilmesi ve gizlenmemesi gerekir. Bununda duruma göre değişikliği oluyor. Ona ait ise olmaz. Bundan dolayı Allah'ın (CC) fiillerinden dini hükümler oluşması budur.

2. ve 3. İtibarı ile güzelleştirilmiştir. Bunlar dini hükümler gelmeden önceki akıl sahiplerinin fiillerini ise güzel ve çirkin 1., 2., 3. İtibarla veya 3 itibarla birden. Şimdiki Murteziler fırkası Keramiye , havariç, Barahiler ve diğerleri fiillerin güzel-çirkin diye ve kendine ait durumları kısımlandırılmışlardır. Bunun

iyi veya kötü olduğu akıl zarureti ile idrak ediliyor. İmanın iyi olduğunu, küfrün çirkin olduğunu veya bakış açısından zararlı olduğunu, söz söylemek iyi olduğunu veya faydalı yalanın iyi olmadığını belirtmek çirkini bir sıfat olarak almak özel değildir. Bunlarda vacib. Cebiyyeler bunu kabul etmiş. Bazıları da dallarını kabul eder. Bu çirkinde iyilik olmadan bunların arasındaki bir değişik işaretler açısından değişik sebeplerle söz anlamında ayrılık olmuş. İyi- kötü anlamları şu delillerle cevaplamışlardır.

1.ise kötü, yalan kendisine çirkin olsaydı şöyle söylerdi. Bir saat daha kalsaydım yalancı olurdum. İyi olanların sonraki saatte doğru söz veya yalancı olur. 1. Yasak. Çünkü 1. Haberde burada yalan var. çok çirkindir. Çıkan sonuç çirkindir. 2. İstenendir.

2- Yalan haberin ayıplanmasının çirkin olması kendisine ait olsaydı şöyle söylenirdi. Zeyd evde. Fakat evde değil ise bunun ayıplanmasının gerektiren sözün kendisi veya o sözü ihbar etmeyen veya iki durumda olursa veya dışında bir emi.

1-Bu haberin çirkin olduğunu gerektiriyor. Doğru olsa bile.

2-Burada sabit bir emir var. aynı zamanda sebebin açıklanışı var. Hiçlik, sabit emirlerin vesilesi.

3-Hiçlik bir kısım veya az bir sabit emir vesilesidir. Bunun da hepsi imkansızdır.

4-Dışarıdan olağan şeylerin farz oluşunda haber lazım olur veya olmaz. 1. İse bu aynı söze lazımsa bütün bunun kötülenmesini, yermesini, ayıplamasını doğru olsa bile hiçlik ihbar edenin olmadığı lazımsa veya iki durum arasında toplanmasında hiçlik sabit emirlerde tesirlidir. Bu imkansızdır. Dışarıda bir emirlerin bölümlerine ayrılmasına, zincirleme olmasına yol açar. Dışarıdan gelen olağan yalancı haber o zaman kötü olmaz.

3-Yalancı haber kendisine kötü ise (olağan) sabit olması lazım. Sabit kötülenmenin gerçekleşmesi için bir zarurettir. Bu da sıfat olarak harf toplamı olsa. Bu da imkansızdır. Bu da varlıkta toplamasını imansız kılan bazısına kıfat olsa, burada bu yalan haberin kısımlarının yalan olmasını gösterir. Bunun yalancı haberi yermesi olağan bir zarurettir. Bu imkansızdır.

4-Burada yalaln yermesinin hakik olması bu durumların değişmesi ile değişmez. Fakat değişti. Çünkü yalan haber oluşurulmasının yalan olması var. çirkindir. Bu da konulan emirle konulmuş vey men edilmiştir.

5-Yalan kendisine çirkin olsa, o zaman iyi veya vacib olmazdı. Bunlardan faydalanırsa zararlı bir kişinin, masum bir peygamberi ölcürülmesini kasdı ile faydalanırsa iyi olmazdı.

6- Zulüm çirkin olsaydı zulüm olduğu için aracı o zaman sebebi illiyet yani sebep sonuç ilişkisi sonucu önde olur. Sonuç öndedir. Yani zulmün yerilmesi zulme sonuç olduğu için. Sonuç zulümden öncedir. Yapan bunu yapmamalıdır. Yerme sabit nitelikle olduğu için hiçlik niteliğin zaruret sonuç olarak hiçlik ondan bir kısımdır. Zulümün gerçekleşmeyen ona hayali ise müstehak olmayan bir zarardır. Hiçlik yasaktır.

7- Kölenin yaptıklarını onun açısından seçilmemiş olan fiillerdir. Böyle olanların kendine ne iyi ne kötü olması ittifakla kabul edilir.

Bunun seçilmemiş olduğunun belirlenmesinin bunun ona lazım olması ile anlaşılır. Veya onun yapmasının zarureti vardır. Bu da seçenek yok. Bırakabilir. Bu da yapılmasının bir seçeneğe tercihe yoksun ise bunun kısımlandırılmasına dönmek lazım. Bu da yasak. Zincirlemedir. Oybirliğine ihtiyacı vardır. Oybirliği zaruridir. Bunların tutanağı zayıftır.

1-Şöyle söylenir. Bir saatte veya son saatte doğru söylemenin iyi olduğunu burada sötü olanların kötü olduğunun gerekli olmaması bu çirikinin çirkinlik yoluyla gerekli. Burada hüküm verilmesinin iyi veya kötü olması men edilmez. Onu iyi veya kötünün yönlerine gerektiren itibar arının ve özelliklerinin bu El Cebaiyye mezhebinde olduğu gibi. Bunların yasaklanmasını gerektiriyor ise hüküm doğrunun dışlanmasının çirkinleşmesinin onların söylediğine göre bir de yalanı yermesini yalan olduğu için olmasıdır.

2-Burada söylediğimizde men edilme haberi yermesi şartı ile bağlı. Çünkü Zeyd evde olmadığı şart etkili değildir.
3-Haberin yalan olduğunun vasıflandırılması imkansız.
4- Yalan haberi yermesinin ilmin esaslarını ortaya koymak itibarı ile şartlıdır. Haber verene anlaşma olmaması bir de haber verenin ilmi ile bu da yalan olduğunu şartı ile olursa.
5- Bu yalan bu durumlarda belirsiz. Çünkü peygamberin kurtuluşu burdaki haber durumunun getirilmesinin kasıtsız hali veya başkalarının ihbar kasdı ile belirli olmazsa bu kötü, çirkindir. Tayin edilmişse iyidir, vacibdir. Burada peygamberin kurtarılmasının gerekliliği yalanın olumsuzluğu değildir. Burada gerekli olan gereksizdir. Gayesi ise yermesinin cezalandırılmasının dini, hükümlerde yasaklanması gerekir. Çünkü yasaklananın tercih sebebiyledir.
6- Zulmün yerilmesi zulm sonuç olduğu için sonuç zulümden öncedir. Zulmün yerilmesi zulümden önce geldiği için bu hüküm ise zulmün içinde oluşan yerilmesi hali dinen ve geleneksel olarak açıklanması yasaklanmıştır. Kötüler çirkinlerin hiçlerle açıklanmasını müstehak olmayan bir durum olarak görülüyor. (zulme lazım olsa bile) Onun anlayış anlamının içine girmesi gerektirmez. Zulüm kötü veya çirkinin varlık sebebidir. Hiçlik ise şarttır.
7- Bu da Allah (CC) fiillerine muhtaçtır. Seçeneği yoktur. Bu da söylediklerine yaptıkları kısımlar ile aynı olması imkansız. Aynı hüküm iyi ve kötü ile dini hüküm fiillerinin yasaklanması cevap ortaktır. Güvenilen şey fiillerden bir fiil iyi veya kötü kendine ait olsa idi burada anlam çirkin veya güzel oluşumunun aynı fiili kendisine ait değildir. Yoksa fiilin gerçeğinin ilmi bunu iyi ve kötü ile bilmesi değildir. Çünkü fiilin gerçeğini öğrenmesinin caiz oluşu bu da ilim. İyisi ile kötüsü ile gözleme belli olur. Zararlı olan doğrunun gözelliği gibi. Bir de faydalı olan yalanın yerilmesi gibi. Bu da anlamı ile fazla fiilin bilinen sıfatıdır. Varlığının sıfatı da çelişkidir. Bu da ne iyi, ne kötüdür. Bir sıfattır. Hiçten idi. Bunu gerektiren varlığın oluşudur. Bu da fiille oluyor. Çünkü ona sıfat olduğu için. Bunları sunmak ve göstermek imkansız. Sunmak, göstermek yerine ancak cevherle olabilir. Veya emrin sonundaki cevherle olur. Bu da men edilen zincirlemenin kesmesi veya sunmak cevheri ile bu da başka anlam değil. Cevherin var olmasının başka anlamı yok. İkisinin sunmak ve göstermekle onların durumlarına göre, bir konunun özü olan cevhere göre beraber olur. Birinin diğerine üstün olmasını bile bu da şartla olur. 2.sinin sunuşu ile olur. Söylenirse burada söylediklerinize mümkün olan fiilin oluşturulmasını yasaklanması belirli, güçlü ve zikredilen imkansızdır. Söylediklerinizde çelişki var. uygun değildir.
Lazım olan delil gösterme: Beğeni yönleriyle belirlenmesi. Delil göstermenin iki yönü var.
1-Akıl sahiplerinin oybirliği ile doğru ve faydalı sözün güzelliği ve iyiliği ve zararlı yalanın yerilmesi imanın güzelliği, küfrün yerilmesi v.b. Burda bakılması gereken olayların geleneksel ve dini yönüyle bakılmamasıdır. Bu da kendine ait ilimin öğrenilmesi zaruridir.
2-Gayesi veya yalanla veya doğrulukların gayesinin gerçekleştirilmesinin yetinmesinin dini ve inanışlardı göz atılması bu doğru söze meylediyor. Bir de etkiler. İyilik kendisinde bir de söylemediniz herhangi bir kişinin bir kişiye kendisini helaka atacak bir de kurtarılmasr kadir ise bunu ona meyl ediyor. Bir de ona diyor bu işin sonunda bir menfaat gerçekleşecek mi diye bekleyemez. Bu da o hedefi ve gayesini dünyevi ve uhrevi zarar görür. Gerçekleşmez. Zorluklarla karşılaşır. İçinde kendine bir iyilik olduğunu gösteriyor. Lüzumlu yönüyle burda işitme olsa bile emir ve men etmek olsa, gelmişse bu da kötü ve iyiyi idrak etmişse o zaman akıllı ona iyilik eden veya kötülük eden olması fark etmezdi. Allah'ın (CC) fiilinin iyi olduğunu duyma olmadan önce oluşmasını yalancının eliyle görürdü. Bir de yalan yermesi hükmünü Allah'ın (CC) hükmüne göre benimsemezdi. Yasaklanmasını duyma olmadan böyle olurdu. Vacib olanlar duyuma bağlıdır. O zaman elçilerin getirdiklerini ispat etmesi, elçilerin mücadele etmesi zira Peygamberin (SAV) gönderildiği zaman bir risaleyi yaymak için mucizeye bakmak için davet ederse. Şöyle söylersebirisi. Mucizene bakmam dinin istikrarına bağlı bir roldür.

1.ye cevap olarak ise söyledikleri sıfatlar takdiri emir durumlarıdır. Bunların anlaşılan ve belirlenen çelişkileri, takdirin aksidir. Takdir durumları sunulan sıfatlardan değil. Sunuş ve göstermek gerekmez. İyilik ve kötülük sabit sıfatlarından oluşmasından çıkmıştır. İstenilen budur. 1. Eleştiri ise akıllıların oybirliği ile yasaklanmış olması iyi ve kötü olabilir. Bazı akıl sahipleri böyle düşünemez. Bu da kural tanımamaktır. Biz de kabul etmiyoruz. Yapılan eylemlerin yerilmesini (sebep ve gayesiz) kabul edemeyiz. Bu düzensizlik durumudur. Burada bazıları akıllıların çoğunun bu görüşe muhalif kalmasıdır. Belirlenen zorunludur. Kendine ait oluşmasını gerektirmez. Dışarıdan bir emirle dışlanması olabilir. Bu da doğru değildir.
2.muhalefet ise doğru ve yalanı söylenir veya söylenmeyebilir.
1.delil iptalini gerektirir.
10- Emir durumunun yasaklanmasının diğeri olmadan gösterir. Bunun için kurtarmaya meyilli ise emrin gerçekleştirilmesinde delilin toplanması batıldır. Böyle olmazsa kurtarmaya meyli doğru olmuyor. Bu da şahit hakkında söylediklerinin delili, bilinmeyen hakkındaki aynı şeyin söylenmesi şahite kıyas yoluyla mümkün değil. Kelam ilminde belirlendiği gibi sonra nasıl kıyaslanacak oybirliği ile ayrılığa gidilmiştir. Bu da efendinin kölelerinden yalanını yermesini, kötülemesinin ve caydırma kuvveti var. Allah (CC) bunların dışında tutuluyor.
Şöyle söylenirse Allah'ın (CC) yarattıklarının isyana düşmemesinin kudreti burada Allah (CC) bunun dışında tutulur. Yani kulun isyana düşmesi halinde Allah (CC) bunu önceden bilir. Bu emirlerde tam bilmemesi olur yoksa. Bu da imkansızdır. Bu düzen böyle ister. Söylediklerimizin aynısı efendiye gereklidir. Burada efendisi güçlü olmayabilir. Fark buradadır. 1. Cevap : 1. Lazım olan bilinen iyi ve kötünün anlamı gayesinin oluruğu veya ayrılığıdır. Yani fail ne yapmak istiyor. Burada yapacağı şey gerçekleşmiş dinen gerçekleşmiş. Kendine ait olarak.
2.Cevap: Allah'ın (CC) fiili dinen olmadan önce iyidir, güzeldir. Bu anlamı onun bir fiili vardır, ona ait.
3. Cevap: İtaat anlamına yok. Emirlerle gelen şeylerde isyanın anlamı, men etmenin anlamı yok. Emrin gelmesi ile men edilen şeylere isyan etmenin sonucu olur.
4.Cevap: Bu da bunların mucizenin yalancının elinde bulunmasının yasaklanmasının idrak edilmesinin burada yalnız kendine ait kötü yönü var. Bu böyle değildir. Bununla birlikte lazımdır. Beşincinin lazım hale gelmesinin gerekli olması sebeptir.
5. Cevap: Bu meselenin geleceğinin sonrasında iyi ve kötüyü yermek kendine ait kötü şeylerin anlamının iptali, burada aklına şükredilmesi gerekir. Aklın hükmünün dinden önce yasaklanmasını Allah'a (CC) şükründe gelir. Akla birde akıl hükmünün dinden önce gelmesini ikiside bunun üzerinde oluşmaktadır. Fakihlerin geleneksel görüşlerine göre bu da kelamın farzı, iki meselenin belirlenmesinin çelişkilerle veya ayrıntılarıyla bunlara ait ayrı ayır özelliklerinin belirlenmesi.
2.Mesele: Arkadaşlarımızın mezhebi ve sünnet ehli nimet verene şükretmek işitme ve duyma ile vacibtir. Akıl ile değil. Bu da mürtesilerin tersidir. Onlar aklı vacib derler. Arkadaşlarımız delil göstererek yasaklanmış olan aklın vacibetini delil göstererek söylediler. Akıl gerekli olsa bir yarar getirilmesi lazımdır. Yoksa pozitivistliği batıl olur. Çirkin olur. Allah'ın (CC) bu tür şeylere faydası olan şeylere ihtiyacı yoktur. Yücedir. Faydası insana ya bu dünyada olur, ya ahirette olur. 1. İmkansız. Allah'I (CC) tanıyan kimseler Allah'ın (CC) düşmanlarına şükrederlerse yani bu Allah'ı (CC) tanıdıkları için değildir. Çünkü şükür Allah'I (CC) tanımanın bir yoludur, çeşididir. Nefsin yorulmasının ve zorluklarla başa çıkmasının aklının kötülüğünden sakınıp ayırd edilmesi ve aklının iyiliklerinin yapılması. Bir de aklın iyiliğinin ve kötülüğünün dalıdır. Bunu iptal ettik. Ne kalır? Yorgunluk ve zahmet çekme kalır. Bu da nefsin başka bir şansı yok. 2. İmkansız çünkü akıl bağımsızlığının ahiritteki faydaları tanımasının dini konulardan haberdar olmadan önce ihbar yok. Burda önemli olan bir şeyin yapılıp yapılmaması. Akılla tercih yapılır. Ya yapılır, ya yapılmaz. Olumlu olanlar tercih edilir. Aklın icabı olumluluğu iptal edilirse dini olumluluğu zaruret olur. Oybirliğiyle bu

kabul edilmiştir. Dini olumluluk ve akıl olumluluğunun ikisinden biri iptal edilirse diğeri tayin edilir. Şöyle söylenirse nimet verene şükür zaruret ise, zaruri emirin iptali kabul edilemez. Söylenilene delil olmaz ise neden aklın olumluluğa şükretmesini neden fayda için söylediniz. Çirkin bir abes olma için söylediniz. Doğru olmuyor. Aklın kötülğünün inkar edilmesi ise bu d faydadır. Fayda nasıl ise o faydanın gerçekleştirilmesi olumlu olur veya olmaz. Gerçekleşmesi vacib olumlu olursa başka bir faydaya yol açıyor. Bu da yasaklanmıştır. Olumlu değil ise ordaki aklın o zaman faydanın sakıncası, şükretmesinin içinde, dışarıdan bir emirle söz konusu değildir. Burdaki gerçekleştirmenin fayda sağlamsı ve kötülüğün gefsin içinde uzaklaştırılması nefsin içinde olmalıdır. Dışarıdan değil ille bir faydanın ve şükürün dışında bir faydanın buradan sakıncası faydanın güvenliği için cezalandırılma ihtimaline şükredilmemesi gerekir. Allah (CC) herkese nimet verir. Bu ihtimal dahilinde akıllı olanların bunu tehlikelerden korumak için yapar. Sakıncalıdır. İçinden bir ihtimal olarak yapar. Bu ise faydaların en büyüğüdür.

Aklın pozitivistliğinden sakınılması bu da kendisine ait delil; dini olumluluğun yasaklanmasıdır. Cevap ise bu da ortak olur. Ortak değil ise söyledikleriniz aklın pozitivistliğinin olmasını red eder. Çünkü aklın pozitif olmaması idraklerinin dini hükümlere odaklanırdı.

Oybirliğiyle söyledikleriniz imkansızdır. Bu da ceaptan aciz kalmadır. Peygamberlerin cevaptan aciz hale gelmesini ve elçiliğin gayesini iptal etmiş olursunuz. Peygamberin çağrısının yayılışı mucizedir. Mucizeler ile birlikte insanlara karşı kullanılması insanların bu mucizeye göz atmasının, inanılırlıklarının açığa kavuşması çağrıya davet edenin karşı söylenebilir. Mucizene bakmayacağım. Bana mucizeye bakması dine vacib olması dinen istikrara bağlıdır. Gözetimin vacibine bağlıdır. Bu yol da yasaktır. Cevap ise ilem zaruri. Akıllı olarak söylediklerini kabul etmiyoruz. Bu da bir davet ise davet kavganın yerinedir. Doğru ise şükründen faydalanan kişiye olur. Burda şükür etmemesinin zararları var. Fakat Allah'ın (CC) hakkında bir mümtun sözdür. Söylediklerimiz söylediklerine önce söylediklerimizi söylediler. Bunlar doğru, faydanın riayet etmesi doğru değil. Düşmanla lüzumu hale gelmek yoluyla açıkladı. Kendileri de söylüyor. Bu da faydanın riayetinin iptalini gösteriyor. Burda maslahat sağlanması için, hikmet gerçekleşmesi için kendi içinde nefsten kötülüğün uzaklaştırılması lazım. Bu da şükür fiili ile değil. Çünkü aynı fiil bulunması için istenilen hikmet değildir. Bu da mümkün değil. Bütün fiillerde aynı şeyin söylenmesi mümkün. Bu oybirliğinin tersidir. Bu oluşması istenilen fayda yoksa paylaşım aynı durumu ile kalır. Onların söylediği sakınca fayda emniyettir. Faydası akıl olanların tehlikeyi yapmamasının kendisinden gelen bir ihtimal olarak gösteriliyor. Bu doğru değil. Bilinen şey bütün akıllıların çoğu şahit olarak doruluğun takdir etmişler. Söylediklerinin çelişkisi, cezalandırılmasının tehlikelerinin hatırlatmasının Allah'a (CC) şükretmesini nefsini yormasını bu davranışların içinden olması gerekir. Hepsi Allah'ın (CC) malıdır. Onun izni olmadan menfaat olmaz. Ona ait değil. Faydadan kendisi de faydalanamaz. Allah'a (CC) da faydası yok. İhtimal olarak daha tercihli bir yoldur. Şöyle bir şey ala gelir. Bir kişinin krallara hizmet etmek için kendi eliyle bir evi yıkması şükretmenin kullar arası olarak. O şehirlerde bir ekmek lokması için kendisi ve kralın ihtiyacı olmaması o kralla alay ediyor demektir. Cezalandırılması müstehaktır. Bilinmesi gereken yüce Allah'a (CC) şükredenlerin, yüceliği için herhangi bir şeyi ellerinin zarar vermeden kralın aksine olarak.

Yüce Allah'a (CC) nimetinden dolayı şükremesi ve başka şşüküredecek olmadığından büyük olan Allah'a (CC) kullara verdiği nimet bitmez. Başkalarının mülkü biter. Çünkü Allah'ın (CC) bol olan nimetlerinden faydalanan kişinin Allah (CC) şükrünün vacib olduğunu ve bu kişinin Allah'a (CC) şükretmediği için, cezalandırılmasının, ayıplanmasının, yerilmesinin daha müstemhak olduğudur. Bunun dini hükümlerinden dolayı kölelerden istenmesi, bunu yapmasını istemek olmazdı. Allah'a (CC) hizmet edip, şükredenlerin durumu bunlardan daha iyi. Şükredenler ile hizmete çalışanın halinden gelenek olarak bunu yapmayanlardan iyidir. Doğrudur. Hizmetten faydalanan kişinin şükretmesi olmazsa zarar görür. Allah (CC) bunlardan tenzih edilir. Onunu hakkında söylenen olmaz. Söylüyorlar. Bazıları dinin

gereğidir. Bu da değildir. Uhrevi faydaları akılı olanların tanıması veya anlamasını bilmezse Allah (CC) haberdardır. Nasıl hikmet dinin gereğinde itibarı yüksek ise böyle değil. Hikmet dinin vecibelerindendir. Kendi geleneklerinden değildir. Karşı çıkanlar, bunlar elçilerin getirdiği hükümlere deliller ile cevap veremez hale getirirler. 1. Cevap: Dinin devamlılığının durgunlaşmaması tebliği alanın görüşünde mucizenin tebliğ alan nazarında dinin istikrarının durgunlaşmamasıdır. Mucize ne kadar mümkün olsa tebliğ alan akıllı ise akıl ile tanıması ve bakması mümkündür. Dini sabit ve istikrarlı olabilir. Tebliğ alanın kendi nefsinde iyi düşünmemesi haddi aşmasıdır.
2.Rol ise söylenenin akıl icabı pozitivistliği olur. Akıl cevheri itibarı ile gözetim ve delil gösterme ile olumlu halde bakar. Bunun dışında olumlu olmaz. Bütün akıllar için bunlar geçerlidir. Tebliğ alan şöyle söyleyebilir. Mucizene bakmayacağım. Gözetimin vacibliğini tanıyıncaya kadar böyle söyleyebilir. Yani senin görüşünün oluşumunu bakıncaya kadar bilmiyorum, tanımıyorum diyebilir. Bu da aslın delille susturulmasıdır. Cevabı; Obir ise her takdirde sorun şüphelidir. Kat'I bir mesele değildir.
3. Mesele: Hak ehli ve El Eşari mezhebi şöyle söylüyor. Akıllıların fiillerinin hükmünü vermek dini hükümler olmadan hüküm verilmez diyorlar.
Murteziler ise El Harici'ye göre fiillerin zaruretini fiillerden ayırd etmesini aklın güzelleştirdiği şeylere göre ve çirkinleştirdiği fiillere göre ayırması. bir de ikisi arasında ne iyi ne kötü arasını ayırd etmek de akıl bazen sonuca varamaz. Aklın güzelliği nedir? Yaptıkları veya terkettikleri şeylerin zararını veya faydasını ikisini birbirine eşit kılmasının mübah olduğudur. Yaptıklarını ve fiillerini tercih etseler bile (terketmeyip) veya terkedip de ayıplanması ve yermesini olursa ona bu vacib kayılır. Kasdi ise nefsin kendisine ait olursa –iman- gibi bu da Allah'a (CC) inanmasının göz atması veya bakışına tanınmasının, bunu da terkedip de ayıplamak veya yermek olmasa bu dinen müstehab sayılır.
Aklın ayıpladığı şey fiili ile olursa haramdır. Allah'ın (CC) kullarına hürmet yoksa mekruhtur. Aklın ne iyisinde ne kötüsünde olduğuna cevap verebilmesi konusunda görüş ayrılığı var. Bazıları sakıncalıdırlar. Bazıları mübah, bazıları ikisi arasındaki bunlar dışında kalır. Eşşariye mezhebi böyle bir şeye delil gösterdiklerinde hadis v.s. naklediden ilim akıl tarafından kabul edilebilir.
Menkul'e delil olarak İsra suresi 15. Ayeti kerime gösteriliyor. "Biz bir peygamber göndermedikçe (kimseye) azap edecek değiliz." Burada delilin yönü azaptan emin olmak elçilerin gönderili;şinden önce azaptan emin olunması ihtiyaçtan faydalanılmasının ve haramlardan sakınılması gerekir. Azaptan emin olunmasının vacibi terketmenin takdiri ile haramdan sakınmaları için azap onlara lazımdır. Nisa suresi 165. Ayeti kerimede Allah (CC) buyuruyor ki "İnsanların peygamberlerden sonda Allah'a karşı bir bahaneleri olmasın." Bu da bir delil getiriyor. Elçiler gönderilmeden önce yapılması gereken, yapılmaması gerekenin bozulması olumsuzluğu gerektirir. Akıl tarafından kabul edilebilen sabit hüküm dinen veya aklen oybirliği ile olabilir. Dini hükümlerin hükmetmesi ile bu dini hükümlerden önce olmaz. Akıl ne yapılması ne terkedilmesi gerekendir. Bu meselede burada hüküm yok. Şöyle söylenirse ör. ayette azabın , vacibi terketmenin ve yapılmaması gereken yapılmaması değil, içinden, bunları ayırabilmesi af veya şefaatle olur. Olumsuz olmasını gerektirmez. Bunların dini hükümlergeldikten sonda ayrılmak gerekir. Bunun için gerektirmez, din gelmeden önce olumsuzluğun omasını. Bunların olumsuz olmasının dini hüküm gelmeden önce gerekemez. Biz dedik onların bunlarla beraber olduğunu ayrılmadığını söyledik. Bu vacibe gereklidir. Dinen yasaklanan şeylerin veya aklen 1. Doğru 2. Yasak. Bunun için olumsuz olanların dirden önce yapılması gerekliğin vacibin olumsuzluğu dinen yasaklanan şeylerin olumsuzlaşması aklen olanların olumsuzlaştırılması değildir. Bunu da teslim ettik. Doğruladık. Ayette mübahla ilgili herhang olumsuz bir delil yok. Dini bakımdan. Çünkü azapla bir şeyin özdeşleşme olmadığı, ayrılmasının oybirliğiyle kabul edilir. Diğer ayette ise anlaşılanı delil olarak kabul ediyoruz. 1. Ayette itiraz kendisine ait burada geçiyor. Sizin aklın kabul ettiği hakkında söylediklerinizin. Bu daha önceden söylenmiş. Bu delil olarak hükümsüz eşir. Bu da hüküm olumsuz olduğundan çelişkili idi. 1. Sualin cevabı burada azap fiilen gerçekleşmiş vacibin terki ve yasakların

yapılması burada güven olmadığı çünkü vacib gerçekleşmemiş ve yasaklananların yapılması bunlar da gereken dini hükümler olmadan önce faydalanır.
Gereken şeylerin dinin hükümlerinden önceki var olma durumu. Ayetin gösterdiği gibi gereken yok. Bundan sonra söyledikleri 2., 3. Soruya geliyor. Ayetteki hükümlerine uyulması oluşumun olumsuzluğu ve yasağın yapılmasından önce başka bir şey yok. Bunun dışında olumsuz sayılmışkır. Bunu bayka bir delilden faydalanır beyan edeceğimiz gibi.
4. soruda aklın delili hakkında söylediklerini önce cevapladır. Hüküm olumsuzdur. Burada hüküm olumsuz olsa bile, olumsuz olan mutlak hüküm değildir ki çelişkiye sebep olsun. Olumsuz olan tesbit ettikleri hükümlerdir. Burada çelişki yoktur. Mübahları söyleyenler şöyle açıklama yaptılar. Fiil ve terkinin, yapılmama veya yapılmamasının olumsuzluğu hata etmesinin olumsuzluğudur. Bu anlamda bir tartışma yoktur. Fakat tartışmanın mübah sözlerinin söylenmesini çünkü mübah sözleri söylemsine, Allah'ın (CC) fiillerine verilmesi yasaktır. İçindeki anlamın gerçekleştirilmesi yasaktır. Açıklama yaparlarsa, fiili yapanların yapması veya yapmaması onun seçimine göredir. Fiili yapan veya başkası 1. İse bunun Allah'ın fiillerini mübüh olarak adlandırması gerekir. Bu hakkında olduğu için oybirliği ile yasaklanmıştır. 2. İse burda seçim tercihidir. Hükümleri veya akılın oybirliği ile; bu da din olmadan önce hüküm yoktur. Aklın tercihine göre ise burada fiillerin yapılıp yapılmadığını iyi ve akıllıca şeylerin bir de aklın yapamayacağı veya kötülüğün veya iyiliğin hakkında karar verilemeyecek durumlarda iyinin dalları, kötünün dalları akılsal çirkinlik veyla akılsal iyilik de bunu iptal ittik. Başka bir durumla açıklanırsa ispat veya şeklinin kesin belirlenmesi izah edilmesi gerekir. Söylenirse mübah yapılmasının izinle olduğu fiillerdir. Allah'ın(CC) delili bir iznin dini hükümlerden önce bu da izin izahının olmazsa 2 yönü vr. beyanı var.
1-Allah'ın (CC) yarattığı yiyecekler. Yileceklerdeki yemek bize tat vermiş. Bizi kuvvetli kılmış. Akıllı delillerle, akılca delillerin bize faydalı olduğunu, zararlı olmadığını, bir de faydalanılmasının da zararı olmadığı Allah'tan (CC) bir izin olarak gösterilir. Herhangi bir insan bir yemeği başka bir ersana vermesi bu sıfatla bu konuda akıl sahipleri şşöyle der. Bu yemekler bir izinle gerçekleşmiştir.
3-   Allah (CC) goda , yiyecek yarattı. Cisimler içinde yaratmayabilirdi. Bunlar da fayda vadır. Fayda Allah'a (CC) ait değildir. O yücedir. Bunların dışındadır. Fayda kuladır. Zararlı değildir. Sağlanan fayda kullar içindir. İzine bağlıdır. İdraki ile yararlanma şşekli ise zevk alması yönüyle, oluşumun büyümesi veya faydadan ondan sakınmasının cevap kazanmasıdır. Delil gösterme. Allah'I tanımak, idrak etmek için bir de ihtimal kötü olanı gözetmemesi, bakmaması, izin mübülkıktan engel olmamasını delil gösteriyor. Başkalarının aydınlıktan faydalanmasını delil olarak gösteriyor. Başkalarının duvadından gölgelenilmesi. 1. şekilde gerçekleştirilen çiy bilinmeyenin şahide kıyaslanmasıdır. Bunu iptal ettik. 2. İse Allah'ın fiillerinde hikmete riayet etmesi vacib. Bu da yasak. Kanunu koyucu yönünden izin alınmışsa, mübüh ise dinindir, akılsal değildir. Ama söyleyenlerin şşüple ile dudulan hükmünün bu durumlara karşı işitme veya duyma ile birlikte doğrudur. Yok burada başka bir şey istemişlerse bu da hükümün küçültmesini vacib veya sakıncalar ile mübah ile delillerin yetersizliğinden daha öncekini iptal eder. Doğru değildir.
2.Asıl: Dini Hükümlerin Gerçekliği ve Kısımları ve ona ait Meseleler. İçeriği bir başlangıç ve 6 fasıldır. Başlangıç: Dini hükülerin gerçeği ve kısımları biyanınıda gerçeğinde fakihmerin bazıları kanun koyucunun hitabı mükellef olanların fiilleri ile ilgilenen. Bir de kanun koyucunun hitabı kulların fiillerine gilgilidir. Bu da doğru değildir. Saffet suresi 96. Ayeti kerimede Allah (CC) buyuruyor ki "İbrahim;yonttuğunuz şeyleremi ibadet edersiniz. Oysa ki sizi ve yapmakta olduklarınızı Allah yarattı. Dedi." Gafir suresi 62. Ayeti kerimede "O herşeyin yaratıcısı olan rabbiniz   allah'dır." Kanun koyucunun hitabı mükelleflerin kullukları ile ilgili oybirliği ile alınan dini hükümlerden değildir. Diğerleri söylediler ki kanun koyucunun hitabının mükemmeflerin fiilleri ile seçime bağlı veya bağlı değildir. Bu da topluca değildir. Burada bilinen bu tür delillerin çeşitlerinin delil ile bilinmesi hüküm

34

mülkle ve dini hükümlerdeki söylenilen gibi değil. Vacib olanların hitap anlamları ilk önce hitabın ne olduğunun anlaşılması ona göre diri hükümlerin karuri bilinmesi lazım olduğudur. Söylüyoruz bir söz, dinleyenlerin bir şey anlamasına engel değildir. Söz burada konuşanı kast ediyor olabilir. Dinleyenin anlamamasına da girer. Bu da bir sınınlama gibi olur. Hitap değildir. Gerçekse bu da eşanlamlı söz bu gayesi ile o sözü anlamasının, hazır olanın anlatılmasıdır. Sözün sakınılması gereken üstünde duran şeylerin hareketle ve işaretle anlaşılması mümkün olan mütevazi ise bunlardan ihmal edilen söuzlerden sakınılması istenen şeylerin amacı ise anlamaktır. 1. Şeylerden sakınmasını söyledik, anlaması için anlamaya hazırlanan olması deyim veya konuşmaları anlamayanlardan sakınılması (uyuyan , baygın anlamayabilir) gerekir. Hitabın anlamının tarifi ise burada en en yakın dini hüküler ise kanun koyucunun faydalı hitabı dini hükümlerin hitabı başkalarının hitabından sakınılması ve dini hükümlerin faydasının faydalanamayan hitaptan sakınılmasıdır. Aklın kabul edebileceğine ait hissedilenin ihbar edilmesi v.s. Bu da doğrudur. Dini hükümlerin tanımı şöyle olur. İstek ve gerekli kılmak hitap onlarla olabilir veya olmayabilir. 1. İse talebi istemekte fiil veya terk etmek, yapması veya yapmaması bunlardan herbirisinden azmeden veya azmetmeyen cezimli kılan veya cezamli kılmayan. Bu da istekle cezmli kılan. İstek ise fiil vacibtir. Cezmli kılan olmayanları mübühtir. Bu da yapılmamasını cezmli kılan istekse bu da haramdır. Azmetmeyen seyler bu mekruhtur. Gereklilik hitabinda bağlı değilse bu da seçme hitabı ile veya değil. Meyilli ise 1. İse mübah 2. İse ilmin esaslarını ortaya koyan hüküm doğruluk ve batıl gibi sebep veya engel şart olarak konulması bir de fiil ibadet, sevap, yerine getirme, azme izin v.b. bunların da her kısımda bir fasıl yapılır. 6 fasıl.

1.Fasıl: Vücub : gereklilik, lüzum, ihtiyaç. Ona bağlı meseleler: gerekli ik hakikati, dilde düşmektir. Şöle söylenir. Güneşin kaybolması, yani batması, kuvar yere yıkılması. Bu da başka anlamda sabit ve yerleşmiştir. Hz. Peygamber (SAV) " Hasta düşüp öldüyse arkasından ağlamayın." Buyuruyor. Bu da istikrar: Huzurun yerleşmesi onun vesvese ve sıkıntıdan kurtulmasıdır. Dini hükülerdeki tanımlarda vacibi brakanın cezalandırılmasının gerekliliğidir. Hak edinle bu da bir hak edenini istemesinin batıl olduğudur. Allah böyle bir şeye taraf değildir. Allah'ın (CC) kelam ilminde olduğu gbi yaratılanların içinden oybirliği ile alınmış karadır. İstenilen şeyler cezalandırılsa idi bu kanun koyucunun görüşüne uygun olurdu. Bu da uygundur. Bunları bırakanların cezalandırılması vadettirilmiş baıldır. Cezalandırılmasının vadettirilmesi burada vacibtir. Burakıldığı için bir haberdir. Olabilir olan cezalandırılmanın gerçekleşmesi terk takdiri ile burada geleceğin emkanszlığının doğru haber oluşudur. Bu da başkalarının hakkında bir cömertlik, fazilettir. Çıkarının tercih edildiği değildir. Bağışlanmasının –af- ile olabileceğini söylediler. Terk ettiği için cezalandırılmasından korkuyor. Şüplemenmesirin oluşumunda gerekli olanı iptal ediyor. Nasılsa bu sınırlar, yaptırımlar din hükümlerin yaptırımları değil. Bu da gereklidir. Bu da fiilin kendisinin gereklilik için eğilimi vardır. Hak ise bu konuda söylenmesi gereken hak, vücub, kanun koyucunun hitabı, terkedilmesinin sebebi bu da dini hükümleri yermesinin bir durumu da 1. Kayıt ise kanun koyucunun dışında hitabından sakınması, dışında olması .
11- Kalan hükümlerinden sakınması.
12- Genişletilmiş vacibi terk etmesinin birinci vakitte sakınılması bir yerme sebebidir. Diğer vakitler ve vaktinin başlangıcı. Çünkü bu yermerin bebebinin diğeridir. Çünkü bütün vakit ve zamanını ondan ayrı tutulmasıdır. Bir de vaktin başlangıcı veya ihlali terk etmesine azm olmadan yani bir fiilin sonraki vacibin terki isteğe bağlı ise yerme sebebidir. Terk takdirinin bedeli ise ona sebep değil. Fiili bedel takdiri ile bunun için söylersek ezan ve bayram namzı farz-I kifaye. Bu da o memleket ehli oybirliği ile karar vermişse (terki için) cezalandırılması uygun olur. Bunlara hayır söylersek.
Vacibte fiilin topluca terki ile bu da ayıp anmaktan veya özel sevaplar var. Vacibin gerçekleştirilmesi ve iki tarafın eşit olması gayedir. Kadı Ebu Bekr bunun tersini göstermiş. Dini vacib anlamının adlandırılması için işaret etmesinin ona ait meselelerin açıklanması 7 şıktır.

1.Mesele: Farz vacib mi? Değil mi? (Farz) lugatta vacibi sabit ve düşendir. Farz ise : takdir demektir. Ör. bir hakimin nafaka farzetmesi yani takdir etmesi. Bir de indirilen anlamı ile Kısas suresi 85. Ayeti kerimede Allah (CC) buyuruyor ki " (Resulum) Kur'an'I (okumayı, tebliğ etmeyi ve ona uymayı) sana farz kılan Allah." Helal etmesi anlamına da geliyor. Ahzab suresi 28. Ayette "Allah'ın kendisine helal kıldığı şeyde peygambere herhangi ber vebal yoktur."
Dini hükümlerde vacib ve farzın farkı yok. Tarfatarlarınızın belirttiği gibi, daha önce söylenilen gibi. Kanun koyucunun bir hususu terk edlimesini yerme sebebinin bir olaydadini hükümlerde böyle olmalıdır. Farzın gerçekleşmesi Ebu Hanife'nin arkadaşları farz ilmini kat'I olanların, vacib ise zanni olanların ilmidir derler. Farz takdir ve şüpheli (zanni) değildir. Burada arkadaşların zikrettiği gibi onların hükümlerinin ispat yolunda fikir ayrılığı var. Fikir ayrılığının belirttiği ispatın icab etmemesidir. Bunun için vaiblerin yollarının değişikliği belirlinmesinde ortaya çıkmasında veya gizlenmesinde güç ve zayıflık vardır. Mükelleef bazılarını terk ettiği için öldürülür. Vacibin ayrı, değişik olması gerekmiyor. Gerçeklikte kendisi vacib olduğu için.
Nafilenin yollarının değişikliği bunların gerçeğinin değişikliği ile gereken değildir. Haramın yollarının değişikliği kat'I, zanni. Bu da gereken kendi içinden fikir ayrılığı olduğu için yang haram olduğu için . kanunu koyucu burda fare ismini vacibe vermiştir. Bakara suresi 197. Ayeti kerime " Kim o aylarda hacca gniyet ederse." Bu ayette açıklandığına göre bu vacibin önebli olanı gvrçeğin hislik ve ortaklıktan sözden uzaklaşkırılması lalzım. Burada kat'I kayıt fare anlamından çıkarılıpta teyid edildi. Burada oybirliği ile bu farz isminin adlandırılmasıdır. Kılınan namazların çeşitlerinin doğru olup olmadığının imamların söyledikleri Allah'ın (CC) farzı ise. Burada asılda gerçek adlandırmadır. Onlara karşı çıkan görüşe göre ise farz isminin tahsisi edilmesi kesinleşmiş. Burada hüküm verilmesi açısandan da farz dilde mutlak takdir. Kesinleşmiş veya zannedilmiştir. İki kısımdan biri tahsis ediliyor. Delil olmayan makbul olmuyor. Burada topluca mesem sözdür.
4. Mesele: arkadaşlarımızın görüşlerinde hiçbir fark yok. Vacibin –ayn- vacibin –kifaye- arasında fark yoktur. Gereklilik yönlerinden vacibin sınırının içine girdiğinden, diğer bazı insanların tersine bunlar fark yok demişlerdir. Çünkü vacibun ayn başkalarının yapması ile düşmez. Vacib-I kifaye gibi değildir. Fikir ayrılığının gayesi ise düşürülmüş yolları ile hakikatte fikir ayrılığı olmaz. Sabit yolların ihtilafı gibi. Mürted olan bir kişinin öldürülmesi kat'I ile vacibdir. 2 vacibden birisi tövbe ile düşer. Arasındaki değişikliğinden gereklidir.
5. Mesele: İhtiyari vacib. Görüş ayrılığı var. (Keffaretin özelliğinden seçim hakkında) Fakihlere ve El Eşariyye göre onlarda vacib 1. Başkalarının yaptıkları ile belirlenir. Mükellefin fiili ile tayin edilir. Cebai ve oğlu şöyle söyledi toplumun gereklilik seçimi bu delil ise (arkadaşlarımızın delili) şöyle söylenmeli toplumun gerekliliği veya bireysel gereklilik. İkincisinde birey belirli olabilir. Bir de belirli olmayabilir. 2. Söylenmesinde caiz değil. 5 yönü var.
1-Seçme toplam gerekli olsaydı o zaman durum böyle olacakdı. Bir kölenin serbest bırakılması icabı ile bu da seçme yoluyla olurdu. Toplama gereklidir. İmkansızdır.
2-Seçmenin yasaklanabilecek olması bir kişinin bir kişiye söylemesi "Sana iki tane namaz getirdi." Onlardan istediğini kıl. İstediğini bırak. Bu da böyle söylenmez. Namaz vacibdir. Namazı sana gerekli kıldım. İstersen kıl, istersen kılma, bırak seçme hakkı olamaz. Vacibin kaldırılmasının yönü var. bu da böyme bir şey Arapça'da yok.
4- Vacibin kenm edilmemesi gerekir. Terkedilmeyecek güçte ise gereklidir. Bizim durumumuz bunun tersi.
5- Karşı görüşler oybirliği ile bütüne gelirse bunu bütün hepsini yerine getirseler veya bıraksalar burada sevap olması veya cezalandırılması toplumun hepsine olmaz.
6- Hepsine vacib olan ise o zaman vacib niyeti ile herbirisinde her özelliğinde (keffaretin) topluluk fiili yaparlarsa bu da oybirliği ile alınan kararın tersidir. Caiz değildir. Vaçib belirli bir şeydir. Tabii bu

da seçmenin zaruretinin tersidir. Budara kısımlandırmanın gerçekleşmesi gerekmezdi. Başkalarının gücü ile yapılmasının kendi gücü ile yapabilecekse yapardı. Bu da oybirliğinin ayrılığıdır. Belirsiz kalır. Kapalı açıkolmayan kalır. Ebul Hüseyin El Basri bu meseledeki görüş ayrılığına teklifi ise anlam üzerinde durmasıdır. Anlam üzerinde değildir dedi. Şöyle dedi toplam gerekl lik anlamı Allah'ın (CC) vecibeleri terkeden topluluğa haram kılmış bunu yasaklamıştır. Bunların ayrı ayır mükemmefin takdiri fiili ile birisinin yapılması bir de başkalırının fiili ile vekalet vermesi mükellefe aittir. Bu fakihmerin mezhebinin kendisidir. Fakat söyledikleri toplu gereklilik açıklanmasında bu da fikir ayrılığına kaydırılıp olsa bile bununda imamların naklettiklerinin Cebayi ve oğlunun görüşünün tam tersidir. Toplumun gerekliliğinin delilleri de vardır. Onların söylediklerinin istenilen delillerin aktarılışı var. Şöyle söylenir deliller hakkında söyledikleriniz şöyle olsaydı. Allah (CC) Maide suresi 89. Ayeti kerimede "Bilerek yaptığınız yeminlerden dolayı sizi sorumlu tutar. Bununda kefareti ailenize yedirdiğiniz yemeğin orta hallisinden on fakire yedirmek." Seçmenin her ümeten birer birer seçim hakkı kefaret özelliğinde icabın yönü iledir. Engeli bu da ihbar olarak kefaretin verilmesidir.

 Bir yemin kefaretinin , bir yemek yedirmesinin bir yanda veya giydirilmesinin diğer yeminde veya kölenen serbest bırakılması diğer yandan delillerin gereği ile doğrudur. Seçim hitabı değildir. Herkesin ümmetten bir kişi istenilen şey yemek yedirilmesinin gerkliliğidir. Diğer bazılarının giydirilmesi, diğer bazılarının kölenin serbest bırakılmasını şöyle söylemiş olabilir. Bir yeminin kefareti bazılarının on kişiye yemek yedirilmesi, bazılarının giydirilmesi, bazılarının (kölenin) azadı red ediliyor. Delili ispat edildiği için bunlar 11 yönde beyan ediliyor.

1-Bu özellikler bunların gerekli sıfatlarının eşit olmasının yani gereklilik sıfatına eşit olması özeldir, bazılarından 1. İse Eşitlendirme ise bütün gerekliliklerde olmalıdır. 2. Bazı ise kendisi vacibtir.

2-Dini hükümlerin hitabı vacib ise bu nedinle dini hitap belirlenen şeylere ilgileniyor. Belirsiz veya açıklanmayanla ilgilenmiyor. Bunun için kişi yasaklanır. İlgilenilmesi icabı 2 kişinin birisinde yani kendisinde değil. İki seceneğinir birisinin fiili ile kendisinin fiili ile değil. Bunun için tümü ile ilgilenmesinin veya bazı ile belirlenmiş.

3-Talep belirli istektir. İstenilen belirlidir. Gerçekleştirmek içintümle veya bazı ile.

4- Eğer köle tümünü yapsa idi, sevası vacibin fiilini yapmış olan kişinin sevabını alır. Sebebi ise mükellefin gücü ile belirlenmisidir. Sevabının imsansızlığını kölenin yaptıkları veya yapmadığının dışında kölenin sevap alması imkansızdır belirlenenlerin belirlenmeyene isnad edilmesi imkansızdır. Belirsizlik böyle değildir. Bütün sevabı toplamaya veya onda belirlenen bazının olmasıdır.

5-Topluluğun hepsinin terketmesinde, vacib olanların terkedilip cezalandırılması, cezalandırmanın cezalandırılışı vardır. Bu da toplam vacibtir. Bazıları daha önceden açıklandığı gibidir.

6-Vacib 1 tek ise kendisi bu özelliklerinden dolayı onların içinden bir şeydir. Bu da kendisinden vacib değil. Vaceb olmayan ile vacib arasındaki seçme mümkün değil. Çünkü vacibin hakikatini ortadan kaldırıyor.

7-Vacibin 1 tek kendisi bu da tümü ile kefaret vermesinin sonucu fon düşebilir veya herbirinden veya birinden 1. Veya 2. İse hepsi vacib. 3. İse oda farzdır.

8- Tümünün nedeni icabıyla gerekliliği vacib olsaydı Allah'ın (CC) delili gösterirdi. Kölenin belirlenmemesinde gerileme de faydayı tanımadığı için bu da diğer vecibelermdme olduğu gibi orada da belirleme yok. Bütün şeyler vecibtir.

9- Vacib bir ise belirlenmiş olarak fiilleri ile (mükelleflerin) Allah (CC) kulun belirleyeceklerini biliyor. Alah'ın (CC) izninde bu vacib, belirli olur. Kul da ise fiili yapmadan önce belirli değil. Belirli vacibir, bir de vacib olmayan arasında ayırtme gereklidir. Bu da imkansızdır. Toplamın tersi vacibtir.

 10-Vacib bir olsaydı 3 kişinin kefareti ile ilgili herbirinde özellik bakımından başkalarından değişik olarak, tek kişi kendisine ait vacible sorumluğu diğerlerinden başka olarak, herkesin yaptığı vacib sayılır. Yerine toplam olarak vacibtir.

11- İbadet eden birkaç kişilerle , genellikle fiilleri ile vaciblek düşer. Farz- I kifayet gibi. Vaciblik fiillerinin bir tanesini yapınca diğeri düşer. İbadetine sakıncası yok.
1.Sualin cevabı:Oybirliği ile alınmış. Ayetten anlamak istenen şeyler vacib gerekliliğidir. İhbarın kendisi ona ait değildir.
2.Bu ayetler hakkında söylenilen gelenin oybirliği ile ters düşüyor. İzmarat ayette bazıların göre keffaretin özelliği (meziyeti) 10 miskine yemek yedirlmesi birde giydirilmesi ve kölenin azadında bu aslın tersidir. İhtiyaç olmadan. Söylediklerine göre olsaydı yemin keffareti olarak 10 miskinin yedirilmesi, giydirilmesi ve kölenin azadı derlerdi. Bu üç özellik vecibenin tümü olur. Yemin bozanın keffareti ya biri, ya biri olur. Hepsine gerek yok.
1.nde itiraz eden. Burada Allah'ın (CC) hükümlerinde faydaya riayet edilmesi doğru değiydir. İki salih imamın imam hikahını bir de evlenecek kadının evlendirilmemsini isteyenlerin biri ile evlendirilmesi, kölelerden birini azad etmesinin gereği, oybirliği ile muhaliftir. Bu da vacip olmanın iki kişiden birisinde bulunmamasının, vecibenin gerçekleşmesini durgunluğun cezaya veya ayıplamaya, yermeye bağyıdır. Bu da önceden söylendiği gibi. İki kişiren birisinin ayıplanmasının, yerilmesini. Bu da fiillerden birinin yerilmesinin, değişik görüşler iledir. Bu netice ikincinin itirazları da geliyor. Diğer itirazlar da geliyor. 10. Da vacib ise yemin keffaresi verenlerin özelliklerinin 3 özellikten birisi kendisinde değil. Bunun vacibinin yerine getirmesi farzın düşmesi bir de her birisinden vacibtir. Bu da vasibin her özelliğinden tümünü kapsıyor. Böylediğimizden doğru olup olmadığı vacibin her özelliğinden birini.
11. vacibin düşmesinin, yerine getirilmeden yasaklayamayız. Kefaretin özelliğinin hepsi gerekli. Vecib sabittir. Mükelleflerinin elde ettiği keffaret tarzında hepsi oybirliği ile tümünün günah olmasının oybirliğinin takdiri ile terki için ele alınır. Bu da keffaret özelliğinden değildir. Keffaretin özelliğinden bir kişi söylerse iki eşinden birine boş ol dese bir tanesi boşanmış sayılır. Bu da mutlak seçim tayini olmasıdır. Keffaretin özelliğinde fark söylemeden iki tarafın delillendirilmesinin yönü saklanamaz.
4.Mesele: Vacibin vaktinin belirlenmesi. Öğle namazı vati gibi. Fakihlerin çoğu ve Murtezilerin bir grubundan cebbai ve oğlu v.b. genişletilmiş vacibten bahsederler. O vatin bölümlerinin tümü vacibin yerine getirilmesini tabi bunu da farzın düşürülmesini (onunla) vacibin faydasının oluşmasının vaktin başlangıcı, ortası, vacibin geciktirilmesinin bunların daha sonraki zamanlarda olabilir mi? Görüş aşnıyığı var, arkadaşlarımız ve cebayi ile oğlu ispat etmişler. Bu da fiile azmettirici bu da murtezilerin bazıları inkar etmiş. Ebu'l Hüseyin El Basri v.b. Bazıları söylemişler vacib vakti ise vaktin başlangıcıdır. Bu vacibin fiili bu vakitten önce kaza sayılır. Ebu Hanife tarftarlarından bazıları vücub vakti vaktin sonudur derler. Fakat fiilin vuku ile ondan önceki fiil vukuu ile ayrılığa düşmüşler. Bazıları söyle demişler. Bu da nafiledir. Burada farz düşer. Kahi v.b. demişler. Mükellefin vaktin sonuna kadar yaptıkları vacibtir. Yoksa nafile olur. Vacib fiil ile belirlenen herhahgi bir vakitte.
Bunların söylediği vacibin genişlemesinin iddialarının delili öğle namazının İsra 78. Ayeti kerimede Allah (CC) buyuruyor ki " Gündüzün güneş dönüp gecenin karanlığı bastırıncaya kadar (belli vakitlerde) batışına kadar. Geneldir. Vatin bütün bölümlerini kapsar. Zikredilen vakitin kısımlarının tümünü kapsar. Namaz kılmanın her vakitten bir vakte. Bu da namazsız bir bölüm olmamasını belirler. Oybirliğinin tersidir. Herhangi bir bölümün belirlenmesi vacibin vukuu ile özeldir. Burada delil yoktur. İstenilen şey her bölümde vacibin vukuuna elverişlidir. Mükellefin fiilinin herhangi bir kısmında istediği gibi seçime bağlı bir başka kısmının olmamamsının zarureti. Bu da istenilendir. İhtimallerinin bölümlerinin gerçekleşme kısılarını vacibten namazın kılınması veya yerine getirilmesinin takdir edilen herhangi bir vakitte, başkası da başka vakitlerde olabilir. Bu da vacibin gayesinin mümkün olmasına, vacibin faydasının vakti geçmesini namaz fiilini vacibin vakti dışında takdir edilmesi, bu da kılınan namaz haram sayılırdı. Vacibin faydasının dışlanması söz ediliyor. Diğer vacib faydalarının kalışı namaz

fiilinin gerekliliği müsbet gayesinin idamesi. Namaz kılmak fiilinin farkedilen vakit içinde namaz fiilinin yapılmasıdır. Oybirliği ile tersidir.
Söylediklerinize itiraz, istenilenle çelişki var, itiraz var. fiil vacib olsaydı vaktin başlangıcı veya ortası, o zaman terk edilmesi caiz olmazdı. Yapabilecek kudreti var ise terk etmesi caiz değil. Vacibin hakikatidir. Vatin sonu ile bu icmaen oybirliği ile günah isimlerin terki ile günaha düşmüş olur. Bu da daha öncekilerin yapılmamasının takdiridir. Daha önce yapılış fiili mübah bu da sevabı gerektirir. Terki caiz olabilir. Vaktin sonunda farz düşer. Mükelleften farz düşmesi ile farz olmayan bir fiil ile mükelleften farz düşmesinde sakınca yoktur. Zamanı gelmeyen zekatın verilmesine biz nafile değildir dedik. Engel nedir? Vaktin tayininin fiile veya vucubuna 1. Tayini vakti ondan sonraki vakitler kaza veya hüküm vacibin oluşumu ile. Bu da mükelleflerin sıfat ile vaktin sonuna geçmiş mezheplerin söylediği gibi. Cevap vaktin başlangıcında fiilin terkedilmesinin caiz olmamasını göstermez. Daraltılmış vacib yoktur. Genişletilmiş vacib yoktur. Müstehab ile genişletilmiş vacib arasında fark. Mutlak müstehabın terki caizdir. Olması ve genişletilmiş şartta bu sondaki fiilin şartları genişletilmiş , vaktinde fiili ile şartlanmış. Bu da tayin yoluyla mükellefe bağlı olan şeyin keffaret özelliğinin olduğu gibi fiil azmettirici şartıyla burada olsa bile farzı düşmez. Daha önce söylenmiş. Bu da zamanında ödenmeyen, vaktinden önce verilen zekatın geciktirilmiş vaceb sebebi açıklandırtan sonra nafiledir. Namaz nafile niyeti ile kılınmas kabul edilmesinin vya doğru olmasa lazım. Bu da böyle değil. Azm fiilin yerine vaktin başlangıcında sonraki fiilin vacibi olmazdı. Sonucun caiz olmasının bu da kudretle değiştirlmiş gücü ile değiştirilen şeyler gibi v.s. Değişikliklerde birlikte getirilen namazın sonundaki vaktin başlangıcında azmle gaflettir. Bu da isyan olur. Aslı terkettiği için namazın icabının oluşumu ile. Bu vakte burada azmle olmaz. Buradaki vacibilik emir durumunun gerekliliğinin fazlasıyla olur. Bu da azmle fiilin sıfatı veya aslının olur. Bu de akıl niyet fiillerinin, dini kuralların fiiliyle değiştirilmesi olmaz. Dini kural hükümlerine dayanarak akıl fiillerinin, fiilin takdimi ile, mutlak fiilin düşmesi ile gerekli olmuyor. Seçme hakkı var. kendisi ve fiil takdimi ile, mutlak fiilin düşmesi ile gerekli olmuyor Seçme hakkı var. kendisi ve fiil takdimi ile sonuç; ötekinin azm ile veya bir cümlenin faydası ile değil bütün bir fayda söz konusu azmin oluşumunun sıfatın yerin fiili söyledikleri gibi cevaba gerek yok. Nasıl oluyor. Uzatılabilir. Bir fidyenin yerine hamile kadının , cenine zarar gelmesinden korktuğu için (emziren kadın aynı şey) oruç tutmaması sebebi ile verilmesi yerine) oruç tutmasının takdiri fiilin sıfatıdır. Bu da pişmanlık tövbedir. Niyet fiillerindendir. Bu da gereken itaat eden vaciblerin fiillere belirlenmesine bir gaye düşerse fiiller c vakitte doğrudur. Red edilmez. Söylediklerimiz arasında istedikleri vakitleri başkasında vacib vaktinin olmadığı anlaşılsa fiilin yerine getirilmesi gerçekleştirme olmamış. Oybirliğinin tersidir. Niyet başka olsa bile. Tasarlama olması gerekir.
Bir de söylenen şeylerin vacibin. 1. Vakti veya başlangıç vakti veya sonraki kaza için vakit. O vakitten sonra yapılmaz. Ayrıca kaza niyeti olmaz. Vakti ise geçmiş oybirliğinin tersidir. Vaktin başlangıcında namaz fiili yapan o sırada ölürse o farzı yerine getirmiş olur. Vacibin sevabını tesbit etmiş. Genişletilmiş vacib dediğimizde mükellefin namazının geciktirilmesinin bu da azm şartı ile bu da ölmüşse Allah'ın (CC) huzuruna asi olarak çıkmaz. Geçmişin oybirliği ile. Vacibin anlamının iptili gerekmez. Mutlak teki caiz olmaz. Azm şartı ile bunlar geçerli. Geciktirme caizliği denmez. Bu sonucun doğruluğuna ve emniyetine şartlanmıştır. Onunla bağlı değil. Bu da keskin hükmü bu durumda oybirliğinin tersidir. Olumsuzluğu bu duraklamanın yasaklanmasının engellenmesinin zaruretidir. Bu sonuç belirlenmesinde geçmişteki oybirliği ile genişletimiş vacib anlamının açıklanmasını ise bunun vaktinde fiilin yapılması ilk defa yerine getirmede yapılış şeklinde bozukluk varsa özürün bir türüdür. Yapılış şeklindeki bozukluk, özür için yapılmışsa bu aynı vakitte 2. Kez yapılmışsa iade, tekrar diye adlandırılır.kendi onun belirli vaktinde yapılmazsa bile özürlü veya özürlü ise fark etmez. Zamanı geçen fiilin kaza diye adlandırılışıdır.

5.Mesele: Genişletilmiş vacibin tümünün oybirliği ile mükellef burada zannettiği gibi değil. Ölecek ise geçiktirme takdiri ile 1. Vaktinden son vaktine kadar alınmışsa asi olur. Ölmemiş ise görüş ayrılığı var. o vakitten sonra kazamı, edamı diye. Kadı Ebu Bekr kaza olur der. İtiraz var. kadının delili ise vakit ise mukadder olmuş. Mükellef o vakitten başka yaşayamaz zannetmiş. Geçiktirdiği için asidir. Vacibin fiili ondan sonra yapmış olsa bu da verilen vaktin dışında yapılmışsa kazadır. Başkalarında olduğu gibi. Sınırlandırmış vakit itibarı ile söyleyen söyler ki mükellefin gayesinin zannı bu da isyan vacibidir. Vacibler geciktiğinde zannettiği şeyler yaşamın sonraki değil o vakitte o vakit veya zaman daraltılması gerekmez. O vakitten sonra kalırsa vacibin fiilinin, kaza olmasıdır. Bu da eda vakti olduğu için, gerçek ise asıl olduğu gibidir.

Asıl ve asıla ters düşen şeylerde mükellefinin zanettiği zannının isyanı gerekeni geciktirmesi ise azıla ters düşer. Bu da genişletilmiş vacibin geciktirilmesi mükellefin isyanını gerektirmez. Vaktinin başlangıcında kararlılık olmadan o fiilin yapılışı Kadı'nın görüşünde vacibin fiilinin bundan sonra kaza vaktinde olması hedefin gayesinin bir yoludur.

7- Mesele: Oybirliği ile vacibin kendi vaktinden başka vakitte yapılması kazaya girer. Burada kast veya istemeyerek oluşu fark etmez. Şöyle bir oybirliği de var. vacib olmayacak şey, vacib olanların belirlenen vakitlerin gerçekleştirme sebebinin vacibi sebebi belirlenen vakitte olmazsa sonraki fiil kaza sayılmaz. Ör. ne hakikat ne mecaz. Çocuklukta ve delilikte namazın vaktinin geçmesi. Bir de görüş ayrılığı sebebinin vacibin gerçekleştirme bir engel için veya dışarıdan bir şart olmasıyla mükelleftir. Mükellefin vacibinin vaktinde eda etmesi mümkünse bile yolcu ve hasta hakkındaki oruç (gibi) hükmü gibi uygulanır. Yapamazsa veya yapabilirse yapar. Bu aklı bakımından uyuyan gibi olur. Kadınların belirli durumlarında oruç tutmaması hakikatte kaza mı- mecaz mı diye görüş ayrılığı var. Bazıları mecadır der. Olabilirlik var. kazayı hakikat. Vaktinin vacib vaktinin geçmesi hakikattir. Vacibin faydasına dayanarak bu bizdeki durumda geçerli değildir. O vakitten sonra vacibin yerine getirilmesi yeni emirle başlangıç vakti bağımsızdır. Kaza olabilir. Mecaz olarak. Bazıları gerçek kaza derler. Bir faydanın olması vacibin sebebinin gerçekleşmiş olması kazanın isminin bu durumlarda oybirliği ile ortak menfaat var. Vacibin faydasının hissetmesi ile değil sebebinin gerçekliği için ortaktır. Bu da benzeyebilir. Olabilirliğin dışlanmasını ve ortaklık kazanın isminden olumsuzluğudur.

8- Mesele: Bu vacible olan şeylerin vucub olarak vasıflandırılır mı? bunların fikir ayrılığı var. Delillere girmeden önce görüş ayrılığı var. vacible olumsuz olmayan şeyler o şartların o şeye gereken şarta bağlı olmalı, delillere bağlı olmalı.

1.ise kanun koyucunun söylediği gibi abdestli olursan sana namaz vacibtir. Burada terslik yoktur. Şartın gerçekleştirilmesi için vacib değil. Vacib burada namazdır. Şart var ise.

Burada mutlak vacib yani gerekliliğin başkalarının hakkında kılınmaması. Gerçekleşmeyi gerekli kılmaktır. Görüş ayrılığının yeri, mükellefin gücünün yetmesi şartıdır. Değil ise namaz vacibtir. Burada abdest olmadan gerçekleşmesi şeklinde özürü varsa veya yüzünün yıkanmasının gerekliliği, başın bir bölümünün meshedilmesine mükellefin bu şartlara gücü yetmezse, yapılamayacak şeylere güç teklifinin caiz olmasının görüşleri. Burada cuma namazında imamın bulunması bir de yeterli sayının bulunması mükellefin gücünün yetmesine göre değildir. Görüş ayrılığı cıkarmanın özeti. Murteziler şöyle söylemişler: Dava arkadaşlarımızın bir kısmı vacib onunsuz tamam olmaz. Mükellefin güç yetmesi ise vacib. Bazı fakihlerin aksine Ebu'l Hüseyin El Basri dedi ki " Şartın gerçekleşmesinin vacib olduğunu belirtti. Eda edilmese bile bunların terki mübahtır. Böyle bir durum ortaya çıkıyor. Ör. Emir alana (memur) şartı getirmeden fiili yapman sana mübahtır. Vacib gereklidir. Onunsuz gerekliliğini yerine getirmene lüzum yok. Burada insanın gücü üstünde teklif imkansızdır. Tabii bu yol ortalığı karıştırmanın en büyüğüdür. Şart koşmak olmaz. Bunun hiçliği mübah olmasını gerektirmez. Şartsız şart koşmak olmaz. Bunun hiçliği mübah olmasını gerektirmez. Şartın gerekeni hiçlik durumu ve iki durum arasındaki fark. Yani şartlı teklif gücün üstünde bir teklifle olmaz. Şöyle bir şey söylenebilir. Şart teklifi hiçliğin durmu ile imkansız. Şartlı teklif şart varlığı ile şartlıdır. Gereken herkes şartlandırılmıştır. Şart olan gerçekleştirmenin gerekliliğinin olmadığıdır, gereken olmaz. Cevap: Ümmet oybirliği ile, adlandırdıkları gerçekleşmenin gerekliliği kanun koyucunun kuralına bağlıdır. Kuralının gerçekleştirilmesi, mümkün durumların vacib olmayan şeylere olması çelişkilidir. Topluca meseleler çıkmaza girer. Yollar daralır. Daralan yollarda kanaat olmalıdır. Ör.Konuşma veya söz yani şartın gerekliliğinden fazla şartlandırılmış durumların ihtiyacı ile burda delil yok. Burada normdan fazla kopyadır. Bu da bir ayetin yenisi ile ortadan kaldırılması, normun belirlenmesi burada başka normla ele alınır. Vaciben olsa bile norm yok. Vaciben olsa bile güçlü kılan olurdu. Burada gücün üstündeki tekliften sakınılması birde baştan yıkanması gereken kısmının yıkanması, (mesh) geceden başlayarak oruç tutulması güçlü kılınmadan sevap alınır. Bırakıldığında cezalandırılır. Sevap ve cezalandırma, yüzün yıkanması veya terki, bir bölümü olan imsakda oruç tutmaya başlamak, terki sonucudur. Tabii bu böyle hayal edilirse gerektireni şartlı yerine getirilirse şartsız olacaktır. 1. Nin cevabı ayetin gelen bir ayetle ortadan kalkması. Gereklilik söylenen olsaydı bunların bu şekilde ortadan kalkması gereken ise bu da böyle değil. İçeriği gereklilik varlığıdır. Varlığı ise durumu ile kalır.

1.nin cevabı: Her vacib sınırlandırılmış miktarda takdir edilmez. Burada fazla ise önemli olan isim verilmesini, burada gerekliğin vasıflandırılması bütünün oranına, gerekliliğe orantılıdır. Veya vacib de daha az isim ve fazlası müstehabdır.

13- Konuşmanın arkasından olanları onların getirdiği her şey vacibtir. 2. Vacib ise bunların isminin daha az, bu kendine yetinen hasap sormanın (fazlanın terki) bedelsiz güçlü olmaktır.

14- Cevap : söylediklerini yasaklıyor.

15- Gerekliliği gerçekleştirmesi; acz olan şartlandırmalar şartsız güçlü olan değildir.

6. Fasıl:Sakıncalıdır. Dilde zararların çoğaltmasıdır. Şöyle söylenir. Ör. zararlı yoğurt. Zararları çok. Bu yasaklanma ve kesmek diye adlandırılır. Şöyle söylenir bunu şeylerden yasakladım. Bir de hayvanların uğradığı yabani arazide söylenir. Söylenilen dinen vacibin tam tersidir. Önce zikredilmiş hilekarlarla sınırlar koyulmuş onları onur hakkında sözün yüzü saklanamaz. Bu fiilinin yükselişinin olmasının ayıplama sebebi (dinen) yaptığı fiillere göre 1. Kayıt . diğer bölümler müstehab ve vacibten farklıdır. 2. Kayıt istemede farklı vacibin 3 Mübahtan ayrılması vacibin fiili terkedilişi bunu terkedenin ayıplanıp, yerilmesi bunun fiilinin yönü ile değil vacibin terkedilmisinin sakıncası kanun koyucunun hitabının yaptıkları fiilin karşısındaki yerme sebebi dini bir olgudur. Bu yönde fiili itibarı ile isimlerinden de haram olan asi, suç bunlar sakıncalıdır. Mahzur manasının anlamak için ona ait olan özel meseleler 3'tür.

1. Mesele: haram olan 2 durum caiz olabilir. Kendisine ait değil. Murtezilerin tersine burada durumun olmasına engel yok. Ör. Ömer veya Zeyd'le konuşma. Şimdi birisinin konuşmalarını yasakladım. Burada tümünün değil veya bir kişinin kendisine ait olan meydana gelen olaylar yasak değildir. Şüphesiz ki böyle ise bunların yasaklanmasının toplam konuşmanın değil. Birisinin konuşması değil. Çelişkilerinin açıklanmaları. Burada yasaklanan şey ikisinden birisinin kendisine ait değil. Burda karşıt görüş itirazına ve bizim ona olan cevabımız. Vacib seçiminde olduğu gibi burda yüzünün yıkanmaması fakat karşı görüşte olanlar, veya eminde olursa tümünü gerektiriyor. Seçme değil derler. İnsan suresi 24. Ayeti kerimesinde Allah(CC) buyuruyor ki " Onlardan hiçbir günahkara yahut hiçbir nanköre boyun eğme." İstenen şey itaat etmesinin, durumun herbirine olması. Cevabı ise: Seçme iki durumundan birinin yasaklanması kendisi değil. Bu da toplamından yasaklanan başka bir de ilden faydalanmasını bu toplam ayetten söylediklerimize delildir.

7. Mesele: Akıllllar oybirliği ile gerekliliğin sakıncalarının toplanmasının imkansız olduğundan ve bir fiilde bir yönden sınırlarının karşılaştırılması daha önce anlattığımız gibi bunların mümkün olmayanla teklifinin caiz olmasının görüşüne bağlıdır. Bu da görüş ayrılığı ile bir çeşit (fiillerden) kısma ayrılabilir mi? vacib ve haram olarak secde olayı.

Allah'a(CC) secde, putlara secde. Bir fiil şahısların 2 yönünden haram gerekebilir. Gasbedilen evde namaz kılmak burada yasaklanmasının, burda bazı arkadaşlarımızın çoğu buna mutlak doğrudur derler. 1. Şekilde görüş ayrılığına düşenlerin bazıları şöyle söylerler. Secde bir çeşittir. Allah'a (CC) kulluk için. Bu da secde edenlerin harama girmemesi sözkonusudur. Yoksa bir şeyin yasaklanmış durumu imkansız. Bu da haram olan putların yüceltilme gayesinde olan secdeden başkasıdır. 2. Şekildeki görüş ayrılığı El Cebaiyye ve oğlu, Ahmed Bin Hanbel, Zeydiyye, zahiriyenin ehli, Malikten bir söylentiye göre namaz kılınması doğru ve vacib değildir. (işgal edilen evde) farz düşmemiştir. Kadı Ebu Bekr teyid eder. Yalnız farz düşmesi konusunda doğrulamıştır. Şöyle söylenebilir. Farzın düşmesi o zaman içinde değil, vacibin gereken haramdan sakınılarak mükellefin fiili ile düşer namaz kılanın fiili işgal edilmiş evde ise düşmez. Seçme fiillerinin haram olanın isyan etmesine neden olur. Cezalandırılabilir. Bunun yaptıklarından çıkan sonuç fiili ile olur. Yani burda yaptıkları şeye itaat etmesinin sevabını görmemesi Allah'a (CC) yakınlaştırılması olmaz. Çünkü haram vacib sayılmaz. İsyanlık itaat değildir. Ne Allah'a (CC) yakınlaşma olur, ne sevap görür. Namazın doğru kılınması yakınlığın şartıdır. Gerçek ise arkadaşlarımızın söylediği gibi 1. Şekilde kişilik değişimi ile ilgili putlara veya Allah'a (CC) secdenin durumunun iki secdeden birinin haram kılınması, diğerini haram kılmaz. Putlara secde haramdır. Gerekliliğin bundan değil, bir de secdenin Allah'a (CC) mahsus edilmesi. Secdede gaye ise Allah'ın (CC) yüceltilmesidir. Putların büyütülmesi değildir. Allah (CC) Fussulet suresi 37. Ayeti kerimede buyuruyor ki " Güneşe de aya da secde etmeyin. Onları yaratan Allah'a secde edin." O da onların söylediklerinin imkansızlığını gösteriyor. 2. Şekilde ise bu da tabii fiilin zarureti ile hükmedilen fiilin yönünü görüş ayrılığı itibarı ile gasb ve namaz iki ayrı durumdur. Bunun için şöyle olabilir. Türün çeşitlirinin şöyle olduğudur. İnsan ve er. Kişilerin çokluğu bir yönde Zeyd gibi Ömer gibi bu ayrı konunun birleşimi bu da hükmedilen kişi özelliğinin görüş ayrılığının sebebi için bu da hüküm giyinen. Hükmün iki özelliğinden biri karşılıklı sosyal hayat içinden biridir. Başka hükümle hüküm giyen, sosyal hayat ve diğer özelliğinden dolayı. Zeyd'e hüküm vermesi, bunu yaptığından dolayı yermesive başka yönden yaptıklarından da kerim olduğu için şükretmesi iki hüküm araksındaki karşılaştırmanın gerçekleştirmesinin yasaklanmasına engel olmasıdır. Söyledikleri fiil dolayısı ile haram kılınan o fiilin kendisi veya gaspyönünden oluştuğu için 1. Doğru değil 2. Bunların gereklilik hükmünün verilmesini engelleyemez. Namaz olduğu için. Görüş ayrılığında olanların daha önce söylediği zarureti olduğu için. Bu da gereklilikle alakası, bunun da haram kılınması veya ayrıdır. 1. Gücün üzerindeki teklifi bu da tabii karşı görüş. Bu konuda ya imkansızlığı ya caiz kılınmasını söyleyebilir. 2. Yasaklama gerekli kılınmış veya kılınmamış. 2. Sinin söylemesi caiz değildir. Gasp ve namaz. Birisinin diğerinden ayrılırsa tartışmanın dışında fakat, tartışmanın hali ve durumları gerekli. Gerekli olmayanlar kalır. Vaciblik haram fiili ile bağlanır. O olmadan vaciblik olmaz. Haram kılınanın, yasaklanan şey ise vaciptir. Gücün üstünde olan teklifidir, namazda özel davranışların içinde ki anlamı da vardır. Hareket ise onların cevheri işgal etmesi başkalarındaydı. Sessizlik ise cevherin işgalinin bir zamandan fazla olanının işgali hem hareket hem sessizlik namazın anlamında vardır. Bu da bir bölümün bir kısmıdır. Bir de şu alanın işgal edilmesinin içindeki olan haramdır. Namazın haram olan bölümü, namazın vacib olmamasıdır. Çünkü gerekli kılmak için bütün bölümlerinin gerekli olması lazımdır. Şu da gereklidir. Bölümlerinden yasak olan gücünün üzerinde bir teklif olmasıdır. 2'sinden de vacib namazın kendi bölümleridir, kendisi değildir. Bölümün anlamı tümünün anlamından ayrıdır. Bu da imkansızdır. Şöyle bir şey lazım. Efendinin kölesine şöyle söylemesi bu elbiseyi diktirmeni gerekli kıldım. Bu evde oturmanı yasakladım. Cezalandırdım. Bunu yaparsan takdir ettim. Yani evde oturursan ve elbiseyi diktirirse bu da vacibin fiilinin ve haram olanın yapılmasıdır. İtaat ettiği için ödüllendirilmesi, diğer fiil ile isyan ettiği için cezalandırılması oybirliği ile kararlaştırılır. O zaman .
Bölümlerin hepsi burada vardır. Gereklilik ile alakalıdır. Bu da yasaklanma ile alakalıdır, ise gücün üstünde bir teklifdir. Ör. şekildeki gibi o şekilde olduğuna farzedilen durumlarda gerekli kılınan ayrı

olsa. Bunun ayrı ayrı caiz oluşu gasbedilen evde namazın kılınması hakkındaki görüşler gibi vacib yasaklanana bağlıdır. Gerekli olanın vacib olmasının yasak olmamasıdır. Söylenilen gibi, bu da oybirliği ile söylenen vacib haram içinde cevap tartışmanın durumu itibarı ile 2. İşgal geldi. 2. Alanın işgal edilişi bir anlam içindeki özel hareketler, terzilik anlarında alanın işgal edilmesinin (birbirleri için) oturma ile yasaklanmış olması bu tartışmanın durumu itibarı ile fark olmadan cevap aynı olur. Eskiden alınmış oybirliği ile ümmet bunların zulm itibarı ile kurumların uzaklaştırılmasının namazın eda edilmesinin gasbedilen evlerin içinde, bir de daha çok gerçekleştirdiği için bu namaz arada doğru değildir. Kendisi vacib olduğu doğrudur. Bu vacibin sürekliliği içindir. Burada ümmetten inkar edilmesinin yasaklanmasını bu da gereklidir. Ahmed Bin Hanbel kabul etmiştir. Mu'teziler kabul etti. Farzın düşmemesi konusunda oybirliği ile Fakat Kadı Ebu Bekr, farz o zaman düşer dedi. Bu da topluca kazanın terkinin inkar edilmemesidir. Bu da şüphelenilen delil olarak namazın doğruluğunun yasaklanması dayanağını iptal ettik. İptali açıkladık, beyan ettik.

8. Mesele: Şafii mezhebinde haram kılınan özelliklerinin belirlenmesi. Aslının ve gerekliliğinin zıddıdır. Ebu Hanife'nin tersidir. Bu meselenin şöyle izahını yapar. Orucun vacibliği, vacib kılan ve yasaklanan (bayram gününde) bu durumda Şafii'nin şöyle bir itikadı var. Haram olan gerçekleştirilen oruç bu da haramlardan kılınan ile incelemiş asıl itibarı ile irdelemiştir. Yasaklanmasının gerekliliğinin zıddıdır. Ebu Hanife ise; haram olan gerçekleşmenin kendisidir, olay değildir der. İkisini birbirinden ayırır. Zıtlık yoktur der. Haram kılınanlar ayrı olduğu için şöyle irdelemiş. Taharetin olmayanın namazının iptali. Taharet şartı gerçekleşmediği için. Çünkü taharetli ise namaz kılınır. O anda tehir edilir. Taharet şartlarının delili yoktur. Şa-li bir delili topluca mesele birleşmeden ve şüpheden kaynaklanıyor. Şüpheli meseledir. Doğruluk şansı yoktur. Buna Şafii mezhebi daha yakın. Dil ehli bir şey söylediğinde fark ayırd etmez. Bu günde oruç haram kıldım. Orucun bu günde yasaklanmasını gerekli kıldım. İcabının biri orucun tutulması sakıncalıdır. Orucun yasaklanması ile gereklilik arasındaki fark. Başka bir görüş. Bunun bu yönde orucun gerçekleştirilmesinin sana gerçekleşmesini yasakladım. Orucun fiilinin yasaklanması o zaman gerekliliğin zıddı olur. Şöyle söylenirse fiilin gerçekleştirilmesi yasaklanmış vakitte, olan fiille yasaklanmış Bu da boşanma gerçekleştirilmesinin kadınların belirli günlerinde yasaklanması. Boşanmanın kendisinin durumu itibarı iledir. Bu da namzın kılınmasını belirli zamanlarda omkası, kılımaması ile gerçekleşirse. Şafii'nin doğruluğunu kabul etmiş olur. Bunların boşanmanın aslından ve özelliğinden dışarıdan bir durumla olmuştur. Bu da iddetin uzatılmasını gerekli kılar. Delil gösterdiği için namaz belirli zamanlarda kılınmasının yasaklanması bazılarına göre mekanlarda değil bazı vakitlerde kılınması yasaklanmış. Yani genellikle orucun aslı ve özelliği bunun yasaklanması dışardan bir delille belirlenmesiyle. Tabii bu durumda ayrıdır. Delilin görünen, terki ile oluşumunun terk edilmesidir, diyor.

3.Fasıl: Müstehab olunla ilgili meseleler. Lugatte nudbdan gelir. Lugatte önemli bir durum için duadır. Şairi onun kardeşlerine sormazlar ki, onlara dua ettikleri için. Bu felakette delildir. Söyledikleridir. Dini hükümlerde ise bunların fiillerini terkinden daha hayırlıdır. Müstehabdır. Yeme ile dini hükümlerden gelmediği için iptal ediliyor. Terkettiği için daha hayırlıdır. (hayatın devamı için) Müstehab değildir. Şöyle söylenebilir, yaptığı için methetmek, bırakınca ayıplanmamsı Allah'ın (CC) fiillerinde iptal edilir. Bu müstehab değildir. Vacib olan ise dinen fiilin yapılmaması, terki için ayıplanmaması, yerilmemesidir. İstenen budur. Fiilin istenemi haramdan, mekruh, mübahtan, sabit hükümlerden ilmin esaslarını ortaya koymak hitabı ile ihbarla sakınmasıdır.
Burada ayıplanmanın olumsuzluğu, bu da genişletilmiş vacib ve seçilmiş vacibliğinden sakınması, tercihi vakitlerin başlangıcından müstehabından tanımında iki mesele var.
1.Mesele: Bu da Kadı Ebu Bekr ve arkadaşlarımızdan bir bölümü müstehab ise emir edilmiş. Kerhi'nin tersine Ebu Bekr, Ebu Hanife'nin arkadaşlarının tersine, ispat edenlerin getirdikleri delil müstehab oybirliği ile adlandırılış. O fiilin müstehab olan fiilin kendi nefsine değil. Takdir edilmesi ile ya da ortak

olduğu özelliğinden bir özelliği başkalarının ortak olduğu sıfatlarla yoksa her olayın bir uyumu olur. Kendisi Allah'a (CC) ait olduğu için değil, yani gerçekleştirmenin hepsi itaat olur. Onun ödüllendirilmesi buna uymanın oluşumundan çıkmaz. Sevap almamış ise çünkü herhangi bir söz olursa gerçekleşir. İmkansızlığın kanun koyucunun haberinde ayrılık olması mümkün değildir. Oybirliği ile sevabını gerektirmez. Asıl ise bunların dışında. Bunların itaati, durumun gerçekleşmesinin oluşumunun ait bir itaattir. Durumun oluşumuna itaat denir. Ör. bir kişi falan filan emire itaat ediyor. Yani yerine getiriyor. Şairin dediği gibi "Emrin söylediği şeylere itaat edilmiş olsa, edilir olsa, emir alan kişinin söylediği emirde kuşkusuz hepsini yerine getirebilir." Bu da edebiyat ehli emrin bölünmesi ile gereken emir müstehab emir ortaya çıkar. Bunlara itaat mümkün olabilir. İstenilen ve olağan olan istemenin (iseği ve ihtiyacı olan için) ihtiyacını emir alan olduğunda gerekmez. Bunların fiili itaat olsaydı emir alan durum itibarı ile bunun terk edilmesi isyandır. Şöyle ki: Emire isyan etmek . Şair sana çok kesin bir emir verdim. Bana isyan ettin. Hz. Muhammed (SAV) söylediği sözlerden birisi şöyledir: "Zorluk çıkarmak olmasa ümmetime her namazda misvak kullanmasını emrederdim." Ve Peygamberimiz (SAV) Berira'ya demiş ki "Kölenin azadından dönersen" o da ona cevab olarak emredersin demiş. Peygamber Efendimiz (SAV) ona "Hayır, ben şefaatçiyim" demiş. İkisinde de fiil müstehabdır. Emir alan müstehab değildir. İhtiyaç ve istek ise bizim görüşümüze göre şöyledir, teslim edilmesinin tartışmanın yerindedir. Söylediklerine göre, bırakanın asi olduğu söylenemez. İsyan bir yerme isminin icabı, emrinin yerine getirilmemesi mutlak emrinin anlaşılmadığı, ayrılığı ile değil. Toplam bir söz söylediklerine bir delil gösterdikleri olabilir. Hadisin bunun gibi icab emiri ile müstahab değildir. 1. Hadiste ise güçlükle kaydedilmesi özelleşmiştir. Bir de emrin icabı dışındadır. Bu da emir alanın durumunun eski söylediklerimizle ispatıdır. Güzellik ve çirkinlik meselelerindedir. Vaciblik adlandırılmasına içindekinin dahil olup olmadığını araştırmaktır. Kelamın gelecekleri hakkında iptal ve ispat caizdir. Müsbet olabilir- menfi olabilir. (olumlu- olumsuz)

2.Mesele: Arkadaşlarımızın görüş ayrılığına düştükleri konu. Müstehabın teklif hükümlerinden olup olmadığı hakkındadır. Üstad Ebu İshak bunu ispat etmiş. Bir de tersini söyleyenler var. bu doğrudur. Burda teklifin delili ise külfet, zorluk, müstehabın, mübaha eşitlenmesi. Fiil seçimi veya terkinin mahcup etmeden, fiili ile sevap arttırılması ile. Mübah ise teklif ediliş itibarı ile inancının gerekliliği müstehab oluşumuna. Burada mesele yok. Müstehabın külfet ve zorluk olmadan yapılışı sevaptır. Bu da fiil ise sevap kazanmak için güçlüklerle vacibin fiili gibi yorucu der.

Terkettiği için büyük sevapları kaybetmiş olur. Burada fiilinden daha güç olur. Mübahın terkinin tersidir. Söyledik. Kanun koyucunun fiille ilgili hükmü sevabın sebebinin oluştuğu için hüküm teklifidir. Çünkü gerçekten fiilin yapılmasının sevap kazanmak sebebi gayesiyle zordur. Bıraktığı için elde edilecek sevaplarının zamanının geçmesi oybirliği ile zıttır.

9. Fasıl: Mekruh. Lugatte mekruh. İstemeyerek kelimesinden, istetmemekten gelir. Savaşta şiddettir.

Dini hükümlerde ise haram, şöyle söylenebilir. O söyleyişten kasıt haramdır. Tercihli ağırlıklıdı faydasının terkedilmesi de kasdedilir. Bunların yapılmamasını yasaklamak diye bir şey yok. Müstehabların terki gibi. Bu da haram kılınmamış, yasaklanmamış. Fakat korunmak için o fiilden uzak durmaktır. Namazın vakitlerinde ve özel yerlerde kılınması bir de kalbin kabul etmediği şeylerin, korkuya düşülen şeylerin bu zannın çokluğuna galip geldiğinden, sırtlanın etinin yenmesi gibi. 1. İtibara bakanların onu haram sınırına sınırlandırır. 2. İtibara bakanlar da yani 1. İtibarını terketmesini sağlıyor. 3. İtibara bakar ise fiili yaparsa bir şey için ayıplanmamasının. 4. İtibarla bu konu şüphe ve tereddüt sınırında oluyor. Mekruhun anlamının tanınması ise, yapılmamasının oluşumu bir de tekliflerin hükümlerinden oluşumu bu da müstehab gibi kelamın yüzünün iki tarafında seçme ve aşağılama gizli olmamalıdır.

5.Fasıl: Mübah ve ona ait meseleler. Lugatta mübah. İbaheden gelir. Bu da zuhur edilmesi ve ilan edilmesi. Şöyle söylenebilir. Sırrın açığa çıkış. İzin verdim, bıraktım gibi. Dini olarak da mübah. Kavm demiş ki insanın fiili yapılışının ve terkedilmesi isteğine bağlıdır. Bu durumda mübah. Keffaret özelliği ile, isteme keffareti özelliği ile çözülür. Herhangi bir özellikte yemin eden kişi keffaretin yapılışı veya terki ile seçim vardır. Fiilin takdiri ile mübah sayılmaz. Vaciblik bölümüne girer. Bu da namazın kılınması genişletilmiş vaktidir. Bu da mübah değil vacibdir. Bir millet söylemiş iki durumun yanlarını sevapta ve cezada eşitlenmesi.
Bu da Allah'ın (CC) fiillerinde bozulur. Böyle değildir. Bu mübah olduğu için vasıflandırılmış değildir. Bazılarından biri demiş ki faili belirlenen yapılmasında zarar olmadığının belirlenmesi, yapılışı veya terkinin yararı veya zararı yok. Ahirette menfaati yok. Burada toplam değildir. Fiil içinden kanun koyucunun bir fiilinin yapılması veya terki için seçme hakkı verilmesi ve bilgilendirilmesi işitme delilinin delilil ile failini haber vermesi. Çünkü onun fiilinin eşitlenmesinde hem dünya hem ahirette bir çıkarının olması mübahtır. Bu da fiilinin ve terkinin zararına olsa bile. Daha yakın olarak şöyle söylenir. İşitme delilinin işaretine kanun koyucunun hitabı seçmenin terkedilmesidir. (bedelsiz olarak) 1. Kaydının Allah'ın (CC) fiillerinden aralıklıdır. Uzaktır. 2. Genişletilmiş vacibin vaktin başlangıcında veya seçilmiş vacibin mübahın tanımında 5 mesele var.
1.Mesele: müslümanlar oybirliği ile karar vermişler. Mübahlık dini hükümlerden gelir. Mu'tezilenin bazılarının hilafına göre mübahın arkamı yoktur. (başka anlamı) Fiilin terkedilmesinin olumsuzlaştırılmasından başka bir şey yok. Dini hükümlerden önce sabittir. Sonraki de (sürekliliği) dini hükümlerin sürekliliği oluşturulmaz. Biz bunların fayda sağlamasını inkar etmiyoruz. Fiilin yapılması veya yapılmaması sonunda dini hükümlerin olmadığını. Dini mübahlık ise kanun koyucunun hitabı söylediklerimiz ile ilgili seçmeye karar ettirciğimiz şeyler. Bu da dini hükümler gelmeden sabit değildi.
2. Kısım arasında ki farkın gizlenmemesi bu da ispat ettiğimizin dini mübahlıkın olumsuzluğu ile itirazı yok. Olumsuzluk şeyi ispatlamadığımız şeydir.
16- Mesele: fakihlerin ve din adamlarının hepsinin görüşü mübahın emredilen bir şey olmadığıdır. Kabir ve Mu'tezilerin tersine. Şöyle söylerler. Dini hükümlerde mübahlık yok. Farzedilen her fiil vacibtir. Emiri alandır. Emir alan değil de celilleri , emir tercihli bir istek durumuna terk veya yapılması gerekliliği ile bağlıdır. Mübahta tasarlanmamış daha önce söylediklerimiz gibi bağlandırılmasıyla ilgilidir. Bir de ümmet oybirliği ile hükümlerinin bölünmesi. Vacib, müstehab v. d. mübahın inkarı oybirliği ile alınan kararın ihlali demektir. Kabi'nin delili ise herhangi bir fiilin mübah diye vasıflandırılması ondan herhangi bir haramın terkedilmesi ile şüphelendirilmesinin gerçekleşmesi haramın terki ile oluşur. Her haramın terki vacibtir. Bunların terki için zıtlarından bir zıttın karışıklık olmadan işin içinden çıkılmaz. Onunsuz vacib, olmadan tamamlanamaz. Vacibtir. Bu da oybirliğinin göz ardı edilmemesinin delil olarak şöyle söylemiş. O fiilin kendisine yüklenmesinin, onun bir haramın terkedilmesinin duraklamanın bir sebebe duruma bakılmaksızın. Bu ise emir alan değildir. Çünkü bütün delillerin bütün imkanları kullanarak deliller arasındaki toplama zarureti vardır. İtiraz edenler kelamın ne demek istediğini bilmeyenler haramı terk vacib olsa, mübahın ise haramın terki aynı değildir. Bir şeyin haramı o şey için terk edilir. Bu durumda haramın terkinin başkarıyla, gerçekleştirme imkanı var. vacib olmasını gerektirmez. Bu da doğru değil. İsbat edilirse haramın terki vacib ise bu da zıtlıklarından bir zıttının karışıklığı olmadan olmaz. Karar alınmış onunsuz bir tamamlanan vacibtir. Birde zıtlarından bir zıttının karışıklığı vacibtir. Gayesi ise vacib zıtlardan, bu da belirmenmemiş fakat mükellef onu belirliyor. Ayrılık yok. Belirlenmeden sonra vaciblik oluşmasında onun dikkate alınması için onu ortaya çıkaran sebebinin yasaklanması lazım. Kuralın ihlali ve sahipleri (ihlal edenlere) dir. Gayesi, zikredilen emir gibi müstehab, yani haram olan başka vacibin terki ile beraber olursa olurdu. Namazın kılınması başka vacibin terki ile beraber olursa haramdır. İmkansızdır. Bir cevabın engeli yok. Bir fiilni hükmü ile gereklilik ile veya yasaklama ile bir de çeşitli iki çeşit yönlerine bakılması namazda

ve gasbedilen evin v.b. Topluca kim uzaklaştırılırsa uzaklaştırılsın şüpheli delillere bakılması belki başka bir kişinin çözümü olabilir.

17- Mesele: Mübahta fikir ayrılığına düşülmüş. Vacibin adlandırılmasının içeriği içine mi? Dışına mı? içinde diyenlerin delilleri. Mübah burada fiili ile günah işlenmez. Bu anlamda vacibtir. Bunun fazlası vacibe ait olanların olumsuz değilde söylediklerine katılma vardır. Belirlenmiş olan durumlarda söyledikleri delil. Mübah burada seçime bağlıdır. Fiilin yapılışının terki kayıta bağlıdır. Vacibte gerçekleşmemiş bu doğrudur. Alışılmış ki caiz diye adlandırılma vacib namaza, vacib oruca, söyledikerinde ör. kabul edilmiş namaz.kabul edilmiş oruç v.b. caizin bilinen anlamı vacibte tahakkuk edilmemiş gerçekleşmemiştir. Gereken ya caizlik ya ortaklıktır. Aslın tersidir. Şunu bunu söylenmesi gerçek ise arasındaki ortak birşey yok. Şüphenin fiilden uzaklaşması burada delil bahs arama ve hareket halinde olan delil hakikat adlandırma gerçek olsaydı caizlik hatalı fiilin terkedilmesinin olumsuzlaşmamasıdır. Şöyle söylenir haram olanın tersi caizdir. Caizin adlandırılmasının gerçekleşmemiş. Caiz isminin verilmesi haramın tersinde mecaz olabilir, ortak olabilir. Aslın tersidir. İki durumun biri diğerinden öncelikli değildir. Fakat söylediklerinde bu vacib fakat caiz değildir. Her ihtimale karşı söz meselesi. Burda görüş birliği yeridir.

18- Mesele: Mübahta teklif altında mıdır? Bir grup alimlerin oybirliği ile olumsuz kabul edildiler. Teklifleri ile mi? Üstad Ebu İshak'ın fikrinin tersidir. Bu meseledeki ayrılık ise, söz meselesidir. Olumsuz diyenler, teklif bir istekle olan şeylerin zorlu ve yorucu ve külfetli şöyle söylediler. Büyük bir külfet verilmesi, sana zorlu ve külfetli birşey yükledim demektir. Burada ne talep, ne külfet var. çünkü terkinin veya yapılmamasının seçime bağlı oluşu söz konusudur. İspat edenler asıl itibarı ile ispat etmemişler. Gereken inanç olduğu için mübah oluşumu itibarı ile teklifin hitabından da vaciblik olur. Bir durum itibarı ile bir konu üzerinde birleşmemişler.

19- Mesele: Mübahta görüş ayrılığı iyi mi? İyi değil mi? burada ispat ve olumsuzlaşma yasaklanmıştır. Vacib ise iyi fiilin dinen yapılması ve hedefin onayı ile iyi değil ise, durum itibarı ile emir alanın yaptığı fiillerinden dolayı iyileştirme veya çirkinleştirme, ayıplama meseleler itibarı ile.

Sabit hükümlerde ki ihbar ve ilmin esaslarını ortaya koymak hitabı ile bu da sınıflara ayrılır.

1.Sınıf : vasıfla hüküm sebep itibarı ile sebep lugatte bir sonuca varabilmesini mümkün olan bundan dolayı ip sebeptir. Yol sebep diye isimlendirilmiştir. Onlarla sonuca varabilmek imkanları vardır. Bu da kanun koyanlarında isimlenirmişlerdir. Lugatte bazı adlandırma yapmışlardır. Bu da belirli veya her vasıfa düzgün veya hissi delilleri gösteren bu da durum itibarı ile dini hükümleri tanımlaması. Bu da sakınması gerekenin gizli tutulmaması bu da bölüm itibarı ile hüküm tarifi bir hikmetle gösteriliyor. Bu da güneşin batışı ile gibi işaret, namazının vacibini anlaması için İsra suresi 78. Ayeti kerimede Allah (CC) buyuruyor ki "Gündüzün güneş dönüp gecenin karanlığı bastırıncaya kadar (belli vakitlerde) namaz kıl." Peygamber Efendimiz (SAV) "Hilali görünce oruç tutun ve (yeni) hilali gördüğünüzde bozun." Yani dinen hüküm edilmesinin hikmetinin bunların şarabın içmesinin haram kılınmasının tanımı anlayışı burda içki içmenin haramı il ilgili değildir. Bu kıyaslanan asıl itibarı ile içkinin yasaklanışı ise bilinen nastır. Oybirliği ile bilinen sarhoşluk şiddeti itibarı ile veya ıslaklık itibarı ile değil. Tanım anlaşılmış olsa bunun anlamamasını tanımasını keşfetmesini veya tanıdıktan sonra yasaklanan bir durumdur. Bunun için dini hüküm onun sebebi li hükmedilen vasıf aynı vasıf değildir. Fakat onun hakkındaki sebebi dini hükümlerdir. Bu da herhangi bütün olayla sebeple hüküm tanınmışsa yani başka bir delille hissi delillerden başka bir delille Allah'ın (CC) burada 2 hükmü var. 1. Sebeple alınan hüküm ve sebebiyetinin hükmedilenlerin hükmedilenle bu vasıfla tanıyan hükümle burda tabi sebebin faydasının mükelleflerinin üstünde durulmasının güçleştiği dini hitap herhangi bir olayla bu da vahyin kesilmesinden sonra, o bir diğer olayın çoğu tatil edilmesi sakınılmanın dini hükümlerinden sebebi ise şöyle.

Oysa hüküm tekrarı ile tekrar söylediğimiz güneşin batması, hilalin çıkması diğer sebeplerden (garanti sebeplerden) cezalandırma ve işlemlermde veya içinden tekrar edilmeyendir. Bu da –hac- yapabilme kudreti v.s. Bu da vasıf oluşumu (vasıf varlığı) veya dini hükümlerden yoksunluk veya dini olmayan karşılaştırmadakiinin gerçekleştirilmesi ile ilgilidir. Şöyle söylenirse hüküm nedenleri bir sebebi kendisine gerektirmez. Kendisinin sıfatı bu da dini hükümlerden önceki sebebidir. Bu anlam bu hükme tanıma ile ilgilidir. Başka şeyle değil. Daha önceki söylediklerinizi sınırlandırmayla ilgili. Sebebiyet dini hüküm olsaydı burda kendi tanımıyla bir yoksunluk başka bir sebebinin tanınması için olurdu. Burdaki rol ise iki sebepten birisinin diğerine göre yoksun ise zincirleme ise bu imkansızdır. Hükümle bilinen ise kendisi ile tanımlanır veya fazla sıfatla tanımlanır. 1. Olursa bu da dini hüküm gelmeden önce tanmlanması gerekirdi. İmkansızdır. Ona artan sıfatla olsaydı bu konuşmanın kelamı 1. Konuştuklarımız gibi zincirleme yasaklanmıştır. Burda yol vasfının tanıması ile vasıf hükümün sebebi ise hüküm hakkındaki hikmetin faydasının celbi veya zararın uzaklaştırılması iki günden yasaktır. 1. Hikmet sebebiyle hükmü tanımak için olsaydı şöyle olurdu. Sebep edilen hüküm tarifinin tanımı mümkün olabilirdi. Vasfın araya girmesine ihtiyaç olmadan. 2. İse hikmet yeni olabilir, eski olabilir. 1. İse bu da eskisi gerektiren şeylerin sebebinin eski olduğunu sebebiyet tanımı oluyor.

9- ise burda belirlenenin gizlenmesi başka bir belirlenen olmasının gizli olduğu için bölümlendirmenin o belirleyende kendisine aittir. Biz söyledik sebebiyet tarımı hitaba ilgilidir. Bağlıdır. Veya gerekli hikmetin vasfa ba da bir şekilde hüküm etmesi başka bir sebebin tanıtımı için gerektirmiyor. Rolun gereği bakımından, zincirleme bakımından söylediklerimiz 2. Sorunu uzaklaştırmasıdır. Birinci şıkkın 3 sorunundan bunun uzaklaştırılması yönü sebebiyete tanımlanmış hikmet burda bu mutlak hikmet değil. Zaptedilmiş vasıfla hikmet hükümle birleşmiştir. Tek başına hüküm tanıtmaz. Gizli ise kendisi de zaptedilmeyen vasıflandırılmamış bununla hükmün tarifinin tanımı mümkün değil.

Çünkü bunun üzerinde durulmaması bunların tarif edilmesini bunların değişikliği ve durumları, şahıslara ve zamanlara, mekanlara göre değişmemesidir v.s. Burdaki kanun koyucunun insanların zannettiği bilineni gerekli, zaptedilmiş hikmetin ihtimali olarak şöyle bunun sıkıntısının uzaklaştırılmasının güçlükle olmasıdır. 2. Yön ise. Bu da hikmet vasıfla zaptedilmiş ise tanımı kendinden bellidir. Ayrıca tanıtıma ihtiyaç yoktur. Bu da dini hükümlerle takdim edilmesi sebebiyete gerekmez. Dini hüküm itibar ile durulması dini hüküm gelmeden önce itibar olmadığını bu da dini hükümlerde sebebin anlam tanımlanırsa herhangi bir şekilden hükmünün geciktirilmesi, sebebiyetin iptil olur mu, olmaz mı, gereki- mi diye. Bu da kelamın gelişi. Sonraki açıklama bu meseleye tahsis edilecek.

2.Sınıf: vasıfla hüküm durum itibarı ile engeldir. Hüküm engeli- sebep engeli. Hükmün engeli ise: Her vasfın oluşumu gerekli zaptedilmiş, belirlenmiş bir hikmettir. Hikmetin durumu itibarı ile bu hükmünün sebebi itirazının kalışı ve hikmetin sebebinin kalışına kısastaki babalık gibi bu da kasden öldürmek düşmanlara kasden öldürmenin sebebinin engeli ise her vasıf bu da varlığın yakınen hikmet sebebinin engelini teşkil ederse din gibi. Zekatta malın nisabının sahibi ise.

10- Sınıf: Koşul. Bunların şartı ise hiçliğin hikmet sebeinin ihlalidir. Bu da sebebin şartıdır. Satışı kısmındaki teslim gücünün sebep şartı gösterir. Hiçliği bir hikmete ait olması gerekli olanların hüküm sebebinin aksinin hikmet (sebebi) kalış sebebi hükmün şartıdır.namazda taharet olmadığı için, böyle birinin namazı adlandırılması ile ilgili dini hükümlerle ilgili konuşması, kanun koyucunun isabetli görüşü vasfa şart veya engel oluşumunu hükmedilen vasfın kendisi değil. Bazı sorunlar bu sebebe olabilir. Onun uzaklaştırılması önce söylediğimiz gibidir.

4.Sınıf: Sıhhatli hüküm. Luğatta bunun sıhhat hastalığın tersidir. Dini olarak ibadet. İşlemlerin anlaşmaları ile ilgili bölümleri var. Dini olarak kanun koyucunun emrinin kabulü vacib gerekli. Fakihlerde sıhhat.

Kazanın fiilen düşmesidir. Bu da kim namaz kılarsa kendini taharetli sanıp, sonradan anlarsa taharetsiz olduğunu konuşulan namazı doğrudur. Kanun koyucunun emrini kabul ettiğidir. Sıhhatlidir. Doğrudur. Yani fakihlerin nezdinde kaza düşmediği için doğru değildir. İşlemlerde ki anlaşmalar ve sözleşmelerin doğruluğu istenilen içinden tertiplenmesi bu ibadete doğru denirse bu açıklama ile çelişki yoktur. Bir kişinin sözleşmesi açıklanırsa sıhhati ve kanun koyucunun izni ile kullanım faydası söz edilen ile doğru değildir. İptal edilmiş oybirliği ile alınan karara göre. Satışın seçme şartı ile gerçekleşmesi doğrudur. Bu da kanun koyucunun izni yok, ise fayda itibarı ile sözleşmenin süresinde önce feshi bu açıklama namazın doğruluğunda veya diğeri ibadetlerde olmaz. Doğru ise sorun sözle ilgilidir. Önemli olan ibadetin durum itibarı ile açıklamanın mükafatlandırılıp, çünkü kazanın vacibinin düşürülürse bu itibarla vasıflandırılmamış. Eda ederken şartlarının gerçekleşmesinin ihlali burda kazanın düşürülmesi ölümle olur. Yani bu kazanın düşmesinin yapılan fiille değil ölümle düşmüştür.

5.Sınıf: Faydası hüküm. Bunların doğruluğunun tersidir. Bütün gerçek itibarı ile doğru değil ise batıla eşanlamlıdır. Bu da Ebu Hanife'nin görüşünde 3 kısım doğruluk ve batıla değişiktir. Bu da asıl itibarı ile meşru idi. Vasıf itibarı ile yasaktır. Yani şöyle faizden kendi cinsi ile veya çoğulla satılması v.s. Bu da sonraki konularda alanların anlatılmasıdır.

20- Sınıf: Azm ve ruhsat. Lugatta kalbin akdi ile bir konu hakkında Allah (CC) Taha suresi 115. Ayeti kenimede buyuruyor ki " Ne var ki o (ahdi) unuttu. Onda azim de bulmadık." Müekked kasd bunun için bazı elçilere ululazm diye söylenir. Azm ululuk bu da hakkın belirlenmesinde gayeleri müekkedir. Gayeleri vardır. Dinen kulluğa gereken Allah (CC) tarafından gerekli kılınmış 5 ibadet gibi v. s. İzin- Ruhsat. Lugatte kolaylık ve zorlaştırmamak. Ör. Fiyat ucuzlamış yani kolaylaşmış. Yani zorlaştırılmamış. Ruhsatla izinle alınması ile ilgilidir. Dinen ise; bu da haram olan fiilin mübah kılınması, bu belirlenmiş bir çelişkidir. Söylemişler ki içindeki izin içindeki içten haram olanın içinde izin var ise tanımı: Terhisten gelmiş. Terhis ruhsattan türemiştir. Mübahta hariç değil. 1. Anlamında idi. Arkadaşlarımız söyledi. Ruhsat caiz olan fiilinden dolayı özür için bir de haram olan sebebin kalkması toplam değildir. Ruhsat fiilin terki ile olabilir, olmayabilir. Ramazan orucunun gerekliliğinin düşmesi veya yolculukta 4 rekatlık namzın 2 rekat kılınması. Söylenmesi gerekirdi. Ruhsat dinen hükümlerin bir sonucuna kadar zikredilen haddin sınırının sonuna kadar genellik olmazdı. Olumluluk ispatı, olumluluk ispatı için genellik var. özür izinli ise haram olanın daha ağır olması ya eşit olması veya tercih edilen 1. İse bunların sebebi ruhsat sayılmaz. Çabalamadır. Her üstün delille ispat edilen hükme itiraz var ise ruhsat oybirliğinin tersidir. Eşit ise iki delilin çelişen delilin düşmesi ile her yönde burada asla dönülür. Ruhsat değildir. Her fiilin yakinen aslın olumsuzluğu dini şartlardan önce ruhsat olursa yasaklanmıştır. Söylemezsek orada 2 söylenti var. 1. Hükümle (caizlik) olabilirlik veya olmayabilirliğin üstünde durulması tercih belirleyene kadar bu ruhsat değil çabalamadır. Başka görüş seçme hükümlerde caizlik var ise yasaklama ile hüküm burda şöyle bir şey var. Bunların ; ölü hayvan etinin zaruret halinde ruhsat zarureti seçmenin ve caizlik arasında yasaklama olmaması. Çünkü yemek vacibtir. Ruhsat oluşumu ile söylenir. Yasaklanan delilin daha üstün gelmesi (mübaha nazaran). Burada tercih edile çalışması bu da üstünlüğün tersidir. Sorun vardır. Sorunların gayesi bu kısımda ruhsatlar daha yakınsa çünkü burada kolaylaştırma tercih edilenle çalışma ve üstünlüğün tersi var. bundan dolayı içki içmenin mübah olması ve küfür kelimenin telaffuzu ile mekruhun söylenmesi, ramazan orucunun düşmesi, seferdeki 4 rekatın 2 rekat kılınması, teyemmüm yapılması (su var fakat iş için) suyun uzak olması veya bir şeyin satışıyla fiyatından fazla alınışı burada hakiki ruhsat var. zaruret halinde ölü hayvan yenmesinin (hayatın devamı için) bu da ölü hayvandaki temiz olmayan, insana zararı olan şeylerin haram kılınması. Allah (CC) icap etmeyen durumlarda, (bizden öncekilerine vacib ise diye) ruhsat olmadığı halde burada hakiki ruhsat değildir. Burada bir delil olmalı. Delilin olmamasının terk için haram kılınmıştır. Her hükmün caizliği ispat edilmiş. Genelliğin tersidir. Tahsis bize gösterdi ki konuşanların genel sözle olmadığını.

Genel sözde tahsis edilen, lugatta tahsis edilen yok. Delilin tersine göre olamaz. Çünkü genellik hüküm nedeniyledir. Resim veya şekilde genellik altında veya içine girenlerin bir konuşanın iradesinin tahsis edilende irade yok.

3.Asıl: Hükmedilen Fiil Mükellef Fiiller , 5 Meseledir.

1.Mesele: Ebul Hasan El Eşariyye'nin söyledikleri değişiktir. Teklifin caiz olmasını. Gücün üstündekini ispat edip olumsuzlaştırması. Burda iki zıt arasındaki toplam cinslerin değiştirilmesi eskisinin bulunup yok edilmesi v.s. Bunların söylediklerinin çoğu caizliğe meyletmiştir. Aslına gereklidir. Şöyle bir inançla farklılaşma Allah'ın (CC) kudreti ve güçlü olanı farklılığın vacibliği bu da teklifin fiile önce gelmesi bir de ordaki kudretin güçlü olanlara etkisi ile, yani kendi etkisi ile değil, güçlü olanın yaratma gücü Allah'a (CC) aittir. Gizlenmesi gereken teklif başkalarının fiili ile gücünün yetmediği durumlarda olağanüstü bir teklif. Onun arkadaşlarının çoğunun ve Bağdat'taki Mu'tezilenin bir kısmının görüşüdür bu. Şöyle söylemişler. Kulun teklifinin caizliği bir fiilin bir vakitte Allah (CC) tarafından (bildirilmesi yasak olduğu halde) fiilin yapılmasının caiz olduğunu söylemeleridir. Bekriyye cemaatinden bir grup: Kalplerin mühürlenmesinin ve kararmasının imanı engellediğidir. Bu teklifle beraber. Bunların caizlik olduğunu söyleyen arkadaşlar gerçekleştirilmesi hakkında olumlu veya olumsuz diye fikir ayrılığına düşülmüştür. Bazı kişiler onu teyid etmişler olumsuzluğundan. Basriinler, Mu'tezilerden bir grup, Bağdadi'nin çoğunun hepsi. Teklifin caizliğinin Allah'ın (CC) birliğini Allah'ın (CC) bildirdiği şeylerin aklen veya dinen gerçekleşmesinin olmadığını bildirirler. İmanın teklifi gibi (Allah'ın (CC) bildiği halde) Ebu Cehil'e teklif v.b. Seneviyye'nin bazılarının tersinedir. Muhtar ise seçilmiş ise kendine ait teklifin yasaklanmasını imkansız hale gelir. İki zıt arasındakinin toplanması imkansızlıkların caizliği başkalarının itibarı ile. Gazali ona meyletmiş.

İki tarafta kelam farz edelim. 1. Tarafta kendisine ait imkansızların teklifinin yasaklanması burda teklif istediği külfet. İstek içinde istenilen ve tasarlananı gerektirir. Bu da nefs içince tasarlanmayacak bir istek imkansızdır. Kendisine aittir. Bunlar iki zıt arasındaki toplama. Bir de hem olumli ve ispatının bir aada tek bir şey için olmasıdır. Bir de oluşumun tarafında iki zıt arasında ki toplamanın da teklif imkansızdır. Yasaklanıyor. Bir de olumsuzluğun tarafında da iki zıt arasındaki toplamanın teklifinin imkansızlığı yasaktır. İkisi arasında ortada araç olmalı. Olmazsa burda sessizlik ve hareket olumsuzluğunun teklifi bir şeyde ikisinin arasından kendilerine ait olmadığının mümkün olmamasıdır. Gasbedilen bir çiftliğin ortasında biri duruyor. Ona denmez ne otur ne çık. Ebu Haşim'e göre burda otur veya çıkın. Her ikisinde başkalarının ekinlerine zarar vermesinin durumu var. O zaman burda teklif şöyle belirlenir. Çıkışla. Zaman azaltılması dolayısı ile. Oturursa zarar çoğalır. İki zararın en aza indirilişini vacib kılar. Yani ötekisinden kaldırılmasının gayesi ile. Yani içkiyi içmenin gereği boğazında takılan lokmanın gitmesi için ise bu garantörlük vacibtir. Çıkış itibarı ile iptal ediliyor. Çıkışı hürmetini göstermez. Bir zaman garantilik bir de bir kişinin zarureti durumunda. Yemeklerin istifra edilmesi karuri ise normaldir. Yemek vacib olduğu halde iki taraf arasında seçim faydaya göre olur. Yüksek bir yerden bir kişi düşerse, aşağıda bir çıcuk ve yanında birkaç çocuk var. düşüşü devam ederse ya çocuk ölecek ya da diğer tarafa düşerse daha fazla zarar olacak. Seçme hakkı zararın en aza indirilmesine göredir. Olay kanun koyucunun hükmünde olmayabilir. Bu teklifin öncülüğünde isteyenin nefsinde tasarlanamayan şeyleri istemesi söylediğimiz gibi. Başkalarının itibarı ile imkansızların tersidir. Görünüş itibarı ile mümkün olabilir. Bu da isteyenin nefsinde tasarlanabilir. Açık bir şekildedir. Şöyle söylenirse söylenen 2 zıttın arasında toplamanın imkansızlığıdır. Söylediğinize göre. Çünkü isteyen nefsi ile tasarlayamadığı için doğru değildir. İsteyen nefsinde tasrlamamış olsa o zamn onun durumu anlaşılmazdır. Bir ilmin özelliğinde tasarlanan o şeye ait yani o şeyin tasarlamanın bir dalıdır. Gerekli yasaklanmış bir de söylediklerinizin deliline doğru olsa fakat itirazlar var. iki zıt arasındaki toplamın teklifinin caizliği dinen gerçekleşmesidir. Allah'ın (CC) Nuh (AS) beyanı ile Hud suresi 36. Ayeti kerimede Allah (CC) buyuruyor ki "Kavmimden iman etmiş olanlardan başkası artık (sana) asla inanmayacak."

İman edenler başkasına imen etmez. İmanı kabul edenler iman eder. Başkası değil. Onların inandırılmasının teklifleri vardır. Onlara haber verilen şey, teklif edilen şey. İnanmadığını getirirlerse inanmazlar. İhbar edilenin getirdiğine inanmazlarsa iman etmemişlerdir. Allah (CC) ihbar yolu ile Ebu Leheb'e teklif etti Peygamber'e (SAV) inanması için tasdik etmesi için. Ebu Leheb Peygamber'e (SAV) inanmadı. Allah'ın Resulu ihbar ettiği halde inanmadı. Tasdik ihber ettiği şeye olur, kendisine değil. Bu teklif hem tasdiğin olmaması hem tasdik etmesi iki zıttın toplamıdır. Söyledik1. Sorun söze başlamak. Belirlenen toplama tasarlanışı belli olan toplamanın olumsuzluğuna hükmedilmesi iki zıt arasındadır. Bilinen toplamanın tasarlanışı gerekmez. Yani bunlar iki zıttın olumsuzluğunun tasarlanmasının sabit olmasını gerektirmez değildir. Olumlu olması demek değildir. Bu da çok incelerin söylediklerine itiraz edenlerin söylediklerini incelemek lazım. Bir de kabul edilemez. İhbarın oluş ve imanın olmadığını mutlak olarak iki ayetle gösterir. Ebu Leheb hikayesinin Allah (CC) tarafından Mesed suresi 3. Ayeti kerimede buyuruyor ki "O alevli bir ateşte yanacak." Burada ihbar ve tasdik ile ilgili bir delil yok. Mutlak tasdik etmediğine dair, bir şey yok. Burada müminin azabının cezalandırılmasını yasaklamaz. Yasaklanmış takdiri ile ayete göre imanlı olmadığı için takdirine olur. Hud suresi 36. Ayette Allah (CC) buyuruyor ki "Kavminden iman etmiş olanlardan başkası artık (sana) asla inanmayacak." Allah'ın (CC) takdirine hidayet ismi olarak verilir. Bazı khallerde hidayet olmadığını bir ihbarla mutlak iman olmadan olmayacağını doğru söylersek bile kabul ettiğimiz Peygamber'in (SAV) ihbar ettiğinin tasdiği kendisinin tasdik edilmemsini kabul etmiyoruz. Çelişkili. Bu oybirliği ile alınmış bir durum. İki zıt arasındaki teklifin olumsuz olduğu için kabul etmemişler. 2. Taraf başkasındaki imkansızlığın teklifinin caiz kılınması. Arkadaşlarının delilleri ile nas ve menkullerden (mükellefin kaleminden çıkan açık ihtimallerden uzak söz, kitap , sünnet, son had ve rivayete dayanan ilim) nas. Allah'ın (CC) Bakara suresi 286. Ayeti kerimede açıkladıkları "Ey rabbimiz bize gücümüzün yetmediği işler de yükleme." Burada güç üstü olan hallerdeki teklifin söylemesi yasak olsa bile kendi içinden bir açıklama yapıyor. Herhangi sual gerekmez. Şöyle söylenirse ayetin yüklenmesinin suali güçlerin üstündekinin, mümkün olmayanın mümkün olması halinde söze girişmek olmaması, sorulmaması söylediğimiz gibi. Mümkünlüğü ise ayete (belirlenen ayete) bağlı. Bu da rol olur. Şimdi doğru. Söylediğinizden belirli olan gibi. Şöyle söylenebilir. Bunların nefse zorluk yüklemesinin olabilirliği var. yapılabilen de tutulması gerekenin teyid edildiği için sonraki bölümlerde delilleri açıklanacak. Şöyle söyledik. Doğru diyoruz. İmkansızlığın kabul edilmesinin gücünün olağanüstü durumların uzaklaştırılışını kabul ettik. Bunlar davet edenin hikayesinin halinden delilleri yoktur. Delilin sıhhatinin doğru olduğu davet edenin söylediği iledir. Ya bütün tekliflerin olağanüstü olmaması veya bazılarından bazının 1. Olağanüstü burda iptali gereken faydasının tahsisi olağanüstünün zikredilişi ile vacib. Bize teklif edilmemiş diye söylenmesi lazım. 2. İse aslının tersidir. Kabul ettik, söylediğinizi. Fakat Allah'ın (CC) söylediğine sizin söylediğiniz uymaz. Bakara suresi 286. Ayeti kerimede Allah (CC) buyuruyor ki "Allah her şahsı ancak gücünün yettiği ölçüde mükellef kılar." Hac suresi 78. Ayeti kerimede " Osizi seçti; din hususunda üzerinize hiçbir zorluk yüklemedi." Olağanüstü durumlardan daha şiddetli bir durum yoktur. Cevap: Ayetlerin durumu itibarı ile olağanüstü durumda görünen teklifin imkanının takdiri şöyle olmalıdır. Olduğu gibi gösterilmelidir. Sakınılması lazım. Delil olmadan başka bir şeyle değişiminden.
11- ise görünenin terkinin delil olmadan gösterilmesi.
12- Ayetin karar vermesi dolayısı ile izah edilmiştir. (açıklanmıştır) davetlerin yapılmasının yaygınlaşması delil gösterme kendi söylediklerine göre değil.
4.Bütün tekliflerin olağanüstü olarak gösterilmesi burda sualin indirilmesi olağanüstü güce gerekir. Onların kendi geleneklerine göre getirilmesinin mutlak olarak mümkün olmadığını. Bunların gerçeği söz ile mümkünlüğü olabilir. Örf ehlinin gayesi olağanüstü şeylerin kendi içinden kendine ait olanın imkansız olduğunu ortaya çıkarır. Bu ayetten istenen onunla teklifin imkansızlığını bu da gücün gelişinin sorulmasının, teklifin yasaklanmasının içindeki teklif olmayan. Bu da gizlenmemeli. Tahsis

özeldir. Özel ise tevilden (değişiklikten) öncelikli. Ayete karşı çıkanların ayrılığı, hedefleri ise teklifin gerçekleşmesinin olumsuzluğu ile celil getirmesidir. Olağanüstü
Bizim tarafımızdan belirtilen şeylerin caizlerin olumsuzluğunun gerekliliği yoktur. Bunların tercihi nasılsa daha önceki söylediğimiz tercihi ayete dayanarak burda aklın delilidir. Bunu ihtiva ettiği için bu tahmin ve yazan. Başka çıkış yolu yok. Bazıları dışına çıkmıyor. Delilleri ise Kalem suresi 42. Ayeti kerime "O gün incikten açılır ve secdeye davet edilirler; fakat güç yetiremezler." (Arapça'da 'incikten açılmak' deyimi ile işlerin güçleşmesi veya bütün hakikatin apaçık ortaya çıkmasıdır.) Secde teklifidir. Bu yapılamamali delilin doğruluğuna ahirette dua teklifi mümkün olabilse bu da oybirliği ile değildir. Çünkü ahiret evi, ceza verme evidir. Teklif evi değildir. Anlaşılır yönden duruma bakarsak bazıları delil getirdiler. 1. İse fiille mükellef olanın eşitlenmesi ise konunun yapılması veya terki bu fiil yasaklanır. Çünkü tercih gerçekleşmesinin olmamasından dolayı. Tercihler iki tarafır lehine olursa bu tercih eden vacibtir. Tercih edilen yasaktır. Onunla teklif imkansızdır.
2.ise kuldan çıkan fiili burda o kulun yapmasına gücü yeterse mümkünlüğü veya terki olabilir. Veya olmayabilir. Gücü yetmiyorsa o zaman bu fiilin teklifi olağanüstü olur. Gücü yeterse yapma imkanı var ise, (teklife gücü yeterse veya yetmezse) fiilin tercihinin veya terkinin tercih edilene bağlı kalması veya bağlı kalmaması olur. Bağlı kalması 1. Durum imkansızdır. Yaratılmış olan böyledir. Bundan dolayı oluşumun vacibinin ispatının kapısının kapatılması gerekir. 2. Bağlı ise tercih edilenler bunun fiillerinden olsaydı. Bölümlere ayrılırdı. Zincirleme yasaklanmıştır. Başkalarının fiili olsaydı o fiilin gerçekleştirilmesi icabeder veya etmez. Fiil icab etmezse bu da yasaklanan veya caiz olur. 1. İmkansız. Tercih edilenlere engel olurdu. 2. İse kendi iğinden bölünmenin tekrarı yasak. Ne kalır, gereklilik kalır. Bu da o zaman kulun mecbur olması ,seçme hakkı kalmamasını gösterir. Teklifin kendisi olağanüstüdür.
3.kulun kudreti fiili etkilemez. Etkili olsaydı oluşum imkansızdı. Oluşumun var olmanın buluşu gereklilikten önce olmasıdır. Bu da kudretin tesiri güçlü olanda tersidir. Bu da 1 zamanın tesir etkisinin gerçekleştirme onunsuz. Etkilenen söz etki edenin içinde 1. Gibi. Yasaklanmış zincirleme bir kudretinin fiilde etkisi yok. Bu istenilendir
4.kul bir fiile mükellef o fiilin oluşumundan önce kudret ise fiilden önce yoktur. Olsaydı ona bir dayanak olması lazım. Dayanağın hiçten değil. Sırf olumsuz olduğu için. Ona iz olmaz. O zaman oluşum olurdu. Bunun için fiille var olması daha önce değil.
5.Kul emir alandır. Allah (CC) Yunus suresi 101. Ayeti kerimede buyuruyor ki " De ki ; göklerde ve yerde neler var,bakın (da ibret alın)." Burada gözetim ise yalnız zaruri olayların üzerinde duruyor. Zincirlemenin kesilmesi için cümlelerin tek tek ele alınmasının tasarlanışı ona bağlı. Gerçekleştirilmesi güçlü değildir. Çünkü onun hakkında bilgi sahibi olsa idi. Burda gerçek olan meydana geleni elde edebilmesi mümkün değil. Daha önce bilgi sahibi olmazsa istemesi imkansız. Bakmak elde edebilmenin mümkün olmadığıdır. Gerçekleştirmenin mümkün olmadığının delilleri çok zayıftır.
1. Getirilen delil, engel nedir? Fiilin oluşumuyla fiili davet edenin tercihi ile engel nedir? Söylediler burada fiil vacib olurdu. Biz söylediğini fiile davet eden vacib olurdu. Seçme ona aittir. 1. Doğru 2. Yasak. Bunun için kul mükellef biri olarak olağanüstü durumlardan, o durumdan çıkar. Gereken Allah'ın (CC) fiillerinden bunlar güçlü değil. Onların söyledikleri yasaktır. Bu da Allah'ın (CC) fiilleri ile ilgili söylenebilir. Ne cevap ise ortak olur.
2. İse ; bu da kendine ait Allah'ın (CC) fiilleri ile ilgili söylenebilir. Allah'ın (CC) fiili. Bunları kendinden gücü yetiyorsa veya yetmiyorsa. Tercihten yoksun olabilir veya olmayabilir. Tercih edilenden yoksun ise fiillerinden olsaydı bu bölünmeye ihtiyacı vardı. Fiillerinden olmasaydı onunla birlikte fiilin gerçekleştirilmesinin gerekli olduğunu veya olmadığından dolayı v.s. cevabı ise ortaktır.
3. Allah'ın fiilleri ile ilgilidir Bu da onu güçlü edebilir. Oybirliği ile alınmıştır.

4. Allah'ın (CC) kudretinin olayı fiili ile birlikte mevcudtur. Daha öncekinden değil. İmkansızlaşması ile birlikte şöyle söyleyebilir bu yolun önemimini Allah'ın (CC) kudretinin varlığı fiilinin oluşumundan önce o zaman ona bir dayanak olurdu. Bunun dayanağı hiç değildir. Oluşum kalır. Bu da fiilden önce olmamasının söylediklerine nazaran.
5.ise çok zayıftır. Tasarlama kazanmasının yasaklanması üzerinde durulmuştur. İptal ettik. (Dahaiki EL Hakaik kitabında) iptali şüphesiz bir şekilde yazdık. Kaynak olarak göz atılabilir. Bunun tasarlanmasının kazanılmış olamamasının takdiri ile onun hakkında ki ilim zaruretle oluşur. Belgelenmiş teklif gözetiminde ordaki zincirlemenin kesilmesinin zaruri bilgilerden olduğu. Bu olağanüstü bir teklif olmaz. Zarureti bildirilir. 2 yol güvenilir.
1. Yol: Allah (CC) kulun fiilini yaratmıyor. Başkalarının fiili kul için olağanüstü bir tekliftir. Kul başka fiilin mükellefi idi. Bu olağanüstü bir teklifdir. Kendi fiilini yaratmıyorun izahıdır. Kendi fiilini yaratmış olsa bu da demek değil ki kendisine ait yaratılmış doğal olarak topluca alınmış karardır. Seçme ile olur. Seçme ile yaratılış. Bu da yaratılana tahsis edilmiş oluyor, irade ile. Burada onun muridi olduğundan bu onun hakkında bilinmesi gerekeni zaruret haline getiriyordu. Kul bütün hareketlerinin ve bölümlerinin hakkında bilgi sahibi değildir. Bütün durumları itibarı ile bu da hız durumu veya bu da onu yaratmış olmuyor.
10. Yol: Gelecek toplam bu karşıtlarının oluşumundan önce Seneviyye'nin karşıtları. Allah (CC) iman etmediklerini bildiği halde onlara mükellefiyet vermiştir. Bu da küfür ile vefat edenin teklifin gerçekleştirilmesinin mümkün olmadığını gösterir. Gerçekleşmiş olsa Allah'ın (CC) bunu bilmemesi imkansızdır. 1. Yol söylenirse kabul etsek. Fiillerinden yaratılan şeyi kulun bilmesinin olduğunu bi tümü itibarı ile ayrıntı yönüyle değil. 1. Onların olumsuzluğunun gerek olmadığı. 2. Yasaklanmıştır. Şimdi kabul etsek, kulun kendi fiillerini yaratmadığını bu çelişkilidir. Çünkü onu yaratan delil gösterir. Mankul-Makul. Makul ise kulun kendisine etkisinin olmadığı bilinir. Bir şeye gücü yeten ile diğeri arasındaki fark olumsuzdur. Etkisi olan şeyler kul değildir. Gerektiren : İki gücü yeten arasında güç yetişmesidir. (iki kadir arası-makdur) Bu da zayıf ve güçlü arasındaki ayrılık olduğunda buna dayanarak renk ve cevahir ile caiz olurdu. İlimde olduğu gibi. O zaman kulun ihtiyacı olur. Yarattığı fiillerden seçme hakkı doğmaz. Kuldan çıkan fiillerin güzel oluşu caiz olabilir. Kendisi bilmeden hissetmeden. Fiil bölündüğü için itaat ve isyan kendi fiillerinden değildir. Allah'ın (CC) kula şeytanı musallat etmesi. Çünkü içindeki küfrü yaratmış, ve cezalandırmış. Şeytan kötülüğe davet edendir. Kulun şükretmesinin iyi olduğunu, fiillerinden dolayı yerilmesi veya ayıplanmasının olduğudur. Bunun emredilip, yasaklanması ne sevap ne cezalandırma olmuyor. Allah (CC) kula emir olarak kendi fiili ile nefsinin yapması ile. Bu görüş çok çirkindir. Çünkü cahillik vardır. Küfür ve ilim Allah'ın (CC) kudretindendir. Hak olabilir, batıl olabilir. Hak olsa küfür haktır. Batıl ise iman batılıdır. Allah (CC) bundan razı olabilir, olmayabilir. 1. Gerektiren küfürle razı olur. 2. Razı olmadığı şey imanla olabilir. Hepsi imkansızdır. Oybirliği ile terstir. Nakil edilen Allah'ın (CC) Taha suresi 82. Ayeti kerimesidir. "Şu da muhakkak ki ben, tevbe eden, inanan ve yapıcı iş yapan, sonra (böylece) doğru yolda giden kimseyi bağışlarım." Cesiye suresi 21. Ayette "Yoksa kötülük işleyenler ölümlerinde ve sağlıklarına kendilerini" Peygamber Efendimiz (SAV) "Yapın, çalışın, yakınlaşın, doğru yolu seçin" buyurdular. Müminin niyeti yaptığından hayırlıdır. Diğer naslara delil olarak amelin kula ait olduğunu gösterir. Akıl sahipleri oybirliği ile diyorlar fiili kula katmışlar. Dediler birisi böyle yapmış, böyledir. İsimlendirme ile aslında gerçektir.
2.Yol: Allah'ın (CC) ilminin fiile veya fiilli olmama (yapma-yapmama) oluşumunun ilimlendirilecek oluşumu bir de oluşumun yasaklanan yani bilgi vermediği ilimlendirmediği şey. Bu böyle olmayabilir. Karşıt görüşlüler 1. İmkansızlığa lazım oluyor. İlim kudret olur. Veya kudret olmayan ilim olur. Burda onlara göre Allah'ın (CC) seçme diye bir şey kalmaz. Kulada mümkün değil. O görüşe göre Allah'a (CC) seçme diye bir şey kalmaz. Kulada fiilin oluşumu ile vacib ilimle yasaklanmış. Bir de var oluşun

veya hiçliğin olmaması delilleri iptal edilir. Doğru olsaydı bunu daha önce verilen akıl ve haklı delillere karşı olurdu.
1. yoldaki cevaplar. Kula yaratılan fiilin yaratılış takdiri ile bütün kısımları ile yaratılmıştır. Her bölümü ona yaratılmış tekil ile onun hakkında alim olmasını bilinmesini daha önce söylenilen gibi bu da ayrıntılı ilimdir. Bu alim değildir. Söylediğimize göre. Söylediler gereken makdur ve başkaları arasında fark olmadığının engellenmesidir.
2. ise yasaklanır. Bir makdurun iki kadir arasında var oluşunu . iki kazanılan veya bir yaratıcı ve kazanılan arasında bu da doğru değil.
3.ise Zayıf ve güçlü arasındaki ayrılık burdan geliyor. Allah'ın (CC) çok yarattığı için bu da kudreti ilave güçlü ve güç vermesi iki kişiden birine diğerine deği, etkisi ile değil.
4.ise İlim kıymeti mücevherler ve durumlarır. etkisi yoktur. Doğru değil.
5.ise Kul ihtiyacı olacak bir de yaptığı fiillerin kazanılan ve güçlenen olması. Fiil etkisi olmadan kazanç olmaması diye bir şey yok. Gerektirmez.
6. Engel yok. Bir şey hakkında ilim sahibi olmaya kudreti engel olmaz.
21- Kulun fiillerinin bölünmesinin anlamı yok. Emir alan bir kişi bu isyandan da men edilmiş. Kendi kazancına olduğu için böyledir.
22- Küfrün yüceltilmesi, kudretin yaratılışı ona dua edenlerden daha zararlıdır. Allah (CC) kula böyle yaptı. Buna cevap budur. Emir ve men etmeden zikredilen şükür ve yerme, sevap veceza. Çünkü bunlarda emir kula aittir. Allah'ın (CC) fiilidir. Yasaklama ve çirkinleştirmesi kanun kadir olabilir takdiri ile bu da etkili değil. Çünkü bu aklının çirkinleştiği ve iyileştiğinin üzerine olduğundan iptal ettik. Kaza ve kader hakkında kaza (ilam) bildirme emir, ve ecelin bitimi, hükmün gerekliliği, hakkın hukukunun tamamlanması, irade lugatte buna dayanarak iman kadardır. Tüm itibarıyla haklıdır. Küfür ise kaza değil. Emir olan durum itibarı ile değıl. Yaratılış ve iradenin gerçekleşme anlamı bu yönden haktır. İmanla gereklilik razı olur. Küfürle razı değildir. Hadis, lugat ve rivayete dayanan ilim hakkında söylenilen hedef ise fiili kula katması gerçektir. Bu konuda şöyle söylüyoruz. Fail fiili yapan kişinin gerçekte bunların fiilinin gerçekleştirilme gücü yapabilen fiili gerçekleştirenden daha geneldir.
İkinci yoldaki söylediklerine cevap. İlmin ilgilendiği fiilin oluşum ile ayrılmayan yani gücü yeten oluşumuyla ayrılmayan. Oluşuma gücü yeten biliniyor. Gücü yetmeyenler değil. Hişlik de aynı şey. Bununla beraber Allah'ın (CC) hakkında ki kudret olmadığını gerektirmez. O fiili de seçmenin olumsuzluğu ile değildir. Kullar için bir fiilin gerçekleştirilmesinin bilinmesi kulun bu fiile gücü yeter. İtirazları ile cevap verilmiş.
2. Mesele: Arkadaşlarımızdan bir grubun mezhebi, Mu'tezilerin görüşü fiile teklif şartlanmıyor. Şartı ise teklifinin olması, şartın ondan önce gelmesi akıla caizdir. Ve hissetme ile olur. Bazı görüş sahiplerinden Raiy, Ebi Hamid El Esveşay nin, arkadaşlarımızdan da bazıları küffarların taklidi gibi İslam'ın dalları ile küfrettikleri durum var. ters düşüyor. Aklı caiz bakımından değil. Kanun koyucu kafirlere hitap etse idi o hitabın anlamını anlamasını gücü yeterse (gücü yeten) ona söyledi ki, sana 5 tane ibadet vacib kıldım. Burada daha öncelikli bir başlangıç var. Kendisi de gerektirmez. Aklen de imkansız. Akıl caizliğinden başka bir başlangıç yok. İmana şartlandırılmış teklif o zaman imanvücudunun durum itibarı ile olur veya olmaz. 1. İse imandan önce teklif yok. İstenilen hiçlik olmadığı durumlarda bir teklifdir. Aklen caiz değil. Çünkü bunların küfür haliyle eda etmesi imkansızdır. Eda etme imandan sonradır. Oybirliği ile teklif içinde teklif burdaki olağanüstü bir tekliftir. Herhangi bir şekilde konuşulmamıştır. Bu mesele söyledik 1. Sorun olağanüstü bir teklifte bunların küfür hali var. teklifin takdiri dallarla küfrün bir durumudur. Küfürle gerktireni gerektirmesi teklifi olsa bu da böyle değil. Şöyle küfürde ısrar ederse ölüme kadar, imana gelmezse ahirette cezalandırılır. Bu harfle ikinci sorundan sonra söyledikleri nasıl İslam'dan sonraki itaati ise yasak değildir. Bu da kanun koyucu tarafından düşürülmüş ise, çünkü İslam'a girmek için teşvik etmesi Peygamber Efendimiz'in (SAV) hadis-I şerifi ile "İslam daha önceki

şeyleri gerekli kılıyor." Mürtedlerin tersidir. Geçmişte yaptıkları fiillerin vacib olmasını red ettiği hal itibarı ile. Çünkü bu redden men ediyor.
Dinen oluşumlar: Burada hüküm ve nas gösterilen delil edilir. Nas ise çeşitli şekilleri var. Allah (CC) Beyyine suresi 1. Ayeti kerimede buyuruyor ki "Apaçık delil kendilerine gelinceye kadar, ehl-I kitaptan ve müşriklerden."Beyyine kelimesi açık delil demektir surenin ismi. Beyyine 5. Ayet " Halbuki onlara ancak, dini yalnız ona has kılarak vermeleri emrolunmuştu." Zamir dediği emir edilişi zikredilene aittir. Bura "Ne inandı, ne namaz kıldı. Fakat tekzip etti, yüz çevirdi." Hepsini terketmesi için yermesi. Hepsinden mükelllef olmasaydı yerme olmazdı. Allah (CC) Furkan suresi 68-69. Ayeti kerimede buyuruyor ki "Yine onlar ki, Allah ile beraber (tuttukları) başka bir tanrıya yalvarmazlar, Allah'ın haram kıldığı cana haksız lere kıymazlar, ve zina etmezler. Bunları yapan günahı(nın cezasını) bulur. Kıyamet günü azabı kat kat arttırılır." Ali İmran suresi 97. Ayet "Yoluna gücü yetenlerin o evi haccetmesi, Allah'ın (CC) insanlar üzerinde bir hakkıdır." Fussilet suresi 6-7. Ayetler "Ortak koşanların vay haline, onlar zekatı vermezler, ahireti de inkar ederler." Saffat suresi 35. Ayet "Çünkü onlara Allah'tan (CC) başka tanrı yoktur, denildiğinde kibirle direnirlerdi." Müddesir 42- 43. Ayette "Onlar cennetler içindedir. Günahkarlara; sizi şu yakıcı ateşe sokan nedir? Diye uzaktan uzağa sorarlar. Onlar şöyle cevap verirler. Biz namaz kılanlardan değildik. Yoksulu doyurmuyorduk." Namazla mükellef olmasa idiler cezalandırılmazlardı. Bu hikaye kafirlerin sözüdür, delil yok derlerse. Delil varsa onun söylediklerinin namaz kılanlardan olmayacağız. Yani mümin olmayacağız. Hadis-I şerif namaz kılanların öldürülmesini men ettim. Müminleri kasd etmiştir. Burada belirtilmek istenen şey, namaz bir dini hakikattir. Azap ise dinin yönünden tekzip ettikleri yalanladıkları içindir. Burada büyük sayılmış itaatin terki eklemesi (ona) bu da namaza eklenen olsa. Bu namazın terki ile değildir. Onların nefslerinin ilimden çıkması namazın terkinin ayıplanmasının mümkün oluşudur. Cemaatten bir grup dinden döndükleri zaman, namazı bıraktıkları andır. Bu da olabilir.
Cevap: Bu bir hikayedir. Kafirlerin sözüdür. Bu ümmetten bilim adamlarının (geçmiş) ve diğerlerenin oybirliği ile istenen şey inandıklarıdını, tasdik ettiklerinin söyledikleri hakkında diğerlerinin uyarması bundandır. Bu gösteriyor ki yalanladıkları için dini yönden öbür dünyada cezalandırılmasının daha öncekine gönderme ile olur. Asıl ise hükmün aslında atfedilen ve atfedenin asılda ortak olmasıdır. Bunlar namazı kılanların sözünün müminlere yüklenmesi belirli olanın terki delil olmadan. Namaz sözünün başka başka anlama karşılık olmasını mümkün olabilirse. Müddesir 43.'te ifade edildi. Burada istenen şey vacibin olur. Bu cezalandırmanın mümkün olmadığını, yedirmenin terk edildiği için. Tekzibin azabı büyütmesi, itaatin terki sebebiyle mübah olsa idi o azap büyük olmazdı. Söylediklerine azap kendi ilimden dışarı çıkmasının o namazın terkinin ayıplanmasını gösterir. Bilinenin terki delilsiz. Bir kafir haram kılınmışların hepsini üstlenmiş. Aynı zamanda başka birisi bunları yapmamış eşit olması oybirliğinin tersidir. Mürtedin namazına gelince ayete göre anlaşılan geneldir. Mürtedin ve diğerlerinin delilsiz özel hale getirilmesi caiz değildir. Bu da açık ihtimallerden uzak söz, kitap ve sünnetin son sınırı yönünden gerekli yönde ise bu da fiilin yasaklanması fiile bir de fiilin şartı olmadan namazın olmazcağı şeklindedir.taharetleri terkedenin namazı bu tekinin cezalanması, yerilmesi yalnız tahareti terkettiği içindir. Bu ümmetin ittifak birliğinin tersidir.
11. Mesele: Konuşulanların çoğu oybirliği ile tekliftir. Ancak kulun kazandığı fiilden yaptığı fiillerde ve nefsinin o fiillerden korunması iledir. Ebu Haşim'in tersine söylenebilir. Teklif ise şöyle olabilir. Kul o fiili yapmadan önce o fiilin zıttına göz atabilir. Bu da fiil değildir. Delil olarak söylenen onun teklifine itaattir. İtaatsiz (sevaptır) iyiliktir. İyilik sevaba yöneliktir, gereklidir. Allah (CC) Enam suresi 160. Ayeti kerimede buyuruyor ki "Kim (Allah (CC) huzuruna) iyilikle gelirse ona getirdiğinin on katı vardır." Necm 31. " Bu Allah'ın (CC), kötülük edenleri yaptıklarıyla cezalandırması, güzel davrananları da daha güzeliyle mükafatlandırması içindir." Buralarda fiil yok. Sırf hiçliktir. Hiç bir şey değil. Hiç bir şey yoksa kulun yaptığından olamazve güçle alakalı değildir. Kulun yaptığından ve

kazandığından olmayan bir şeyin sevabını alamaz. Allah (CC) Necm suresi 39. Ayeti kerimede "Bilsin ki insan için kendi çalışmasından başka birşey yoktur." Burduğu gibi şöyle söylenirse fiilin yapılmayışı oluşumlu bur durum olmuyorsa ve sabit değilse teklif onunla yasaklanır. Ayrıca onunla bir itaat ve iyilik sevap alabilecek durum olmasını yasaklar. Kulla kazanılmaz ve oluşumu olmazsa bu da doğru değildir. Kadı Ebu Bekr iki söyleyişten biri söylediği gibi kelam ehli (konuşulanlar) fiilin yapılmasının yokluğu bu durum itibarı ile gerçekleşmesi, kulun gücü olmadan burda kul makdur değildir. (gücü yeten) Gücünün yaratılmadan önce ve bu süreklilik bu gücün yaratılışından sonra devam eder. Ona kazanılan yoktur. Bundan çıkan ise onunla teklifin yasaklanışı karar alındığı gibidir. Fakat karşı görüş şöyle söyleyebilir. Gerek yok ki geçmiş fiilinin yapılmayışı yok. (Hiç) Gücün yaratmasınlı güçlü değil. Güçle karşılaştırılan gücü yeten değildir.

12. Mesele: İnsanlar oybirliği ile, bir fiilin ortaya çıkmadan önce fiile teklif olmasını caiz kılmışlardır. Yalnız bazı arkadaşlarımız fiilin yasaklanmasını (olmamasını) fiil olduktan sonra. Görüş ayrılığına düşmüşler. Fiiller başlangıç zamanı, fiille ilgili caizlik bakımından arkadaşlarımız ispat etmişler. Mu'teziler karşı çıkmışlar. Arkadaşlarımız delil olarak fiilin başlangıç zamanı ise gerçekleşmesinin oybirliği ile gücü yeten olduğudur. Gücün daha önce gelmesi söylenirse bile, Mu'teziler mezhebi gibi, veya var oluşunun var oluşumla olur. Arkadaşlarımız mezhepleri gibi. Güçlü ise teklif onunla ilgili olabilir.

Söylenirse, söylem onunla teklif onunla birlikte olursa caiz oluşu gerçekleşmiş, ilk zamanda, var olanla yapılma durumu gereklidir. Bu da imkansız. Söyledik var olanla, yapılma durumu gereklidir. Veya olmayışı birincisi yasak, ikincisi mümkün olmayışı tartışma konusudur. Fiilin ilk oluşum zamanı eski gücün izi olamaz. Bu olay iki mezhebin görüş ayrılığı ile değildir. Ve buluşunun. Çünkü var oluşun, yapılmasından bu da imkansızdır. Oysa cevapları nedir? Ona gücün yapılması cevabımız onunla durumu ile ilgilidir.

13. Mesele: Arkadaşlarımız ve Mu'teziler görüş ayrılığına düşmüşler. Belirli beden fiillerinde, nöbetleşme caiz olup olmadığı, şöyle bir kişi başka bir kişiye söylediği zaman bu elbiseyi dikmesini vacib kıldım gibi. Bunu sen dikersin veya başka bir kişi senin yerine diker denirse, ödül verirdim. İki durumu bırakırsan ceza verirdim dese asıl kabul edebilir. Reddedilmez. Böyle durumlar kanun koyucu tarafından olursa yasaklanıyor. Oluşumunu gösteriyor. Peygamber (SAV) "Bir kişinin Şubeine diye birinin yerine hacda ihrama girdiğini gördüm. Sen kendin için hac ettin mi? diye sordum. Hayır, dedi. Önce sen kendin için hac et dedim. Sonra onun yerine hac et." Bu açık bir şekilde anlatıyor. Beden ibadetleri Allah tarafından kula bir imtihan içindir. Kanun koyucunun isteği kötülüğü emreden nefse kahredip, kırılması Allah düşmanı olduğu içindir. Allah (CC) tarafından Peygamber Efendimiz (SAV)'e bildirilen gibi "nefse düşman ol" Bu nefsim bana düşman olmak için vardır.

Sevap almak için. Nöbetleşe diye bir şey yok. Diğer özelliklerine yer yok. Zorluklar ve zevkler şöyle söylenirse bela ve imtihan teklif ile söyledikleri gibi mükellefin teklif edileni yerine getirmesinin daha zordur. Teklif edilenlerin vekille veya nöbetleşe olsa zorluk ve külfet olur. Zorluk gerekliliği yerine getirmesinin bu galipliktir. Nöbetleşmeyi vekilinin yerine getirdiği için, gayret ettiği için bu takdir edilmiş ise minnet altında kalmaz. Burada dikkat edilmesi gereken tekliflerin en zorları, en yüksekleri değildir. Bunların arası uzaklaşır. Sevap ve caiz ise Allah'ın (CC) fiiline karşı olmak gerekmiyor. Sevap ise Allah'ın (CC) nimetidir. Ceza ise adaletinden ileri gelir. Temelden anlaşıldığı üzere Allah'a (CC) asi olanları mükafatlandırabilir. İtaat edenler cezalandırılmış olurdu. (ceza olmasa idi)

4. ASIL: Hüküm giyen mükellef 5 mesele içinde incelenir.

1. Mesele: Akıl sahiplerinin oybirliği ile mükellefin şartı akıldır. Teklifi anlamalıdır. Teklif bir hitaptır. Aklı olmayana, anlamayana hitap edilmesi imkansızdır. Cansızlar, karada ve denizde yaşayan 4 ayaklılar hitaptan anlamaz. Anlamanın aslı, hitabın aslına, ayrıntıya girmeden, emir- yasaklamayı anlamaktır. Sevap ve cezaya tabi olması emir veren Allah'ın (CC) durum itibarı ile vaciptir. İtaat

etmelidir. Emir alan kişinin özelliğinin bu veya şu özelliği ör. delilik, ayırd etme gücü olmayan (mümeyyiz olmayan) çocuklar. Ayrıntıyı anlayıp anlamadıklarına bakmak lazım. Cansızlara ve hayvanlara hitap edilen aslının anlayabilmelirine bakıp onlara teklifin mümkün olmadığını. Anlamaların olağanüstü durumlarda caiz diyenlerin teklifinin gayesi hitabın aslının anlaşılmasına, ayrıntıların anlaşılmasına bağlıdır. Temyiz gücü olan çocuklar, bunların anladıkları mümeyyiz olmayan çocukların anladıklarından başkadır. Tam olarak anlasa aklı olan büyük insan gibi Resulunun getirdiği davete sadık olur. Allah'ın (CC) teklifinin gayesini mümeyyiz olmayana oranla anlar.
Bu da teklifin şartını uzaklaştırma ile ilgilidir. Ergenlik çağına yaklaşmış olsa (bunlarla ergenlik çağı arasında bir anlık fark oluyor). Gerekeni (teklifin) bir an sonra anlar. Akıl ve anlamak gizli idi. Yavaş yavaş ortaya çıkması, herhangi belirleyeni anlatması için kanun koyucu ona sabit bir belirleyici koydu "Ergenlik Çağı" diye. Teklifin ergenlikten önce hafifletici olarak onunsuz yapılması var. Allah'ın Resulu (SAV) buyuruyor ki "Allah tarafından yazdırılan hükümdür."
1-Çocuk 2-Uyuyan 3- Deli'nin mükellefleri kaldırılmıştır. Bunları şöyle söylersek çocuk ve mecnun (deli) mükellef değil ise nasıl onlara vacib olur. Zekat, nafaka, tazminat mümeyyiz olan çocuğa namaz nasıl emredildi. Söyledik bu vacibler deli ve çocuğun fiili ile ilgili değildir. Yalnız malına ve zimmetine ilgilidir. Zimmet ehli insaniyet itbarı ile hitabı anlamasının kabul gücünün ergenlik çağında hazır olması, anlamayanın tersinedir. Bunların yerine getirilmesi velileri tarafından ödenmesi gereken zekat v. b. Uyanmadan sonra ve ergenlik çağına erince bu da ayrı teklif değildir. Kanun koyucunun mümeyyiz çocuğa namaz emretmesi ise dini yönden değildir. Veli yönündendir. Hadis "7 yaşına gelince namazı emrediniz." Velinin bilgilendirilmesi, hitabın anlatılıp, kanun koyucunun tersinedir. Buna dayanarak gafil olana teklif edilirse, sarhoşa v.b. bu teklif olmaz. O durumda mümeyyiz çocuktan daha perişandır. Dini olarak kanun koyucunun hitabını anlaması bakımından. Gayeyi anlaması mümkün değil. Tazminat ve ceza bakımından o hal itibarı ile çocuğun ve delinin durumundan yarı tutulması gerekir. Sarhoşun boşanmasının gerçekleştirilmesi olmaz mı? Bunun içinde ihbar ve ilmin esaslarının ortaya konulması ile hitabının yasaklanması gerçekleşse bu bir şey hakkında teklif değildir.
Yalnız ihbar ve ilmin esaslarını ortaya koyanın hitabının tesbiti ile, boşanmanın söylenmesinin gerçekleşme işareti olur. Gerçekleşir. Bu da güneşin batması, hilalin doğuşu gibi bunlar namaz ve orucun vacibliğinin işaretidir. Bu da hükmün vacibliğinin gerçekleşmesi ölüm ve zinaya verilen hüküm v.b. Nisa suresi 43. "Siz sarhoş iken ne söylediğinizi bilinceye kadar-cünüp ikende- yolcu olan müstesna gusül edinceye kadar namaza yaklaşmayın." Buradan anlaşılan sarhoşluğun yasaklanması burda namazını olumsuzlaştırdığı için değil, sarhoşluğun kendisinin yasaklanmasıdır. Takdir edilen namazı kılacak olan sarhoş olmamalıdır. Teheccüd'e kalkan kişinin şöyle söylediği gibi tok iken kalkma. Karnını yemekle doldurma. Teheccüd'de zorluk olmaması için. Durum itibarı ile burda namaz dışında sarhoşluk olmamasını göstermez. Engel teşkil etmez. İslam başlangıcında içki haram kılınmamıştı. Yasaklanması daha sonradır. İçkinin davranışlarına etki yapması, kendinden geçmesi ve asıl aklının sabit kalması, sarhoşluğa çoğunlukla sevkediyor. Bir şeyin tabiri ona sevk olan ona ait olan şeylerin ismini alır. Bu da caiz olabilir. Zumer suresi 30. Ayette "Muhakkak sen de öleceksin, onlar da ölecek." Nisa 43. " sarhoş iken ne söylediğinizi bilinceye kadar-cünüp iken de- yolcu olan müstesna gusul edinceye kadar namaza yaklaşmayın." Tesbitin tümünün tamamlanmasını yüklenmesini gerekli kılar. Oluşum durum itibarı ile oluşumun belirlenmisinin sabit olmadığını gösterir. Akıl ve anlama olsa bile, bir emrin yerleşmesinin kızgın halde iken böyle bir şey yapma diye, bunu yapacağını öğrendikten sonra yap. Kızgınlığın geçince yap. Engeli geçip yapacağın şeyi tesbit etmenin önemi engelin ortadan kalkmasıdır. Akıl ve anlama olsa bile önemi engelin ortadan kalkmasıdır. Akıl ve anlama olsa bile yani bir halden başka bir hale geçmesini (tevil) gerektirir. Bu ayetlerin söylediği tekliften men edilen delillerin toplamıdır.

2. Mesele: Arkadaşlarımız –hiç- anlamında sorun çıkmasını, sarhoş, gafil, çocuk teklifinde sorun olmadığını, onların tekliften anlamadığını söyler. Hiçliğin bu anlamda daha kötü olduğunu anlamanın aslının var olduğunu fakat topluca yokluğun oluşunu bütün gruplar inkar etmiş. Bunun açığa çıkması olmayanın mükellef olması söylenmez. Fiilın yerine getirilmesi yokluğunl durumunda fakat bunun anlamının mükellef olduğunu yokluk durumunda. Eski isteğinin yerine getirilmesi. Allah'ın (CC) kendisine ait olmayandan fiil olması. Bu da varlığının takdiridir. Hitabın arlaşılması için, hazırlanması, bu da teklife hazırlanan bulurlarsa burda o isteğin mükellefi olur. Ve eskinin zarureti olur. Baba ölüm yatağında bir vasiyet ederse (ordan sonraki çocuklarında) çocuğun anlamasının ve kendisinin var olmasının takdiri vasiyetine mükellef olur. İsyan ve itaat ile bile vasıflandırılır. Yerine getirmemesi veya getirmesi takdiri var. bu vaktimizde kendimizi vasıflandırıyoruz. Allah (CC) ve Peygamberimiz (SAV) emrini yerine getirmesi için. Bu emir ise onda olmadığını. Bu da değildir. Emrin varolduğu haliyle. Bu gibi sabit teklif çocuğa ve deliye göre anlamanın takdirini ile. Burda öncelikli takdir şartı anlamaktır. Başka bir şey değil. Olmayan hakkında anlamak ve varlığı diyor bu tefsirle isimlendirilen teklif geçmişte olmayana hitaptır. Veya örfen emirin gerçeği hak olan emirdir, diye adlandırılır. Hitap isimlendirilirse daha iyi söylenir. Babanın vasiyetini çocuklarından var olanın herhangi bir emri yerine getirmesinin hitap emri ise iyi değildir. Bu temel kuralın tümünü anlaması nefsi kullanım ispatına bağlıdır. Emrin oluşum itibarı ile istek ve zaruret bunu önce kitapta usule vacib olanı belirttik. Konuşanları taklid etmesi v.b.

3. Mesele: Mekruhta fiilin dayanağında anlaşmazlık vardır. Fiili terketmenin caiz olup olmadığıdır. İstemeyerek yapılanl fiilin kararsız hareketinin o teklif edilen şeyin var olup olmadığını, varlığı veya yokluğu caiz değildir. Teklif hakkında söylenen aklen caiz olsa bile gerçekleşmesinin mümkün olmadığını belirtir. Peygamber (SAV) immetimden hata, unutmak, bir şeyin çirkini görmesini, bunlardan kaldırılmasını söyledi. Hesap sorulmasının, teklifin kaldırılmısının, gereğidir. Bu da cezalardan ona ait olan daha önce cevaplamıştır.
Zaruret sınırına varılmazsa bunlar seçilmiş olur. Teklifi aklen ve dinen caizdir. Hata yapan oybirliği ile mükellef değildir. "Hata ve unutmak ümmetimden kaldırılmıştır." Hadis-I şerifine göre.

4. Mesele: Kadının belirli hallerindeki oruç ile ilgili teklifte anlaşmazlık var. arkadaşlarımız reddettiler. Başkaları ispat ettiler. Bu halin bitmesi sonunda oruç tutar. Bu doğrudur. Durum itibarı ile belirli zamanlarda oruç tutması yasaktır. Haram ve menedilmiştir. Vacibin yerine getirilişi yasaklanmış bir tezattır. Olağanüstü bir teklif caiz olduğunu söyleyenlere göredir. Şöyle söylenir ona oruç vacib. Mükellef olmasa kaza etmesi neden, vacib olur diyoruz., kaza bizce yenilenmiş bir emirle gerekir. Eski bir emirle gerektirmez. Kazanın adlandırılmasını orucun vacibliğinden çıkan sonucun idrakinden dolayı gerçek kaza sayılır. Burda belirli halin ergeli için değildir.

5. Mesele: Mükellefin fiili yapışı veya derki daha önceden itaat veya beyan etmesi mükellef olduğunu anlamasının, bir şeye gücünün yeterli kılınmasından önce mi? sonra mı?
fakihler oybirliği ile bilgi dahilinde oluyor, emir alan ve emiri verenle bu durum itibarı ile durumun içeriğini bilmemesi, bu da teklif edilenlere gücü yetip yetmeyeceğine göredir. Ör. Efendisinin kölesinden elbiseyi dikmesini istemesinde terslik var. Sorun emir verenin emrin sonucunu bilmesini ve emri alanı bilmemesi gibi. Ör. Zeyd'ir Allah'ın (CC) emri olan orucu yarın tutmasını niyeti. Kadı Ebu Bekr ispatlamış, fakihlerin çoğu da aynı. Fakat Mu'tezileler reddetmiş. İspat edenlerin delilleri ise itaatlı emir ve isyanın yasaklanışı oluşumu mükellefin emrin akıbetini bilmemesinden kaynaklanır. Bilinen budur. Oluşması geçmiş ümmetin oybirliği ile ters görüşte olanların ortaya çıkmamasıdır. Yani her ergenlik çağına gelen akıllıdır. İtaatla mükelleftir. İsyandan men edilmiştir. Bunların yeterlilik gücü, emrin ne olduğunu bilmeleri, itaatın yapılışı, azmle yaklaşması sayılır. Şöyle gerekir. 5 vakit namazın kılınması farz olduğundan, yerine getirilmesinin engelleyen (hapis yoluyla veya zorlama yoluyla) asi ve günahkar olur. Dini bir emri engellediği için hepsinin yasaklanması imkansız olur. Böyle halde aniden

emrin bilinmemesi, daraltılmış vaciblerine itaat gayesinin olmaması yeterlilik gücünün tamamının bilinmesi imkansızdır. Vakit geçince olması imkansız. Şöyle emrin verilmiş olması oluşumun belirlenmesinin şartı gizlenmemelidir. Bu oluşum ise şöyle söylenir: oruç tut. Allah'ın (CC) varlığına karşı oruç tuttular. Güneşe çıkarsan oruç tut. Faydanın belirlenmisinde iki zıttın toplanması ve oruç tut imkansızdır. 1. Emir (cezm) kesin emir yasaklanır. Emirin oluşması geleceğe bağlıdır. 2. Emir yapibaresi emir değildir. Güç üstü bir tekliftir. Allah (CC) olayların sonucunu bilir. Bir konuda gücün yetmesi hakkında bilgi sahibi olması, teklifi bilmesi kesin emirdir, şart değil. Alim değilse söylediğinin hakkındakini bilmezse –yap-yapma-emir olmaz. Böyle ise emir ve yasaklama itaat olmadan gücünl belirlenmemesi kula olmaz. Şart olmadan caiz değil. Allah'ın ilminde olabilir. Buna dayanacak olana oybirliği ile yüklenmesi emirin zannı ile mükelleften galip kalışı gücünün yetmesini emirle yapılıp haberdar edilmesini değil, emri bilmesi ile ilgili değil, emrin yakını değil. Emrin verilişi yasaklanmasının gerçekleşmesinin belirlenmiş şartında veya emir alanın faydalanmasında sorun yok. Yalnız bunu söyleyenler olağanüstü tekliflere caizlik verenlerin tekliflerinin görüşlerinde sorun var. Tartışma ise; emir veren belirlenmiş ise burda uzaklaştırma efendinin emrinin köle tarafından birşey yapmak için yerine getirilmesi ve bu da bilgilenmesinin yarın o emrin kaldırılması hakkında. Burda kölenin hazır olmasıyla anında efendinin emrini yerine getirmesi ve isyan etmemesi veya imtihanı geçmesi içindir. İmtihanı geçmesinin, çirkinliğin kabul edilmemesinin işaretini, müjdenin işaretlerini veya felaket işaretlerini ödüllendirmek için. Buna ceza verilmesi kasdi değil, fakat bir emrin yerine getirilmemesi sonucu. Yasaklanan şeyleri yapmaması olağanüstü bir teklif. Kabul edilebilir ve faydalı olanın Allah'ın (CC) emirleriyle mümkün olacağını söylenir. Emirin şartı emirin gecikmemesi doğrudur. Oluşumun şartı olmadan.
Şartsız olmanın mümkün olmadığıdır. Emiri geciken şart, fiilinin gerçekleşme olanağının yüksek olduğunu gösterir. Bu şart değildir. Bir emrin oluşması şart değil. Aynı emirin kendisinin kalkması şart değil. Emrin kendisiyle yapılması lazım şöyle söylenebilir varlık şartının gecikmesi varlığındandır. Fakat bu bir itaat şartıdır. İtaatin gerçekleşmesi ile emir bağlı değildir. Temelde bilindiği gibi. Buna dayanarak söyledikleri iptal edilmiş. Yani itaate gücünün yetmesinden önce, gücü yetebildiği kadar kula bunun bildirilmesinin yasaklanması oybirliği ile söylenen hükümlerin oluşum emri hakikattir. Zanni (düşünülen, sanılan) oluşum ile değildir. Çünkü zanda yanlışlık ihtimali vardır. Yasaklanmıştır. Oybirliği ile , gerçekleştirilen tanıtılırsa Ramazan orucunu bozan şeyler sonunda ölürse cinsel ilişki veya delirse keffaret vacibtir. İki söylediğimizden birisi başka söylemlerden değil. Vacib orucun bozulması burada birbirine taaruz olmaz. Burada oruçla olan emrin vacib olmasını ile ilgili değildir. Kadının belirli günlerinde oruç tutmasına niyet etmesi, Allah(CC) tarafından bilinir. O gün orucunun bozulacağı. Birisi oruç tutarsa hanımı boşayacağım diye niyet etse kadında oruç tutsa o anda vefat etse yemin etmiş sayılır. Boşanma gereklidir. Mu'tezilerde böyle değildir. Buna dayanarak buna benzer olaylar aynıdır.
6. Kural: Dini delilin belirlenmesi, kısımları ve ona ait olan hükümler başlangıç ve usullere dayanır. Dini delilin başlangıç ve kısımları söylüyoruz. 1. Kuralda delilin sınırlarını ve kısımlarını akli ve dini olarak belirledik. Burda hedefimiz akli delilin tarifi değil, dini delildir. Dini delillerin sınıflandırılışı 2'ye ayrılır.
1. Kendi içinden doğru olanı, yapılması gereken ihtimalle doğru delil sanılmıştır. Doğru değildir. Birinci bölüm 5 çeşitlidir. Peygamber (SAV) tarafından dayanarak veya Peygamber (SAV)'e dayanan değildir. Bir kaynağa tabi olan olduğu kitap (Kur'an'I Kerim)'tır. Tabi olmadığı durum olursa Peygamberimiz (SAV) tarafından olan sünnet gelmemişse dikkat edilmesi gereken nereden kaynaklandığı kişinin bilinmesinin şart koşulması gerekir. Güvenilir olup olmadığı.
Birinci şart budur. Oybirliği ile alınmış karar icmadır. Topluca alınan kararlardır. 2. İse belirlinin bir belirliye yüklenilmesi hali. Bir hükmün toplayana bir hüküm vermesi için veya böyle değildir. 1. Kıyas

(karşılaştırma) 2. İstidlal (delil). Bu çeşitlerden her birisinin dini hüküm belirlenmesinde etkisi vardır. Asıl olan kitabtır. Allah'a (CC) ait olan dini hükümler Kur'an 'dadır. Kıyas ve delil getirme icma ve nasdan (nas; ayeti kerime veya hadis-I şerif) akla yakın gelip kabul edilebilir olanların seçimi ve tutulması gerekir. Nas ve icma asıldır. Kıyas ve delil onlara tabi bir daldır. 2. Kısım ;Burda delil sanılmış. Fakat delil değil. Bizden daha önce tutulan yol ve sahabi mezhebi iyilik (hüsnü zan)bir de gönderilen fayda daha sonra konuşulacak.

1. Kısım: Yapılması gereken dini delillerin isimleri ile 5 çeşittir. Ayrı ayrı ele alınır. Bunlar arasında ortak olanları var. herbirininde 1. Asıl var. 6 asıldan oluşur.

1. Asıl: Kitabın anlamının incelenmesi ve ona bağlı meseleler. Çünkü 1 daha öncelikli sunulmasını, bakılması, göz atılması kitabın hakikati bu da şöyle söylenir. Nakledilen Kur'an'dan meşhur edilen 7 harflerden bu nakil de yalan söylenmesine ihtimal verilmeyen bildirmesidir. İçinde bir gözlem var. Kitabın anlamı Allah'ın Kitabı Kur'an'ın Cebrail (AS) tarafından bize indirilendir. Başka anlamı yoktur. Bu da gerçeğinden ayrılmadan bu takdir ile bize ulaşmasıdır. Bize naklediletin gerçeğinin doğru bilgi ve amellerinden olup olmadığı kaynağın güvenilir olup olmaması ile ilgilidir. Bunların alımının sınırlandırılması mümkün değildir. Kur'an'ın diğer indirilen kitaplardan (İncil, Zebur, Tevrat) yarı tutulması demektir. Bunlar vaadedilmiş değillerdir. Değiştirilmişlerdir. Dini hükümlerden oluşanların tarifinde Peygamber Efendimize(SAV) indirilen kelamın ayrı tutulması gerekir. Söylediğimiz , indirilenin nefsin kelamından sakınılması gereğidir. Nefsin kelamından gelen kitap değildir.

Çünkü kitap ise nefsani kelamı açıklayandır. Nakledilen şey eski kelam değil. Mucize de değildir. İcaz edende kitaptan daha genelidir. Mucize kelam söylemiyoruz. Mucize olmasa bile bu kitaptan bazı ayetler çıkar. Kitabın hakikatinin tanımını yaparsak bu da ona ait olan meselelere bakmak lazım. 5 mesele var.
1. Mesele: Oybirliği ile Kur'an'dan bize naklediletni yalan olmasına ihtimal olmayan dayanağına bakarak anladık. Bu Kur'an'dır. Bu delildir. Görüş ayrılığı var. nakledilen İbn-I Mesud'un mushafı gibi. Delil mi? değil mi? diye Şafii bunu red etmiş. Ebu Hanife tesbit etmiş. Vacibliği yemininde orucunda. İbn-I Mesud mushafında Allah'ın (CC) Bakara suresi 196. Ayeti kerimesi " ."

Seçilmiş ise Şafii mezhebi delili Peygamber Efendimiz (SAV)'in mükellef olmasıydı. Ona indirilen Kur'an'nın bir gruba verilmesinin bunun söylediklerinin kesin delilleri olmasını, onların söylemlerine kesin delilin olmasa idi ayrılığa düşmezlerdi. Dinlediklerinin nakledilmesi düşünülemez. Rivayet eden bir kişi ise söylediğinin Kur'an olduğunu bu da yanlış. Kur'an diye söylemezse burda tereddüte düşülmüş. Peygamber (SAV) haber olabilir mi? Ona bir mezhep mi? diye. Delil değildir. Peygamber tarafından bildirilenin tersini bir kişi haber diye vermesi v.b. durumlara dayanarak oruç yemininde onun izinden gitmesi gibidir. Gerekliliğin yasaklanmasını oruç yeminde iki söyleminden birisine dayanarak şöyle söylenirse Peygamber (SAV)'e söyledikleriniz kesin delil olanlara yani bi da doğru değildir. Peygamber (SAV) zamanında Kur'an hafızları tarafından rivayet eden (güvenilir)lerin sayısı davetini belirler. Az oldukları için teker teker ayetler toparlandı. Bunun için sahabelerin mushafları değişik. Belirli bir topluluğa onun söylediklerini delil olarak dağıtmalarını, bildirmelerini istenseydi böyle olmazdı. Bir de besmelede ayrılığa düşmüşler. Kur'an'da İbn-I Mesud inkar etmiş. Fatiha ve Muavazateyn'in Kur'an'dan olduğunu. Peygamber Efendimiz (SAV) gereken onayın doğruluğucur. Ondan dinleyenler bir topluluğa söylediklerini delil alınabilir. Fakat nakilden tümünün nakline susulması yasaklanması hatadan masum oldukları için. Bazılarına yasaklanmıyor. Onların içinde de İbn-I Mesur'a göre rivayet edenler rivayet etmiş. Tümden oybirliği ile oluşmamıştır. Hataya susmakla iştirak etmişler (katılmışlar). Bunun rivayetinin yüklenmesinin Kur'an'dan olduğunu belirlenen şeylerin doğruluğu, ona karşı çıkan yok. Gayesi ise onların onunla yaşatılması amel edilmesi tümü değildir. Güvenilir olmayanlar Kur'an sıfatı ile açıklanmamıştır. Kur'an'dan olmaları mümkün olabilirdi veya olmayabilirdi. Peygamber (SAV) tarafından haber olduğu durumu itibarı ile, mümkün olan mezhebin durumu itibarı ile söylediğiniz gibi olabilir. Delil olarak Kur'an oluşumunun takdiri ile ve Peygamber

(SAV)'den haber alınan itibarı ile ikisi bir ihtimal olarak delil olamaz. Mezhep olarak ele alınır. Bu da ber ihtimal. Gizlenmemesi daha galiptir. İki ihtimalden birinin olması, bir ihtimalin kendisinin oluşumundan daha galiptir. Emin onduk bu Kur'an değildir. Çünkü haber ve mezhebin durum itibarı ile ikisi arasında tereddütlüdür. Fakat haberin oluşumu ihtimal olarak tercihlidir. Rivayet ve delillerde şüpheye düşüyor. Mezhep olsa idi daha ayrıntılı beyan edilirdi. Dinleyenlerden doğru olmayan delil olurdu. Bu da sahabenin mezheebinde ayrılık var. Değil mi? Delil olup olmama açısından. Cevap: Bunları dağıtmasının vacibliği atmasının gerekliliği, bir gruba söyledikleri delil olarak ele alınırsa buna müslümanlardan kimse itiraz etmez. Çünkü Kur'an'I Kerim mucizedir, doğrudur, delildir. Mucizenin delilidir. Peygamber (SAV) doğruluğunu kesin olarak ispatlayan olduğuna varmayanlar güvenilir habere burda kesin değil onlara göre. Peygamber (SAV)'in doğruluğu onlara delil olmaz. Onun zamanında Kur'an ezberleyenlerin güvenilir olanlarının sayısı. Teker teker ayetlerin dilden toparlanması ihbar (bildirilme) ile Kur'an değildir. Tek tek bunların diğerlerine nazaran öne alınması, uzunluğu veya kısalığı v.b. Kur'an'ın içinde olmayan şeylerin tekillerden yoksa bunlar da Kur'an sayılmaz. Güvenilir olan Kur'an'dandır. Adlandırılmanın ayrılığı ise durum itibarı ile surenin başlangıcında Kur'an içinde olduğundan değildir. İbn- I Mesud'un inkarı ise bu surelerin Peygamber (SAV) Efendimize indirilen ayetler itibarı değildir. Bunda ihtilaf yok. Bunların Kur'an'ın icracı yolunu tutmasının hükümlerde İbn-I Mesud rivayetine göre hepsinin hatayı kabul etmediğidir.
Söyledik böyle olsa, susanın susmasının yasaklanmamış olması. Çünkü günah olduğunu ona dayanarak nakil yapılmasını söyledik. Şöyle söylersek İbn-I Mesud'un naklettiği gibi Kur'an'dandır denirse. Sahabeden ona karşı olanlardan günahını susmaları olayı var. O günahları sahabeler susmakla paylaşıyorlar. Kur'an değildir denirse bundan dışlanması gerektirmez. Rivayet edene göre veya ona karşı çıkan susanların ikiside doğru değil. İbn-I Mesud'un günahını üstüne almasının takdirini bir kişinin toplumda durumunun paylaşılması söyledikleri iptal edilmiş. Doğruluğun ortaya çıkışıyla naklettiklerine itiraz olmadan. Şöyle tayin edilir. Nakil edenlerin haber- mezhep arasında tereddütlü oluşudur. Söyledikleri, tercih edilen haberdir. Bu doğru değildir. Söylenen mezhep olsaydı açık bir şekilde olurdu. Yanlışlarının bertaraf edilişidir. Müslümanların oybirliği ile her haber açık olarak o haberin Peygamber'e (SAV) ait olduğu belirli değil ise delil değildir. Bizim durumumuz budur. Bunların bir mezhebe yüklenmesi, gizlenmeyen şey delillerin değişik olması nedeniyle habere yüklenmesi önceliklidir. Bildiren açık bir şekilde açıklamamış ise oybirliği ile bu kabul edilen delil ile değildir. Nasıl olsa aslın bertaraf edilişi kabul edilmemesidir. Karşılığın anlaşmazlığı önceliklidir.

7. Mesele: Oybirliği ile adlandırma bir ayettir. Ör. Neml suresinden bir ayette bu oybirliği ile alınmış fakat bunun ayrılığı var. Bunun Kur'an'dan bir ayet olduğunu, her surenin başında olduğunu. Şafii'den iki söylem nakledilmiştir. Ashabtan bazıları söylemiş, Kur'an'ın hattı ile her surenin başına yazılmış veya yazılmamış. İki söylemden durum itibarı ile başlangıç ayet midir? Veya 1. Ayetin her surenin ayeti gibi bu da daha doğrudur. Kadı ebu Bekr ve bazı fakihlere göre Kur'an'dan bir ayet olmadığını Neml suresinin dışında. Bu da hata yapmış. Söyleyenlerin hata yaptığı gibi. Neml suresinde bazıları ayet bazıları değil derler. Küfre düşmeden nasla bunların kesin olarak belirlenmesi yok. İnkar etmek için. Şafii'nin delili 3 şekilde. 1- Bu adlandırmayı, Allah Resulune her sureyi başlangıcı ile indirmiştir. İbn-I Abbas tarafından nakledilenler "Peygamber (SAV) herhangi bir surenin başlangıcını ve sonunu bilmiyordu. Ancak vahiyle öğrendi. Bismillahirrahmanirrahim diye indi. 2- Kur'an yazısıyla (hat) ile yazılmıştır. Peygamber (SAV) emri ile yazılıyordu. Bunu herhangi bir sahabe inkar etmiyor. Dinin kurulması, bilinmesi için Kur'an'ın korunması gerekir. Surelerin başlangıcının ispatının sayılar, harfler ve noktalamalar ile ispat ve inkar edenler var. zanna galip geliyor. Kur'an harfi ile yazıldığı için Kur'an'dır.

8. İbn-I Abbas rivayetine göre şöyle. Şeytan insanlardan bir ayet çalmış, Tesmiyenin olunmaması için (surenin başlangıcı) bunu inkar eden yok. Bu da Kur'an'dan olduğunu gösterir. Adlandırma

Kur'an'dan bir surenin başında bir ayettir. Kesin ispatı için şartın kesin olması olabilir, olmayabilir. 1. İse delil şekilleri kesin değil, zannidir. İspat etmeye değmez. Şöyle Peygamber Efendimiz (SAV) şöyle söyler. O bunların Kur'an'dan olduğunun belirlenmesini, beyan etmesini, çünkü Kur'an'dan olduğu belli. Kur'an harfi ile yazılışı yeterli beyandır. Şüpheye yer yoktur. Diğer ayetlerde olduğu gibi. 2. İse yeminli oruçta birbirini takip etmesini nakledenlerin ispatını söyledik. Ayrı olduğumuz, Kur'an'daki sure başlarının adlandırılması Kur'an'dan cümleler midir? Değil midir? Kati'nin ispatı şarttır. Burda ilim esaslarını ortaya koymak itibarı ile bir ayetin, surelerinin başlangıcı kesin şartlı değildir. Bu da itilaflı. Birinin bir kişiye kafir sözünü söylemesi ihtilaflar var ayetlerin hakkında ve sayısına ve hacmine göre. Peygamber (SAV)'e vacib idi. Bunları beyan etmesi, şüpheyi kesmek için. Söyledik ki Kur'an'dan olmasaydı beyanın belirlenmesinin gerekliliği vardı. Burada euzu besmeleden daha öncelikli olduğudur. Kur'an hattında her surenin adlandırılması yazılıdır. Peygamber (SAV)'e indirilen ve adlandırılan her surenin başlangıcıdır. Daha önce beyan edildiği gibi. Şöyle söylenirse Kur'an'dan olduğunu ima ediyor. Peygamberin (SAV) bunu bilmesi, beyan gücü vardır. Euzubesmelenin tersi olarak şöyle söylenirse Kur'an'dan olan herşey beyan edilmesi mümkün olandır. Kur'an'dan olmayanın beyanı mümkün değildir. Kur'an'da olanların belirli olmasının vacib olması gerekir. Söyledik her Kur'an'da olmayanın hepsinin beyanının icabının olmadığını. Bu Kur'an'dan olmayanın beyanın Kur'an'dan olmadığını kabul etmeyiz.

Daha öncekinin beyanını anlamasını Kur'an'dan olduğunu ve ondan olmadığının takdiri ile isimlendirme gibi. Ona bağlı olduğunun gizlenmesi lazım. Kur'an'dan diyenlere nazaran bu beyanda bulunanlar daha az. Her surenin başlangıcında ictihad (varılan hüküm) ve zanla ayet olduğu, Kur'an'dan olduğu ispatlanmış. Neml suresinde kesin olarak ispatlanmıştır. İbn-I Mesud'u takib ediyorlar. Kur'an'dan olmadığını söyleyenler. Ne zanla ne kesin olarak İbn-I Mesud'a göre belirlenmiyor. Ayet olduğu ispat edilmemiş.

3. Mesele: Kur'an'ın bir kısım ayetleri açık ve kesindir. Bir kısmı ise benzetmedir. Ali İmran 7. "Onun (Kur'an'ın) bazı ayetleri muhkemdir ki, bunlar kitabın esasıdır. Diğerleri de müteşabihtir." Allah(CC) kelamında muhkemlik vardır. (kesinlik, şüphesizlik) Bakara 228. "Boşanmış kadınlar, kendi başlarına (evlenmeden) üç ay hali (hayız veya temizlik müddeti) beklerler." İki zıttın belirtilişi var. Bakara 237. "Ancak kadınların vazgeçmesi veya nikah bağı elinde bulunanın (velinin) vazgeçmesi hali müstesna, affetmeniz (mehirden vazgeçeniz) takvaya daha uygundur." Bir tereddüt var. Eş ve veli arasında. Nisa 43. "Yahut kadınlara dokunup da (bu durumlarda)" Rahman 27. "Ancak azamet ve ikram sahibi rabbinin zatı baki kalacak." Hicr 29 "Ona ruhumdan üflediğim zaman." Yasin 71. "Onlar için birçok hayvan yarattık." Bakara 15. "Gerçekte Allah onlarla istihza (alay) eder." Ali İmran 54. " (Yahudiler) tuzak kurdular. Allah da onların tuzaklarını bozdu." Zümer 67. "Gökler onun kudretiyle dürülmüş olacaktır." Künye ve isim takmalar bunların Araplara anlatılması için uygun bir şekilde imalarla anlatılmıştır. (tevillerle) Benzetilmiş isim dinleyene aynı olduğunu belirtilir. Allah'ın (CC) sözünün varlığını gösterir.

2. Muhkem düzenli, tertipli, şüphesiz, tevile ihtiyacı olmayan, çelişkili olmayan Allah'ın (CC) sözünden oluşur. Karşıtı ise disiplinsiz, düzensiz, fasid, dengesiz sözler şüphesiz değil. Bunların Allah'ın (CC) kelamından olduğu düşünülemez. Şöyle söylenebilir. Muhkem hükmü tesbit edilen helalden, haramdan vaad ve vaadetmek v.b. Kısas hikayelerden örneklerden. Dil ehlinin anlamasından uzaktır. Lugat sözünün ilişkilerinden uzak.

9. Mesele: Kur'an ise içine anlamı olmayan kelimeleri alması düşünülemez. Bu durum itibarı ile iftira veya anlamamız noksan. Allah'ın (CC) sözü bunlardan münezzehtir. Söylediğinin anlamasının gösterilmesi bunun tam tersidir. Sözün anlamın tersini söyleneni açıklamaması böyle nasıl söylenir. Allah'ın(CC) sözünün içeriği anlamlı olmayan şeyleri içine alır. Surenin başlangıcında bulunan hece harfleri Arapça olmayan (Acemce) dilde bir anlam için konulmamış çelişkinin anlaşılmamasıdır. Rahman 39. "İşte o gün insana da cine de günahı sorulmaz." Hicr 92. "Rabbin hakkı için, mutlaka

onların hepsini yaptıklarından dolayı sorguya çekeceğiz." Faydası olmayan faydanın Bakara 196. "Kurban kesmeyen kimse hac günlerinde üç, memleketine döndüğü zaman yedi gün olmak üzere oruç tutar ki hepsi tam on gündür." Anlamı faydayı göstermez. Hakka 51. "Ve O, gerçekten kat'I bilginin ta kendisidir." Nahl 51. " İki tanrı edinmeyin o ancak bir tanrıdır." Acemce harflerin anlamlarının olmadığını biz kabul etmiyoruz. Surenin isimleri bu tanıtımının çelişkisi ise doğru değildir. Çelişki olabilmesi için olumluluğunun zamanı birleşik değildir. Çeşitlidir. Fazla olanlarını onaylamak için. Yani anlamı kabul edilebilir olmadığı için değil. Böyle söylenirse Kur'an içinde anlamı olmayan şeyler olsa bunun içindeki anlamının o anlamda anlamamak olur ancak. Kasdını anlamakdan başka bir anlam anlamak olur. Ali İmran 7. "Halbuki onun tevilini ancak Allah bilir. İlimde yüksek payeye ulaşanlar ise" –vav- kelimesinin başındaki –vav- bağlaç kabul edilirse ve ilimde yüksek payeye erişenler bilir gibi olur. Atıf değil.
Zamir burda Allah'ın (CC) söylediğine "Biz ona iman ettik. Herşeyin Allah tarafından olduğuna." Burda söylenen topluca Allah (CC) hakkında ilimle ilgilenen kişinin böyle olması imkansız. Başlangıç için oluyor. Allah'ın (CC) onlara öğretmediğini onların belirlemiş olması. Ayetlerde delil olan ayetin El-yemin (sağ-sol) yüz, ruh. Allah'ın (CC) kurnazlığı. Arşa oturmak. Başkalarının dilde bilinen olmayanlardan olmaması bir de istenen belli değil. Kur'an'da hitap Araplara olduğu kadar Acemleredir. Anlamının onlara göre belirli de değildir. Olağan üstü tekliflerin caizliğini söyleyen, bu da muhatabına belirli olmadığı halde beyanı olmayan böyle değildir. Aslen anlamı olmayan şeyler böyle değildir. Çünkü bu bühtandır, hezeyandır. Olağanüstü teklifi caiz kılmayanlar bunu yasaklamış. Çünkü teklif durum itibarı ile olağanüstüdür. Bu da Kur'an'ın dışlanmasını, beyanı insanlara olduğu itibarı ile anlamı olmadığından Allah'ın (CC) söylediğinin tersinedir. Ali İmran 138. "Bu (Kur'an) bütün insanlara bir açıklamadır." Bu durum insanların yavaş yavaş Allah'ın (CC) ihbarına ve Peygamberine (SAV) güvenmemesine yol açar. Durum itibarı ile herhangi bir zorunluluk ile herhangi bir haberin istediği caizlik ondan görünmeyen kısmıdır. Bu mutlak şeriatin iptali demektir. 1. Ayetin cevabı; -vav- atıf vav- ıdır. Zamir Allah'ın (CC) indinde ona iman ettik. Belirli olarak tümünü kapsar. Dikkat edilmesi gereken Allah'ın (CC) bu konulara dahil edilmemesi gereğidir. Delil olarak aklın delili zamir burda akla havale edilen delillere aittir. Diğer söylenen ayetler ise künye ve caizliği Araplara anlamı açık delillerle açıklanmıştır. Sözlerimizde belirtilen gibidir.
10. Mesele: Kur'an içeriğinde Arapça olmayan kelimeler ve mecaz olmayan kelimeler hakkında ihtilafa düşmüşler. Dil ilkelerinde 1. Kuralda olduğu gibi açıkladık.

14. Asıl: Sünnet: Dilde yol demektir. Her kişinin sünneti bunu koruyarak, yol yapmaktır. Çoğalan olması güzel , övülmeye değer durumları vardır. Dinen ise böyle adlandırılır. Nafile ibadetler. Peygamberimiz (SAV) tarafından naklediler, ondan kaynaklanan, Kur'an'a ait olmayan, mucize olmayan ve mucize içinde dahil olan bu çeşit ise istenen şeylerin gayesi beyanıdır. Bu da Peygamber (SAV)'in söyledikleri, fiileri, kararları, takdirleri, fakat emir ve yasaklama, seçme, haber ve delil yönleri sonra açıklanacak. (4. Asılda) Bu bölüm 2 başlangıç 5 meseledir.
1. Başlangıç: Din ehlinin oybirliği ile masum olan peygamberler hakkındaki açıklamaları ve görüş ayrılıkları.
Peygamberin (SAV) nübüvvtinden önce Kadı Ebu Bekr ve arkadaşlarımızın çoğu, Mu'tezilerin çoğu, onlara yasaklanmamış. Bu isyanla büyük ve küçük diye ayırırlar. Aklen yasak. Gönderileni, küfürden sonra (İslam olan) iman edene. Reddedenler karşı çıkanların yasaklanması nübüvvetin öncedir. Çünkü bunların nüfuzda hazmetleri icab eder. Saygı göstermeleri icab eder. Onların yollarının izlenmesinin kaçınılmaz olduğudur. Hikmetin zaruretinin tersidir. Elçilerin gönderilişi itibarı ile. Onların çoğu Mu'tezileri teyid etti. Yalnız küçükleri isyanın konuşunu ele aldılar. Kadı'nın söylediği gibi gönderilen ayetlerden önce birşey duyulmamış. Masum olduklarını gösteren delil yok. Aklın delili açıktır. İyileşme

ve çirkinleşme akılla oluyor. Dikkat edilmesi gereken Allah'ın (CC) fiillerinde hikmete riayet edilmesi gerekir. Bunların hepsini (kelam) kitabımızda iptal ettik.
Din ehlinin tamamının oybirliği ile masum oldukları mübüvvetten sonradır. Kasden olarak onların inanışlarının doğruluklarını kesin mucizenin delili ile davetin yayılması, tebliğ de görüş ayrılığına düşmüşler. Caizliğinin hakkı unutmak, hata yapmak, yollarının caiz olması, bunların istisna tutulması hakkında görüş ayrılığı var. Ebu İshak ve imamlardan çoğu bunu yasaklamış. Kati mucize delilinin çelişkili oluşunu söylemişler. Kadı Ebu Bekr bunu caiz tutmuş. Unutmak ve dilin sürçmesinden de tasdike dahil değil diyor. Mucize ile amaçlanan tasdiğine dahil değildir. Unutmak buna benzerdir. Fiili ve söylemle isyanlarda mucizenin delili masumlar hakkında yoktur. Küfür olanları ise bilmiyoruz. Din masumiyeti hakkında bilgimiz yok. Havariçten (El Ezari) şöyle söylemişler. Allah (CC) tarafından gönderilen nebiye Allah'ın (CC) ilmi geldikten sonra, nübüvveten sonra küfürün olup olmayacağına caizlik vermişler. Havariçten (Fazliye) her suçta küfür vardır. Peygamberin suçlarından kaynaklansa bile diyorlar. Küfür olmayan ise dinen yapılması yasaklanan büyük günah olur. Veya onlardan değil. Büyük günah ise oybirliği ile ümmet (El Haşviyye hariç) şöyle der. Haşviyye ve peygamberlerde küfre düşerse diye. Caiz diyenlerle birlikte masum olduklarını söyleyenler de var. kasden yapılmasını unutmadan veya hataya düşmeden burada görüş ayrılığı var. günah işlemenin idraki işitmedir. Günah işlemekten masum olduğunun idraki de işitmedir. Kadı Ebu Bekr aynı şeyi söyledi. O ve bazı arkadaşlarımızdan bunu araştıranlar duyma ile olur diyerlar. Bu akılla yola çıkan Mu'tezilerin tuttuğu yoldur. Aklın üstüne giderler. Rafiziler dışında büyük günahın unutmak ve hata olmadığı yönünde oybirliği var. büyük günah olmayan ise failin hükmünün gerektirdiği cimrilik, himmetsizlik, cömertliğin azalması, ekmek v.b. çalmak hükümlerindeki hükümler aynıdır Bu türden olmayanlar ise sert bakış veya kaba konuşma, kızgınlık hali arkadaşlarımız ve Mu'tezilerin çoğu caizdir demişler. Kasden veya istemeyerek olsa bile. Şii'nin tersine mutlak olarak cibaiyye, nizamın tersi, Cafer Bin Mübeşşir'in tersidir. İsteyerekin tersidir. (İsteyerek olursa onlar farklı yorumlamıştır.) topluca konuşulan ayrılık ayrıntılarından kesinliği yerine ulaşmamıştır. Zannidir. İhtimal ise ona yardım eden konularda değişik görüşler bildirdik. Seçmenin beyanlarının (büyük beyanların) kelam kitabımızda deliller daha açıktır. Ona göz atmak lazım.
2.Başlangıç: Sıkıntı, eziyet, birini örnek edinip uyma, devamlılık, izleme, teyid ve muhalefet'in anlamanın ihtiyacı vardır. Fiilin meselelerine bakmalıyız. Başkalarındaki izleme şöyle olabilir. Fiilin yapılışı veya terki fiildeki izleme, onun yapacağı fiil gibi, bir yönden fiili için söylenen şeyler fiil gibidir. Burda izleme olmuyor. Fiilin şeklinin ayrılığı iye, kalkmak-oturmak gib. Şekli ile anlam ise o fiilin hedefine ve niyetine ortak olması çünkü izleme yok. İki fiilin ayrılığının, birisinin vacib olduğu itibarı ile diğerinin vacib olmadığıdır. Görünen birleşik olsa söylenen şey fiili için iki kişinin oybirliği ettikleri bir fiilin sıfatı ve görünüş itibarı ile, onlardan birisi diğeri için olmuyorsa ör. öğle namazında toplumun oybirliği, oruç tutmada Allah'ın (CC) emrinin yerine getirilişi var. izleme vardır diye söylenmez. Ona göre bu fiilin gerçekleşmesine ait zaman ve yer olsa izlemeye yer yoktur. Tekrar ederse veya tekrar edilmezse bu da celili ibadetin ihtisasını göstermesi lazım. Ör. hac Arafat'a mahsustur. İzlemenin terkinde iki kişiden birinin terki diğerlerinin fiillerini de terkettirmesi gibi. Yönü itibarı ile sıfat itibarı ile terk için sınırlandırma yönlerinin gizlenmemesi lazım. İzleme ise söylemde oluyor. Veya fiilin yapılışı veya terkinde oluyor. Söylemin izlenmesi ise itaatin söylemek istediği şekilde olmasıdır. Fiilde izlenim ise birini örnek edinip ona uymanın kendisidir. Uygun görülmesi bu da iki kişiden birisinin diğerine fiil veya söylemde görünüm veya şekilde ortak olması, katılmasıdır. Terk, inanç v.b. diğerleri için olsa veya olmasa. Karşıt görüş söylemde olabilir, terkle olabilir, fiilde olabilir. Söylemde muhalefeti o söylemin istediğinin itaatin terki demektir. Fiilde muhalefet ise başkalarının yaptığı fiilin aynısından vazgeçmesi (gereklilik itibarı ile) buna dayanarak kim fiili yaparsa bu başkalarının aynı fiili yapmaması gerekmezse buna fiilde muhalif denmez. Terkin takdirinin oruç tutmayan (belirli günürde) kadın muhalif olmuyor. Namaz terki ile de başkalarına muhalif olamaz. Terketme muhalefetinin

63

yönünün gizlenmemesi lazım. Şöyle söylersek 2. Başlangıçtaki gibi şöyle demeliyiz. Peygamber (SAV) fikirleri ile ilgili meseleler hakkındaki amaçlarına bakmalıyız.
1. Mesele: Fakihler Peygamberin (SAV) fiillerinde ayrılığa düşmüşler. Dini delillerin o fiilemi işaret edip etmediği hakkında. Delillere bakmadan önce tartışmanın yerinin özetlenmesini söylüyoruz. Cebeliyye fiilerinden ise ör. kalkmak, oturmak, yemek, içmek v.b. Tartışma yok. Bunlar kendisine hiç kimsenin ortak olmadığı özellikleri vardır. Oybirliği ile alınmıştır. Bu fikirler. Peygamberimize (SAV) ihtisasının özelliği olarak verilen şafağın gerekliliği, kurban, vitir, teheccüd(gece namazı), istişare, eşlerin seçiminin hakkının verilmesi, orucunun devamlılığı mübahtır.
Mekke'ye ihramsız girmesi, 4 kadından fazla nikahlanışı, ganimet seçim hakkı, 5'lerin 5'inin kanunsuz idare edilişi, ona verilen haklarıdır. Bize anlatılan şeylerin fiil itibarı ile beyan olarak bir delildir. Hilafsız. Sarih, açıktır. Peygamber Efendimiz (SAV) hadisi şerifte "Namaz kılın, benden gördüğünüz gibi." Ve "Benden de ibadet çeşitlerini alın. Hallerin ipucundan, karinelerden göründüğü gibi anlayın." Onları içine alan bir söz olursa gerekli olmadan beyan etmemesi, gerekliğinde yapılmasını bir fiil olarak beyana uygun olmasını beyanın geciktirilmesi için gerektiği zaman olmasını. Bir de ör. Hırsızın elinin bilekten kesilmesinin Allah'ın (CC) Maide suresi 38. Ayeti kerimede "Hırsızlık eden erkek ve kadının, yaptıklarına karşılık bir ceza ve Allah'tan (CC) bir ibret olmak üzere ellerini kesin." Bunun delilidir. Teyemmümün dirseğe kadar yapılması Maide 6. "Ve bu hallerde su bulamamışsanız, temiz toprakla teyemmüm edin de yüzünüzü ve (dirseklere kadar) ellerinizi onunla meshedin."
Maide 6. 148. De yazıldı. Burda beyan edeni tabi olur. Vacibte, müstehabta, mübahta onunla hiçbirşey olumlu veya olumsuzluğu delille belirlenmeyen. Yakın gayesinin kasdı belli oluyor. Veya belli olmuyor. Yakın kasdı belli ise ayrılığa düşmüşler. Bazıları demiş ki Peygamber (SAV)'in vacib fiili hakkındaki gereklilikle ilgilidir. Hem onun hem bizim hakkımızda. İbn-I sureyye ve El Estakri, İbn-I Ebu Hureyre, İbn-I Hayran, Hanbeli mezhebi, Mu'tezilerden bir grup böyle söyler. Bazıları ise Şafii'nin söylemi ile müstehab dediler. Haremeynin imamının seçimidir. Maliki mezhebi ise mübahtır demişler. Bazıları ise Şafii'nin ashabından bir grup, Es Sayrafi gibi. İmam Gazali gibi ve Mu'tezilerden bir grup vakıftır dediler. (vakıf;şartlı) nassı –şari (din sahibinin koyduğu kanun) gibi. Yakın kasdı belirlenmeyenler ise ayrılığa düşmüşler. Yakını belirli olanların ayrıldığı gibi. Fakat burdaki söylem vacibler ve müstehablar diğerine göre daha uzak. Fakat mübah ve vakıf daha yakın. Bazıları peygamberlerin isyanlarının caizliği tehlikelidir dediler. Seçilen ise herhangi bir fiilin delilinin ipucu gayesini gösteriyorsa bunların eski hitabını beyan etmesini hedeflemezse bu da Allah'a (CC) yakın kasdı ile belirlenmesi bu da değil. Peygamber (SAV) hakkında ortak belirlenmesi sonucu ortaklık eden vacib veya müstehab arasındaki ortaklık miktarı veya fiilin tercihinin yani terkedilmesinin başka bir şey değildir. Mübahlık ise bunların fiil ve terkinin aynı seviyeye çekilip, eşitlenmesi (istenmeyen olağanüstü durumu ortadan kaldırılarak)dir. Hem kendisi hem ümmeti hakkında değildir. Yakın gayesinin veya kasdının belirlenmemesinin kendi hakkında bir delil olarak ortak bir vacib, müstehab, mübah arasında, fiilden izlemeyi kaldırmaktır. Veya ümmetinden yakın kasdın fiilinden belirlenen olursa yakınlık vacib ve müstehabın dışına çıkmadığı için kesin bir delildir. İhtisas olan bir vacibin terkinin yerilmesi, müstehab olanın ihtisaslaşmasının terki için ayıplanmaması burda şüphelidir. Bir de kendisinden öncelikli değildir. Fakat yakın kasdı fiili belirlenmemişse küçük günahların fiili caiz kılarsak.
Fakat bundan ihtimal olarak nadiren oluyor. Nasıl olacakda Peygamber (SAV) tarafından galip olan fiilinden isyan olmaz. Burda yasaklanmamış. Yani bunlarınl herhangi bir tekil fiilerinden ihtimal olarak girmesinin galibin galibi. Galibin fiilinden olsaydı isyan olamaz. Yasaklanamaz. Yani her fiil yasaklanmayan vacib, müstehab, mübahtan çıkmayan ortak kader ise (arasında) bu da fiilden izlemenin kaldırılması, terk olmadan, fiil kesin bir delil olur. İhtisas eden vacib, müstehab, mübahtan bir fiilinin tercih edilmesinin terke göre, onların uzmanlaştığı şey iki tarafın eşitlenmesi şüphelidir. Peygamber (SAV)'e göre ümmete göre ise bazılarının özel olarak onlara ortak özellikler de nadiren olur. Nadirden

daha nadirdir. Hükümlerin ortaklığına göre. Herhangi bir fiilden biri ihtimal olarak ümmetin katılımının Peygamber Efendimizin (SAV) iştirak etmesinden daha galiptir. Nadiren genelin galibini dikkate alırsak ortaklık ise daha belirgin hale gelir. Mezheplerin ayrıntısına gelirsek seçilmişlerin hangisini söylemeliyiz. Muhaliflerin bazıları ve onlardan ayrılık yönleri söyleyenlerin gereklilikle nas yönünde oybirliği ile kabul edilebilir. Nas yönünde ise kitap ve sünnet yönündedir. Enam 155. " Buna uyun ve Allah'tan korkun ki size merhamet edilsir." İzlenmesi emredilmiştir. Söylemsinin itaati ve yaptığı fiillerden yerine getirilmesi emir vacible belirlidir. Nur 63. "Onun emrine aykırı davrananlar, başlarına bir bela gelmesinden veya kendilerine çok elemli bir azap isabet etmisinden sakınsınlar." Emrine isyan edenler uyarılır. Uyarma vacibin delilsir. Emrin ismi fiile aittir. Bu sonra açıklanacak. Adlandırma asıldır. Gayesi ise buna ait söylem ve kendisi arasında ortaklık olmayışı. Ortak isim genel isimlendendir. Bu da fiile nail olmak idi. Haşr 7. "Peygamber size ne verdiyse onu alın." Topluca getirdiği fiili ise ele alınmas vacibtir. Ahzab 21. "Andolsunki Resulullah sizin için, Allah'a ve ahiret gününe kavuşmayı umanlar, ve Allah'I çok zikredenler için güzel bir örnektir." Emrin alınması için bir zincir, Allah'a (CC) iman edenlerin sevapları v.b. Bunu tutmayan kişinin Allah'ın (CC) önünde imanı yoktur. Vacibin delilidir. Ali İmran 31. " (Resulum) De ki Eğer Allah'I seviyorsanız bana uyunuz ki Allah da sizi sevsin." Allah'ın (CC) sevgisinin vacib olduğu bildiriliyor. Peygamber (SAV)'in izlenmesi Allah'ın (CC) sevgisini kazanmak için bir vesiledir. Gereken faydalanma da var. Nur 54. "De ki; Allah'a itaat edin, Peygambere itaat edin." Peygambere (SAV) itaat emir edilmiştir. Burda emir gereklilikte belli olduğudur. Yani başkalarının fiilinin yerine getirilişi onu yüceltmek gayesi ile ona itaat edilmiş demektir. Ahzab 37. "Zeyd o kadından ilişiğini kesince biz onu sana nikahladık ki, evlatlıkları karılarıyla ilişkilerini kestiklerinde (o kadınlarla evlenmek isterlerse) müminlere bir güçlük olmasın." Allah'ın (CC) fiilinin, dinen kabul edilmesinin vacib olduğunu, yoksa bunların caizliğinin müminlerden hata günahın kaldırılmasının Allah'a (CC) dua ettiklerinin davetinin caizliğidir. Sünnet ise sahabe tarafından rivayete göre; Namazda ayakkabılarının çıkarıldığını, Peygamber (SAV) çıkardıktan sonra anlamışlar ki bu yolun izlenmesinin fiillerindendir. Peygamber (SAV) onlara bunun yerleşmesini istedi. Açıkladı onlara bunları tek başına yapmalarını ve haccın feshini umreye kadar emretmiş. Kendisinden feshetmemiş. Söylemişler Allah'ın Resulu bize böyle emrettiniz. Fakat siz feshetmediniz. Hükmettikleri şeyi hüküm gibi anladılar. O onlara inkar etmedi. Benim hükmüm sizin hükmünüzden ayrı demedi. Sahabeyi devamlı oruçtan men etmiş. Kendisi devam etmiş. Söylemişler niye böyle; O buna cevaben dediler ki " Allah beni yediriyor. içiriyor." Hükümlere ortaklık etmelerini, yerleşmesini istedi. Kendisine ait olan şeyler özürle belirtilmiştir. Rivayete göre Ümmü Seleme sormuş; "Oruçlu iken üpüşme olur mu? Ben oruçlu iken öpüşüyorum. " diye cevaplamış. Özel fiilleri tabii izlenmiyordu. Soruyorlardı. Ümmü Seleme; gusulde saç ıslatma konusunu sordu. Peygamber (SAV) "Bana üç damla yeter."demiştir. Ona aittir. Özel olarak fiilleri izlenmiş olsa cevap olmazcı. Rivayete göre sahabeye traş olmalarını, kurban kesmelerini emretmiş Bunlar da durdular. Ümmü Seleme'ye şikayet etmişler. Peygamber (SAV) ona işaret vermiş. Traş olması için, buhur yapmak için. Onlar traş oldular. Kendi fiilleri izlenmeyecek olsa böyle olmazdı. Oybirliği ile sahabelerin rivayetine göre Hz. Ömer Hz. Ayşe'ye sormuş, o da guslettiklerini söylemiş. Fiili izlenmeyecek olsa böyle olmazdı. Hz. Ömer Hacerül Esvec'I öpüyordu ve şöyle söylüyordu. "Senin taş olduğunu biliyorum. Ne zararın ne faydan var. Peygamber (SAV) 'I seni öperken görmeseydim seni öpmezdim." Oybirliği ile onun fiillerinin izlenmesi yol oldu. Kabul edilebilir yönlerinden 5 şekil var.
1. Şekil: Yaptığı fiiller ihtimal olarak bize vacibtir. Vacib olmuyor da olabilir. Vacib olanlar daha önceliklidir. Emniyetlidir. Vacibin terkinden sakınılması gerek. 5 vakit namazın birinin unutulması, hepsinin iadesini gerektirir. Vacibin ihlalinden sakınıldığı içindir. Kadınlardan birini boşayan adam, hangisini boşadığını unutursa ihtiyatla hepsi haram sayılır.

15. Şekil: Nübüvvet yüksek rütbelerdendir. Sünni vasıflar ise yücenin yaptığı fiillerin izlenmesi onu yüceltmek içindir. Kendi yaptığı izlenmemişse, namaz kılarken onlar oturuyorsa, tavaf yaparken onlar konuşuyorsa durumlarından hürmetin düşürülmesini ve yüceliğinin ihlali olur. Yasaklanmıştır.
16. Şekil: Peygamberin (SAV) fiilleri, bu fiillerin söylemlerinin yerini de tutar. Genelliğinin tahsisi sünnet ve kitapta mutlak olanların izlenmesi fiili söylemle vacib olur.
17. Şekil: Peygamber (SAV) yaptıkları doğru, hak olması gerekir. Hakkın ve doğrunun terki hatadır. Batıldır.
18. Şekil: Yaptığı fiil 1. İhtimal olarak vacib. 2. İhtimal değil. Ama vacib olduğu ihtimali daha ağır basar. Belirli olan Peygamber (SAV) kendisine en iyisini ve en olgunluğu seçer. Ve vacib daha olgundur. Vacibe ümmetin katılması gerekir. Onun yolunda kararlaştırılan gibi müstehaba nakli ve akli olabilir. Nakli ise Haşr 7. " Peygamber size ne verdiyse onu alın, ne yasakladıysa ondan sakının." Bunların izlenmesi bir iyiliktir. İyiliğin en alt derecesi müstehab ona yüklenen ve ortak olan ise şüphelidir. Akli ise yaptığı fiili isyan olarak ihtimal, belirlinin tersidir. Belirlinin tersi iyilikten başka bir şey değildir. İyilik vacib ve müstehabtan çıkmıyor. Müstehab fiiline yüklenmesi iki yönden önceliklidir. Kabul edilen 5 şekli var.
1. Şekil: Peygamber Efendimizin (SAV) fiillerinden çoğu müstehablardan oluşmaktadır. Her vacib müstehab ve fazlası, fakat her müstehab vacib değildir. Müstehabın fiili ise genelliği daha fazdır. Ona ümmetin katılımı gerekir. Yollarınızdaki söylediğiniz gibi mübaha benzeten ve söyleyenler bütün fiillerde aslında hepsi mübahlık ve terk ve fiilden günahın kaldırılması. Bunlar yalnız değiştirilmesini gös-teren delillerdir. Asıl olmayan değildir. Aslın karşıtı değildir. Vakıfla benzetenler ise Peygamberin (SAV) yaptığı fiillerin ona ait olup olmadığını tartışırlar. Ona ait değil diyenlerin tereddüdü vacib, müstehab,z mübah ve fiil arasında fiilin tereddüdü var. Fiilin hiçbir şeyle delili yok. Bazılarından bazıları değilde, bazı-larından olmayanlar bazılarından öncelikli değil. Fiilin şekil kalıbı yok izah için. Vakıfların gerektirdiği şey tayin etmektir delili. Cevap; gereklilik benzetmesini söyleyenleredir. Biz söylemiyoruz izlerin gerekliliğini gösterdiğini doğru kabul etsek. Allah'ın (CC) sözü açıktır. Peygamberin şahsının izlenmesi konusu istenen değildir. Kendi fiillerinde izlenimin zayıflaması aslın hilafıdır.(karşıtı) İhtiyaç olmadan fazlalık yasaklanıyor. (ekleme yasaklanmıyor) Bu iki durumun zayıflaması ile mümkündür. Fiil izlenimdeki zayıflama söylemden öncelikli değil. Fakat izlenimdeki zayıflama oybirliği ile söylemden öncelikli. Fiil çeşitli olduğu için fiilde izlenim gereklilik ile gerçekleşiyor. İzlenen fiil durum itibarı ile bilinmiş olsaydı vacib olsa veya olmasa olabilir. Bunun için izlenim vacib olmuyor. 2. Ayette emrin isminin söylenmesi fii-le mahsus söylemle verilmiş olsa bu şöyle düşünülmüş olması lazım. Gerçek olarak bir durum arasında katılması sıfatta veya üye de. Bu da caizliği ve katılımı söylemde olumsuzlaştırır. Durum itibarı ile asla ters olduğu için uyaran emir sözü bir mutlak muhalefettir. Mutlak herhangi bir şekilde ise zaruretten çık-mıştır. Zaruri delil ile yapılması tamamlanması ona ait söylemde yapılmıştır. Fiilde herhangi bir delil yok-tur. Anlaşılmış değildir. Durum itibarı ile toplulca gerçek oluşum fiilde ve söylemde farklıdır. Üzerinde tam anlaşılma olmuştur. Şöyle kabul ettik. Fiilde gerçek olduğunu.
Fakat ortak olması gerekir. Bunun için ortak söz şöyle söylenirse delil ettiğinin hepsine yüklenmesin yasaklanması, yüklenmesini uyarması demek değil ki. Fiil anlamı itibarı ile söylemden önceliklidir. Ortak sözün yüklenmesinin getirdiği yüklerin tümü, uyarma ise emrin muhalefetine uyarlanana bağlıdır. Vacib olanın uyarılışının imkansızlığı vacib olmayanın terkidir. Şöyle söyleyebilir. Söylem, bir fiilin tersinin yapılışının uyarılması o fiilin gerekliliğinin ancak uyarma ile tanıtılmasıdır. Bu da bir roldür. Peygamber (SAV)'in duasına şükredilir. Sonuç itibarı ile Nur 63. " (Ey müminler) Peygamberi kendi aranızda birbiri-nizi çağırır gibi çağırmayın." İstenen dua ise söylendi. Sonraki söylenen emiri söyleme aittir. Zamir Allah'ın (CC) emridir. Zikredilmeye en yakındır. Nur 63. " İçinizden, birini siper ederek sıvışıp gidenleri muhakkak ki Allah bilmektedir." Ona ait olduğu daha önceliklidir. 3. Ayetin gerekliliği

emrin delilinin yasaklanmasının doğru kabul edilmesi. Şimdi aldığımız şeylerin, getirdiğimiz şeylerin vacib olarak alınma-sı lazımdır. Getirdiği şeyler vacib ise böyle. Getirdiği şeyler vacib değil ise bu da vacib değildir. Söylem, fiilin gerekliliği vacib olmuyor. Anlam ve sözde çelişki olduğu için o zaman o ayetin delili gereklilik ile duruyor. Öyle bir anlam çıkıyor. Getirilen fiilin oluşum ile vacib olduğu. Gereklilik ayetin deliline bağlıdır. Vacib olduğu roldür. Nasılsa istenen şeylerin gerekliliğinin alınmasının emir suretiyle, söylem anlamıyla, bu da men edilmeile karşılaşınca Haşr 7. "Peygamber size ne getirdiyse onu alın." Men etme ancak sözle olur. Ona yakın olan emir ayrıdır. 4. Ayette 2 şekilde 1. Takip etmesi istenendir. Yapılan seçim ile olur. Kendisinin seçtiği yapılır. Hiç itiraz olmamalı. Ya da başka bir anlamı olsa bile. 1. Doğru 2. Yasak. 1. Va-cib olanın seçilen olduğu gerekmez. Seçilenin vacib olduğu gereksiz. 2. Şekil isteneni yaptığı fiilin Peygamber (SAV) istediği şekilde olmasının vacib olarak namaz kılsa bile nafile namaz da kılsak veya tam tersi. Bu onun yolundan gitmek olmuyor. Onun gibi kılmazsak.

Yaptığımızın vacib olduğunu ispat etmez. 2. Cevapta çıkan sonuç 5. Ayetin cevabı yoktur. 6. Ayette itaatten istenen şey emrine itaat edilmesi, fiilin izlenmesi, (yaptığı şekilde) vacibse vacib, müstehabsa müstehabtır. Biz böyle söylüyoruz. Yapılan fiilin vacib olduğu tesbit edilmiyorsa bizim irdelememiz vacib olmalıdır. 7. Ayette gaye ümmetinin hükmünü hükme eşitliyor. Vacib, müstehab ve mübahsa. Her yapılan fiilin vacibliği gerekmez. 1. Haber sünnette 2 yönü var. 1. Gereklilik zoru ile yaptıklarını göstermiyor. Ayakkabıyı çıkarmayı izleme ile teyid ettikleri için, gösteriyorki ayakkabı çıkarma (namazda) izlenim yo-luyla, vacib değildir Onların inkarı şöyle. Derler ki neden ayakkabılırınızı çıkardınız. Çünkü yaptığı hareketin izlenimi mutlak vacib olsa bu inkar edilmez. 2. Şekil. İzlemenin vacibliği zannı ile fiilden olduğu değil. Bunun delilinin vacib kılındığının belirtilmesi, beyanı 2 şekilde olur. 1. Peygamber (SAV) onlara şöyle dedi. "Namaz kılın, benden gördüğünüz gib." Onlara namazı beyan için söylediğini anladılar. Ayakkabıyı çıkardığını gördüklerinde şöyle zannettiler. Namaza hazırlanma olduğunu. 2. Emir alanlar mes-cide giderken güzel olmalı, güzel görünmeli. Araf 31. " Her secde edişinizde güzel elbiselerinizi giyin." Peygamberimizin ayakkabısını çıkardığını gördüklerinde bunu vacib zannettiler. Sünnet emrinin terkinin ancak vacib için olabildiği sözkonusudur. İzlemenin terki ancak vacib iledir. Bunu inkar etmiyoruz. 2. Ha-ber Hac fiillerinde izlemenin vacib olduğunu anlamaları Peygamberin (SAV) sözlerine istinadendir. "İba-detleriniz benden alın." Söyleminden almışlar fiilden değil.

3. Haber: Orucun devamlılığı. Peygamber (SAV)'e vacib değildi. Onun gayesi devamlı oruç ile müstehabtır. İzlenme aslında vacib değil. Yasaklanmıştır. Şöyle zannetmişler mübahlarda devamlılık ona katılımını zannetmelerinden dolayı. Biz diyoruz bu 4. Haberin cevabıdır

5.haber gereklilik için hiçbir delil yoktur. Peygamber (SAV) kendi hakkındaki abdest alırken saçına üç damlanın yeteceğini bildirmesi ona özeldir. İstenen şey olgunlukta yeterliliktir. Gereklilikte değil. Burda ki gereklilik ıslatmadır. O ıslatın buyurmuştur. Vücudunuzu yıkayın buyurmuştur. 6. Haber iki şekilde fiil o-luşumun beyanı için ibadetinizi benden alın. Sorun yok. Eski hitab.n beyanı için gelirse burda söylemin de-lilinden dışlanmış fiilden daha yaygındır. Fiili bir gayenin beyan etmesi söylemin tersidir. Fiil kendisini açıkça gösterir. Söylem ise açık değil.

11. helal kılınmasının gerekliliği Peygamber (SAV)'in emirlerinden yararlanılmış. Şöyle, Allah'ın (CC) vadettiğinin olmasını bekliyorlar. O yılda Kureyş'in fethedilmesini, galib gelinmesini bekliyorlar. Allah'ın (CC) emrini mübahla, helalle bunu helal kılmasını söyleyince üzüntüye düşmüşler. Onlardan 1. Delil olarak oybirliğinin cünüplikten gusletmek gerekliliği Peygamber (SAV)'in fiilinden değildir. Sözlerinden- dir. Gusül vacib olur. Hadislere göre. Hz. Aişe'nin Hz. Ömer'e verdiği cevap itibarı ile vacib olur.

2.Hz. Ömer'in Hacer-ül Esved'I öpmesi ise fiili ile izlemedir. Hacer-ül Esved'I öpmek vacib değildir. Kendisine ve başkasına. Fakat gayesi fiilinin tercihinin terkinin gerekli olmadan olabilirliğini gösterir.

İnkar etmiyoruz. Ümmete iştirak edenler bu konuyu aklın kabul ettiği 1. Şüphelisi ortaya çıkan yedek ise şöyle söylenebilir. Kesin zarar ihtimali olmadan birde bizdeki şey ihtimal olarak fiilinin ümmete haram olması doğru değildir.
12. Ramazan hilali 30. Günde görülmez ve 30. Gün ihtimal bayram olabilir. Olmayabilir. Oruç tutması gereklidir. Vacibe ihtiyattır. İhtimal bayram günü orucun haram olduğu vardır. İhtimal olarak olsa bile oruç tutulur. Çünkü hilal görünmemiştir.
Gerçekte şöyle söylenir. Yedek ise daha öncelikli gerekliliğin tesbitinden. Namazın vaktinde kılınması, gecenin namazlarından veya asıl gereklilik. Bu da orucun 30. Günü oruç tutulmasını, o gece bulutlu ise vacibtir. Veya değil. Bunun dışında vacib böyle değil. Bizdeki durum aynı. Fiil gerekliliği gerçekleşmiyor. Aslın gerekliliği değil. 2. Şüphe ise. Kabul etmiyoruz. Yücenin yaptığını, onun gibi yapılmasını, onu yüceltmesi olduğu, bırakıldığında ona ihanet ve kendisine hürmetten düşürülmesini, şöyle olabilir. Azın veya düşük şeylerin en üst şeylere küçük şeylerin alınması, yüksekle eşitlenmesi fiil açısından saygınlığın azaltılması, yerinden, görevinden alçaltılması olur. Buna göre köleden, efendisinin koltuğuna oturmasını veya onun arabasına binmesini, aynı mertebe gibi olması istenmez. Azarlama müstehak, ayıplama olur. Peygamber (SAV) izlenimini fiillerini yüceltmesi sebep olsaydı, sebebin terki veya izleniminin terki iha-net olsaydı şöyle izlenim vacib olurdu. Terkettiği ibadetlerden bazıları terkinin sebebini bilmediği halde bu oybirliğinin tersidir.
3. Şüphe: Fiilin oluşum itibarı ile sözlerin beyanı sebeb oluşu gerekmez. Söyleminin vacib ettiği sebep oluyor. Fiile söylem hitabı cevab sebebi gerektiriyor. Fiil böyle değildir.
13. Şüphe: Peygamber (SAV)'in fiili kendisine doğru ve hak olduğu ise ümmetine gerektirmiyor. Hak ve doğru olmasını. Fiile katılımı gerektirmiyor. Tartışma yeridir.
14. Şüphe: Vacib olan fiili, vacib olmayandan daha iyi olduğu ise böyle gerektirmez. Peygamber (SAV)'in yaptığı her fiilin vacib olduğunun gerektirmez. Onun yaptığı müstehab fiiller vaciblerden daha yaygın oluyor. Mübahtan yaptığı fiillerin müstehabtan yaygın oluşu var. Nadiren yaptıklarından daha önce-likli değildir. Müstehabla söylenenin benzeri diyenler de var. ayet ise cevap. Önceki deliller gereklilik ile aklı şüphede. Biz doğru kabul etmiyoruz. Mübahın şüphesini şöyle söylüyoruz. Herhangi bir fiil Peygam-ber (SAV) tarafından belirtilmesi gayesi ona yakınlaştırmasıdır. Ona uyanların gayesi yakınlaşmasının mübah olduğu yasaklanıyor. Olumsuzlaşması hatanın, o fiili yapması veya terki, böyle bir şeyde yakınlaş-ma olmaz. Çünkü şöyle gerekir. Fiilin yapılması terkine tercih edilmesi önce söylediğimiz gibi. Vakıfta istenene vacib, ne müstehab hükmü verebiliriz. Delille olursa olur. Bu gerçektir. Söylemeye karar ettiği-mizin kendisidir. İstedikleri şey sabit olanların bu durumlarından birisidir. Biz de kendisini bilmiyoruz. Bu yanlıştır. Bu da delil gerektiriyor. Çünkü beyan ettiğimiz fiilin delili yalnız o fiili terke göre tercih edilme-sidir. Şöyle Peygamber (SAV) tarafından görünen (yapılan) şeylerin gayesi yakınlaşma fiili ise veya izle-nim veya hatanın olumsuzlaşması ile olur. Bu da yakınlaşmanın gayesi burda oluşmadığı için aslı olanlar delil olmadan yalnız fiil. Bunu Allah (CC) bilir.
19. Mesele: Peygamber (SAV) bir fiil yaparsa bu da eski hitabın beyanı için olmuyorsa bu da delilin kendi özelliğinden olmuyorsa ve bildiğimiz belirlenen o sıfatı vacib, müstehab, nas ile olur. Peygamber (SAV) nası ilel anlatılması lazımdır. Veya başka delillerle. İmam ve fakihlerin, konuşanların çoğu oybirliği ile. Biz ibadetlerimizi yaptığımız fiilleri yol alarak aldığı içindir. Vacib, müstehab, mübah olur diyorlar. Bazıları bunları men etmiş. Bazıları ayrıntıya girmiş. Ebu Ali Bin Hallad. Bunlar ibadette örnek alınıp baş-kalarının değil,yalnız ibadette olur diyorlar. Seçilenler is Cumhuri mezhebi delili ise nas ve icmadır. Nas ise Ahzab 37. " ."
Fiilde izlenim, yol olmazsa ayette anlam olmazdı. Bu en kuvvetli delildir. Ali İmran 31. " ." Delil getirmenin ise izleniminin lazım olduğunu Allah (CC) sevgisinin vacib olduğu. Çünkü bu izlenim gerekli olmasaydı, gerekli sevgi olmazdı. İcma ile haramdır.

Haşr 7. " ." Delilin şekli ise burda Peygamber (SAV)'in yol edilmesi, takip edilmesi, örnek alınması, yaptığı Allah'a (CC) yalvarmasına ve öbür dünyanın gerekliliğinden bir vesile olarak dua etmesi. Bu örnek alınmasından önce gereklidir. Allah'a (CC) yalvarmak ve ahiret için dua etmek, örnek almadan gerekliliğin hiçliği, Allah'a (CC) yalvarması küfür olur. İzlenme fiilde başlangıçta açıkladığımız gibi aynı şekilde fiili yapmak fiil olduğu içindir. Cybirliği ise bu sahabelerin oybirliği ile fiillerine dönmeleri idi. Eski bir örneğe dönmesi gibi Meymune'nin evlendirdiği gibi bu haramdır. Peygamber (SAV)'in Hacer-ül Esved'I öptüğü ve öpmek için (oruçlu iken) caizlik verdiği, böyle olaylar sayılmayacak kadar çoktur. 1. Ayette olan izle-nim ve yol edinme evlendirmenin davet edenlerin evlenmeleri burda izlenim ve yol için genel olarak delil-lerini herşeyde olduğunu bunlarda hiçbir genellik olmadığını, kabul etmiyoruz. Şöyle söylenmesi lazım. Sana herşeyde bir örnek vardır. Bu da bir filanda iyilik örneğinde bu konuda. Başkalarına değil. Burda örnek sözünün genel olması her şeyde şöyle söylerdi. Her şeyin tekrar olarak söylenişi, başkasında değilde belirtilmesi çelişkilidir. Gayesi ise bazı şeylerde izlenim ve örnek göstermedir. Diyoruz bu söylemlerin izlenimi ve yol edinimidir. Söylem delilinin gösterdiği yaptığı fiillerde Peygamber (SAV) söylediği gibi "Namaz kılın benden gördüğünüz gibi. İbadetlerinizi benden alın." Bu da söylediklerimiz oybirliği ile belgelenmişler. Kabul etmiyoruz. Burdaki belgelenmiş, ispatlanmış. Peygamber (SAV)'in fiillerinin izlenimi olduğunu. Bunların delili fiillerinden değil. Başkasında idi. Mübahlarda ise asıl kalması lazım. Fakat vacib ve müstehab olanlar söylemlerde onlara ait delil ve izahatlar burdaki cevap 1. Ayetin itirazına. Ayetlerde herhangi bir delil yok. Müminlerin izlenmesine dair. Mübah olmalıdır. Burda söylenmez mübah-lık onlara asıl mübahlığa istinaden diye. Yoksa Peygamber (SAV)'in evlendirilmesi. Çünkü başka durum itibarı ile red edilmez.
2. İtiraz: Son iki ayet için. Şimdi amaçları ise bu her beyan olarak Peygamber (SAV)'in bize örneğidir öe izlenmelidir. Şerefini izhar etmesi için ve sakıncasının belirlenmesi, bu da bir tek şeyde olur. Bütünü de olur. Tek olursa bu da belirlenmiş veya belirlenmemiş, açıklanmamış olur. Tayin söylenmesi yasaklanmış. Çünkü sözlü delilin yok olduğunu, bir de şöyle söylemde açıklanmamış, belirsiz söylem yasaklanmış. Çünkü kanun koyucunun hitabıda galip olanın tersidir. Bu da çok uzak. Peygamber (SAV)'in şerefinin zuhuru çok uzak. Ne kalır. Tüm şeylerde ise şöyle söylenirse sana filanda bir örnek olması herşeyde bu faydalıdır. Bu tekil olur. Tekrar değil. Faydasız ör. filanda bu işte başkası değil Çelişki değil. Genellik ise mutlak izlenimden yararlanılıyor. Bu mutlak değil. Hepsi ise tek bir cümle belirli bir şey için. Onların oybirliği ile söyledikleri meşhur olanın tersi, oybirliği ettiklerinin (ayrılığa düşmeden sonra). Peygamber (SAV)'e bağlı olmalarını ve geriye dönüş, eşlerine sormaları, bu durumlardaki fiilleri araştırmak, incele- mek bunların itimad edip yol bulmasını, bazılarının bazılarına delil olarak göstermeleri,başka bır delil olsa o fiilleri göz atmadan önce araştırmak için oraya giderlerdi. Bu fiilinin peygamber (SAV) söylediklerimiz fiilin terkinde hüküm olur.
20. Mesele: Peygamber (SAV)'in bir kişi ellerinde bir fiil yapmışsa zamanında bu kendisi bunları bildiği ve inkar etmesi kudreti varsa, susmuşsa ve bir de karar vermişse inkar etmeden, şöyle olmuyor. Peygamber (SAV) o fiilin zemirini bilmiş olması daha önceden yasaklaması veya böyle değildir. 1. İse şöyle olması lazım. Fiilinin ısrar ettiği o fiilin faili ısrar ettiği için bilmesi, haberdar edilmesi, bu da Peygamber (SAV) tarafından bilinmesi bunu o fiilin zemmi için (yermesi) yasaklanmasının ısrarı. Ör. yerme ehlinin müslü-man olmayanların itilafları, kiliseler oybirliği ile olduğunu göstermez. Bu da taklid edilmesinin şüphesi olmaz. 2. İse orda susmak ve karar vermek inkar etmeden, taklid edilmesinin o kişiden gösteriyor. Susmak urutmak olsa taklid edilmemiş şeyler, şüpheye düşmeden bu sakıncalıdır. İhtiyacın vaktinde beyanını gecik-tirilmesi oybirliği ile caiz değildir. Fakat görüşte olağanüstü teklife caizlik verenlere göre caiz oluyor. Pey-gamber (SAV) daha önceden men ettiği fiilleri yasaklama yok ise, veya yasaklaması bilinmiyor ise. Fiili yapanın susması bir de anlatması müjdeleyici ve ödüllendirici fiili bulursa bu caizliği gösterir. Ondan hata-nın kalkmasını gösteriyor. Bunun için fiil caiz olmasaydı o zaman önerge ve anlatım olurdu. Müjdeleyici ve ödüllendirici Peygamber(SAV)'e haram olurdu. Burda

küçük günahlardan caiz olanları bir millet nez-dinde bu çok uzaktır. Dini hükümlerin beyanı ile ilgili olmalıydı. Böyle olsa idi inkar galiptir. Bu da onlar- dan var olmuyorsa galip olan caizliği gösteriyor. Şöyle söylenirse ihtimal onu inkar etmemeli, yasaklama gelmediğini bilmesi ile o zaman o fiili ona haram olmuyor. Yasaklamanın tebliğini bilmesini bir de buna ısrar etmesi veya bir engelle inkardan men edilmiştir. Yasaklamanın tebliğinin inkara engel olmadığını söyledik. Ve ilamın bildirme ve inkardan men olmadığını, o fiilin haram olduğunu fakat bildiri ile yasak-lama vacibtir. Bize 2. Defa gelmemesi için. Yoksa susmak şüpheye yol açardı. Yasaklamanın genelliği içinde olmaması veya kopya, taklid, nas. Fakat o kişinin yasaklamayı bilmişse ve de o fiilde ısrar etmişse, müslüman ise Peygamber (SAV)'e tabi ise, burda inkarın yenilenmesinin gerektiği bu da taklidin şüpheli olmaması için. Bu inkarın yenilenmesini gerektirmez. Müslüman olmayanların kiliselere ihtilafı. Bu onla-rın izlenmeye tabi değil. Onlar inanç olarak bunların yasaklanmasını düşünmüyorlar. Şöyle söylenir, bunların taklidinin şüphesi Peygamber (SAV)susması ile onları inkar etmekten engeller. İhtimalinden söyledikleri aklen olsa asıl olanların olmadığıdır. Bu uzak bir ihtimaldir. Onun eziyetini yaygınlaştırmasını belirlemesi ile ondan başkasıdır.

21.   Mesele: Peygamber (SAV)'in fiillerine itiraz düşünülemez. Bazıları diğerini tamamlıyor. Veya tahsis ediliyor. İki ayrı benzer şeyden olduklarından dolayı ör. öğlen namazı. Bunlar iki ayrı vakit veya iki ayrı vakitten değişen iki fiilin burda toplanmasının düşünülmesi var. Namaz ve oruç gibi. Veya birlikte olmasını düşünülmüyor. Böyle olanların hükümleri çelişkili olmuyor. Ör. öğle ve ikindi namazı gibi. Veya hükümleri çelişkiye düşüyor. Bu da belirli zamanda oruç tutmak ve aynı vakitte yemek yemesi 1., 2., 3. Kısım ise burda itiraz yok. Fiil burda şöyle mümkün olabilir. Vacib, müstehab veya caizlik vakit başka bir vakitte tersine. Birinden hükmün kaldırılmasına veya iptali olmuyor. İki fiilin genelliği yok. İkisi veya ikisinden biri olur. Evet. Delil gösteriyorsa Peygamber (SAV) yaptığı fiil oruçtan şöyle icabederdi. Tekrar etmesi aynı vakitte veya o delili şöyle gösteriyor. Ümmetine tesir etmesi gerekliliği lazım olduğu, o vakitte. Fakat o vakitte o fiil terkedilirse başkasının aksine olursa zikr ile yemek yemesi, oruç için kudret almak için. O delilde ki hükmün taklidi o oruç hakkında orucu tekrarlaması. Daha önce orucun hükmünün taklidi değil. Tekrarlığı iktiza için olmayışıdır. Bir hüküm kaldırılmasını imkansız olduğunu. Ümmetlerden bazıları o vakitte yemek yiyorlar. Bu da onun yerleşmesini istiyor. Bu da inkar edilmiyor. Zikir oruçla veya inkar etmek için gücü de vardır. Şöyle söylenir. Hükmün nashı gerekli bir delil burada orucunun ümmete ge-nel olması o bir kişinin hakkında tahsisi veya Peygamber (SAV) fiilinin hükmünün nashı değildir. Şöyle söylenirse Peygamber (SAV) nashı veya tahsisi onun ibadetlerinden izale etmesini. Peygamber (SAV)'in ibadetlerinden aynısı veya ümmetinden bir kişi genişletme caizliğinin bakılması itibarı ile genişletme hakikat olduğu değildir.

22.   Peygamber (SAV) fiili ve söylemine itiraz edilirse onun fiili şöyle oluyor. Onun hakkındaki bir deli-lin tekrarı gösterilmiyor. Veya ümmetin bir yol edinmesi değildir.

1.ise söylediği şeylerin ona ait olduğunu veya bize ait olduğunu veya genel olabileceğidir. Peygamber (SAV)'e ait ise bu da birisinin öncelikli olmasını bilmesi veya tarihin bunu bilmemesidir. Birisinin öncelik-li olduğunu bilmesi veya diğerinin gecikmesi öncelikli olan fiil oluyor. Veya söylem. Öncelikli olan fiil ise: Bir vakitte bir fiil yapıyor sonra söylüyor. Şimdi hemen veya geciktirerek. Bu gi-bi fiiller bu vakitte buna caiz değil diyorlar. Burda ?????????????????????????Çünkü söylem herhangi bir hükmü   fiilden kaldırmıyor. Fiilden öncekini veya geçmiş veya gelecekteki fiil tekrara tamamlanmamış o-lur. Çünkü hedefi olduğu için . şöyle söylemenin hükmü ile fiilin hükmünün toplanması mümkündür. Daha önce olanı söylenen falan fiil, filan vakitte bana vacib olur. Ondan sonra o fiilin tersini yapmak o vakitte hükmünün nashinin caizliği. İtaatten önce ve yapabilme gücünden önce caiz kılanlar şöyle söylemiş. Fiil söylemin hükmünün nashi. Bir de bunu caiz kılmayanlar fiilin söylemin hükmünü kaldırmasını yasaklamış-lar. Böyle bir şeyin düşünülmesini, bu fiillerin kasden düşünülmediğidir. Peygamber (SAV) bunu caiz kıl-mıyorsak bu isyandır. Söylediği şeylere itiraz yok.

İkisinde bir arada bir yerde toplanmasının bir yönden. Söylenen genel olarak bize ve ona fiil daha öncelikli ise itiraz yok. İhtilaf yok. Söylem ve fiil arasında fakat ona nazaran (Peygamber (SAV)'e nazaran) daha öncelikli söylemler ona has ise bizim için, bizimle ilgili olmadığı için kasdedilenler. Burda söylem daha öncelikli ise. İtirazlardaki hüküm söylemi ve fiilin ona nazaran söylendiği gibi. Söylemi ona mahsus. Bu da bize itiraz değildir. Hem söylem hem fiil bize ilgili olmadığı için oluşan hedefe göre bunların hepsinin delili bu fiilin tekrarını göstermez ise veya ümmetin yol edinmiş olmaması. Fakat delili hakkındaki tekrarı gösterirse ümmetin yol edinmesi ise hakkındaki tekrar ümmetin yol edinmesi olmadan veya ümmetin yol edinmesi olursa. Hakkın-daki olmadan bu çeşitlerdeki hüküm çeşitlidir. Delil tekrar edilmesi ise ümmetin yol edinmesi, bunur söy-lemi ise şüphesiz ona hastır. Veya bize has, veya hem ona has hem bize hastır. Söylemi ona has ise, şöyle bilinmesi ya fiilin öncelikli, bilinmesi söylemin veya tarihin bilinmemesi gerek. Fiilin önceliği bilinmesi, geciken söylem burada nash olarak fiilin hakkındaki hüküm gelecekte. Bu söylem ümmetine mahsus değil. Söylem daha öncelikli ise fiili onun hakkındaki söylemin hükmü nash oluyor. Bu itaattan sonraki veya ön- ceki ise yani caizlik verenlerin görüşüne göre ümmetine o fiilin sebebi oluyor. Fakat tarihin bilinmemesine itiraz yok. Fiil ve söylem arasındaki ümmete nazaran çünkü ordaki söylemi kapsamıyor. Ona nazaran deği-şik şeyler söylenmiş. Bazıları şöyle söylemişler. Genellik söylemde yapılmalı. Bazıları tam tersini söyle-miş . bazılarıda vakf ve itirazların gerekliliğini tarihi delil oluncaya kadar. Burda seçilen ise söylemle yap-mak. 4 şekil için.

1. Şekil: Söylem kendisini belirtiyor. Araç olmadan. Fiil ise caizliği gösteriyor. Peygamber (SAV)'in yasaklananı yapmaması gibi bu da deliller de, belli olmayan uzak delillere bağlıdır. Üzerinde durmak gere-kir.

23- Şekil: Söylemse hissi olmayanlara tabir edilmesi, kabul edilebilir, mümkün olan gibi sıfatlar hissi. Fiil hissi olmayan şeylere de olmaz. Hissi olmayan şeyleri fiil ihbar etmiyor. Bunun için söylenen delili daha kuvvetlidir. Daha tamam idi.

24- Söyleneni başka tekid için diğer kabulle. Fiil böyle değil. Bunun için söylem daha öncelikli.

25- Şekil: Burda söylemle çalışmak o fiilin hedefinin nashı, Peygamber (SAV) hakkında (ümmetinde değil) iptal söyleminin hedefinin topluca. Bunun için arasında toplama olur. Bu da bir öncelikli. Şekilde ol-sa bile şöyle söylenirse fiil delil itibarı ile söylem beyan eder. Bir şeyin beyanı o şeydeki delillerden emin-dir. Şöyle bir beyan ise Cebrail AS. Peygamber (SAV)'e şöyle dedi. "Namaz nasıl kılınır, emri alana beyan edildi." Vakitlerinde Peygamber (SAV)'e namaz kıldırdı. Ve söyledi. "Ya Muhammmed vakit ise bunun ikisinin arasındadır." Peygamber (SAV) ümmetine fiili ile namazı beyan etti. "Namaz kıldığım gibi namaz kılın." Ali İmran 97. ' ." Peygamber (SAV) "İbadetinizi benden alın." Biri soru sordu. Namazın vakitleri-ni söyledi ki bizimle namaz kıl. Kendi parmakları ile beyan etti. Kim başkasına öğretirse iyidir diye. Anla-mın iletilmesi, söylediğinin anlayışına, burda eliyle yardımcı oldu anlatımına. Bir de sınır çizmesi, sınırlan-dırması, fiili celil göstermese böyle olmazdı.

Söylediklerimizin gayesi fiil beyanı ile oluşması. Fiil beyanla oluşması bir de söylemle oluşması fiil be-yanından dah galiptir. Bu da söylemle oluşması fiilin beyanla oluşmasından galiptir. Hükümlerin çoğunun dayandığı şey söylemlerdir. Fiiller değildir. Gayesi ise ikisi eşit. Söylediğimiz tercihlerden durum itibarı ile öncelikli. Bunların hepsi ona mahsus söylemlerdir. Yukardaki gibi. Fakat söylemi bize has ise şöyle bilin-mesi gerekir. Fiilin veya söylemin tercihi bilmemesinin fiilin önceliğinin bilinmesi, geciken söylem bu da hükümün nashı oluyor. Bizim hakkımızdaki hüküm nash oluyor. Söylem öncelikli ise hüküm fiil oluşumu-nu bizim hakkımızda ki söylemin hükmü nash oluyor. Peygamber (SAV) hakkında ki değil. Daha önce söylendiği gibi söylem ona ait ise olur. Fakat tarihi bilmemesinin tersidir. Görüş ayrılığı o söylemin ona ait olması halinde, seçilmiş olan ise sözle çalışmasını bildiği gibi. Söylem genel ise hem bize hem ona. Geci-ken ise öncelikli hükümü nash oluyor. Bizim hakkımızda olduğu gibi onun hakkında da olabilir. Daha önce söylediklerimiz ayrıntılardan takip etmeye veya etmemeye. Tarihi bilmemesi tersinin tersi gibidir. Seçilen ise seçilen gibi. Bunu hepsinin delilleri gösteriyorsa bir fiili onun hakkında tekrar etmesi ümmetine yol ol-madan söylem ümmete mahsus olsa idi. Burda itiraz yok. Çelişki yok. Fakat Peygamber (SAV)'e ait ise ve ümmetine genel ise burdaki itirazlar fiil ve söylem arasında ona göre gerçekleşir. Ümmet olmadan. Herhan-gi bir delil olmadan ümmetine fiil ise yol olması, hüküm gizlenmez. Fiil gecikirse veya önce olursa veya tarihi bilmemesi.fakat delil şöyle gösterilirse ümmetin yolu yaptığı fiillerle onun hakkında tekrar olmaz. Ona ait ise fiil de gecikmişse ona ümmet ni onun hakkında itiraz yok. Fakat öncelikli ise burda onla geci-ken fiil söylemin hükmüne onun hakkında daha önce söylediğimiz gibi ümmetini kapsamıyor.

Görüş ayrılığı ise daha önceki takdim edilenlere, tarih bilmemesi durumunadır. Söylem ümmetine ait ise burdaki fiilin ve söylemin Peygamber (SAV)'e göre uzaklaşmasına itiraz yok. Fakat ihtilafları gerçek-leşse söylem ve fiil ümmete göre onlardan hangisi geciken ise nashtır. Tarih bilmemesinin hilafı ise daha önceki ve söylem geneldir.

Fiil öncelikli ise geciken söyleme itiraz yok. Onun ve fiilin arasında Peygamber (SAV) hakkında itiraz yok. Ümmeti hakkındaki fiilin hükmüne nashtır. Söylem öncelikli ise fiil hem Peygamber (SAV) hakkında, hem ümmeti hakkında fiil söylemin hükmüne nash oluyor. Tarihin bilinmemesi ihtilafı gibi, seçilen gibi bunu Allah (CC) bilir.

3. Asıl: Oybirliği ile başlangıç ve meseleleri içerir. Başlangıç oybirliği tanımından (icmanın) dilde iki itibarı anlamı vardır. 1. Birşeye azmetmek niyet etmek ve kesin kararlaştırmaktır. Şöyle söylenebilir. Filan bir şeye niyet etmiş, azmetti ise. Yunus 71. "Sizde ortaklarınızla beraber toplanıp yapacağınızı kararlaştı-rın." Niyetlerin kesinleşip, karar verilmesi. Peygamber (SAV) "Bir kişinin orucu yok ki geceden niyet et-memişsem." Oybirliği isim olarak ilkesi birinin azm ve niyetini söyleyebiliriz. 2. Oybirliği ittifak şöyle söylenir. Toplum birşeye oybirliği yaparsa, fakat ona ittifak olursa olur. Yani herhangi bir grubun ittifakını herhangi bir olay hakkında dini veya dünyevi. Buna icma denir. Yahudi ve Hristiyanların ittifakı da olsa. Fakihlerin tanımında nizam şöyle söylenir. Her söylemin delilleşmesi, birinin tek söylemi bile. Hedefi a-maçladığı şeyi inkar etmesi ile toplanması durum itibarı ile ehlinin oybirliği o dönemin delili gösterilir. Bir de kabul ettiği şey, bilim adamlarının meşhur arasında oybirliği itirazının yasaklanması, ihtilafın yasaklan-ması. Tartışma oybirliği ile isminin verilmesi, dil durumuna muhalif oluşu ile fakihlerin örfü söze meylet-miştir. El Gazali söyledi ki oybirliği ise Muhammed'in ümmetini dini meselelerde oybirliğine ait olduğun-dan, ibarettir. Birliğinin toplanmasını kıyamet gününe kadar, Muhammed ümmetine onların içinden, kıya-met gününe kadar dahildir. Hepsi ona uyar.

Bazı çağın yaşayanları şöyle söyler: Ümmetin genel değildir derler. Bu da ona mezheb değildir. Bunun oybirliği olmasını tanıyan mezhebi değildir. 2. O çağlardaki var olan bazılarının doğruladığı Muhammed ümmeti. Fakat şöyle söylenir. O çağın adamlarından veya ehlinden veya asrın adamlarından söyledikle-rinden baş oluyorsa o çağda hepsini genel olarak din durum itibarı ittifak ettikleri dini oybirliği içindir. Bu da böyle değildir. 3. Bunların oybirliği sınırlandırmasını veya bağlamasını gerçekleştiriyor. Dini durum itibarı ile oybirliği ile. Bu da ümmetin oybirliği geleneksel ve akli bir davanın, dini delil böyle değildir. Bunu sonra beyan edeceğiz. Gerçek şöyle beyan edilir. Oybirliği ise çözüm ehlinin veya topluluk Muham-med ümmetinin çağlarında bir çağda bir olaya hükmederse şöyle söylenirse, genelde oybirliği itibarı yok-sa. Oybirliği Peygamber (SAV) mükelleflerinden ittifakla bir olaylardan bir olay gerçekleşmesi hükümdür. İttifak hem fiili, hem söylemi genel olark içerir. Susmak ve karar vermek, topluluk ehlinin tümünü söyle-nirse bazılarının oybirliği genel ittifaktan sakınılmalıdır.

Tümü kanun demektir. Söylediğimiz Muhammed ümmetinden daha önceki grupların erbabı olan insan-ların sakındırılması için. Çağlardan bir çağ söyledik. Bütün çağ ehli oybirliği ile herhangi bir çağın ehlinin oybirliği bu çağın altına gelmesi için. Şöyle şüphe oluyor. Oybirliğinin o topluluk ehlinin bütün asırlardaki kıyamet gününe kadar ittifak olmadan olmaz diye. Şüphe oluyor. Şöyle söyledik, olay hükmü

ile ispat ve olumlu ve olumsuzluğun genelleşmesi dini ve akli hükümlerde oybirliği anlamının tanımı yapılırsa bu me-sele onunla ilgili meseleye bakmak lazım.
1.Mesele: Hal ehli ve akide ehli. Bu da ittifak ettikleri zaruretle bilinmeyen bir hüküm. Çoğunun ispat etmiş ve az olanları reddetmiş. Hükme o hükmün ittifakı kesin bir delil için söylenmesi caiz değildir. Yoksa alışkanlık imkansızdır. Nakil etmemesi için ve çoğunun anlaşarak gizlemesi için, bu da nakledilmez. Delil olarak olmadığı için olmaz. Nasılsa nakil olsaydı delil için yeterli olsaydı, o zaman oybirliğinin yeterli olacaktı.
2. ile söylemesi caiz değildir. Onların çokluğundan bir zihinlerinin ihtilafları ve davet ettikleri şeyler bu hakla itiraf veya inatlaşma. Bu da alışkanlık adet ise, tek bir hükmün oybirliği ile olması imkansızlaşıyor. Onların adetleri oybirliğine bir günde belirlenmiş bir yemeği yemesini imkansızlaştırıyor, bu batıldır. Oy- birliğine kesin delil olsa bu da nakil etmemesini yasaklıyor. Çünkü zaruret gerektirdiği halde. Ona ihtiyaç ise oybirliğinin o hükme yeterliliğinden değil ise münakaşa tartışma bu noktadadır. Zanni delilden olsa ya-saklanıyor. Çoğunun oybirliği hükmüne şüphenin ehlinin ittfakının delili hükümlerini, bir de çelişkilerle Yahudi ve Hristiyanların ittifakı gibi. Muhammed (SAV)'in gönderilmesini oybirliği ile inkar etmişler. Filozofların ittifakı dünya geçmişi hakkında. Güneşe, aya, ateşe tapan milletin tesniyesi üzerinde ittifak edilmesi muhalifleri olmadan onun kesin olduğunun daha öncelikli alışkanlık olarak veya adet olarak yasaklanmaması. Bunlara karşı çok büyük topluluk ittifakı ona karşı belirli bir yemeğin yenmesi bir vakitte alışkanlık olur. Normalde buna yön vermesi veya idare etmesinin olmadığını hepsinin söyledikleri çelişki-ye düşülüyor. Bütün müslümanların karşısında. Hal ehlinin ittifakı olan güzel ahlak sahibi olmak doğrudur. Sayılarının sayılmayacak şeylerin içinden olması 5 vakit namazın vacibliği, ramazan orucu, zekat ve hac vacib olduğu diğer hükümlerdeki ilim, bunların zorunlu olarak bilinmesinin yol olmaması artış ve düşünme delilidir.
2. Mesele: İttifak edenlerin oybiriliğinin inanmasının düşünmesini görüş ayrılığına düştükleri tanımın imkanı ve bilme imkanı, çoğunda ispat etmişler, az olanları red etmişler. Ahmed Bin Hanbel ve iki rivayet edilen birisi "Kim oybirliğinin gerekliliğini iddia etmesi yalancıdır." Çünkü onlardan gelen şeyler ittifak-ların tanımını bir hükmün hakkındaki inançları herbirinden haberlerin dinlenilmesi o haberlerin hal ehlinin, topluluk ve akid ehlinin veya fiilin müşahade edilmesi veya terki onu gösteriyor. Hepsini herbirinden tanı-mı ile bağlıdır. Sayıları çok oldukları ile bir de yayılışı az gelişmiş memleketlerde ve uzak yerlerde bu da engellidir. Yani her birinden birisinin tanımının takdiri ile bunu tanımasının ittifak etmesini ona varılması ile karşılaşıp görüşmesini, konuşmasını mani olur. Onunla oturulması ve söylemlerin dinlenmesi fiilinin terkini veya fiilin yapılması. Bunu görünmesi, o da faydası olmuyor. Yakin olanlar ona inanıyor. Caizlik haberleri veya gördükleri müşahade ettikleri fiilin yapılışı veya terki inandığı şeyin tersine.
Hedeflerder bir hedef inandığı şeylerin ilmini elde etmesinin takdiri ile inancının hedefini elde etmesi-dir. Diğerlerine varmadan önce burda dönebilir. İnandıkları ilmi elde etmesi oybirliği ile yok. Burda onlara cevap verme yolu ise bütün söylediklzriniz batıldır, gerçekte. Delil oluşumu ile elde ettiğimiz ilimlerin şüp-hesi yok. Bütün Şafiilerin mezhebi müslümanların, müslüman olmayanlar tarafından öldürülmesini yasaklı-yor. Hanefinin tümü zikrettiklerinin hepsini şüphelerle olduğu için aksidir. Veya hükmünün iptalidir. Olay bütün şekillerde normal delilin caizliği ve fazlasıdır. Şöyle söylenirse Şafii ve Ebu Hanife'nin mezhebinin hakikatin idrak ettiğimizdir. Çünkü anladığımız veya tanıdığımız Şafii'nin ve Ebu Hanife'nin söylemi bu a-rada bir söylemdir. Bilmesi mümkün oluyor. Anladık ki bir mezhebe kim tabi oluyorsa o mezhebi taklid e-diyor demektir. İcmada böyle değil. Nasda böyle bir şey belirli değildir. Allah (CC) ve Peygamber (SAV) bunların isnad etmesi olmadığını, böyle bir şeyler olsaydı veya tanısaydı o da delil olacaktı. Bu böyle de-vamlı size olabilir dedik. Fakat devamlılık nakli itibarla engellenir. Yahudi ve Hristiyanların Peygamber (SAV)'in gönderilişini inkar edişleri inançları gereği

gibi böyle bir şey belirlenmiyor. Musa (AS) söylemi veya Hz. İsa'nın belirli bir söylemi varmı? İnançlarının ona tabi olmaları şeklindedir. Cevap ise tartışmadır.
3. Mesele: Şimdi müslümanların çoğu ittifakla icmada dini delil olduğunu her müslümanın yapması gerektiğini. Bu Şianın, Havaricin, Nizam (Mu'tezilerin bir kısmı)'nın tersinedir. Hak ehlinin delil ettiği şeyle-rin hepsi Kur'an'dan, sünnetten makulden oluşur. Kitapta ise 5 ayet. 1. Ayet söyledikleri ise bununla Şafii'nin tuttuğu şey Nisa 115 " Kendisi için doğru yol belli olduktan sonra, kim Peygamber'e karşı çıkar ve müminlerin yolundan başka bir yola giderse, onu o yönde bırakırız ve cehenneme sokarız. O ne kötü bir yerdir." Delilin şekli ise yani ayetle. Tehdit etti müminin yolunu izlemeyenleri bu da haram değil. Tehdit ettiği şey haram olmasaydı tehdit etmezdi. Haram ile arasındaki toplaması haram ile haram olmayanın ara-sındaki şeyin toplanması iyi olursa. Peygamber (SAV) bu tehditle zahmetlere dayandı. Bu da olmuyor. Tehdit küfürle ve mübah. Ekmek yemesinin toplanması. Şöyle söylenirse kabul etmiyoruz. Geneldir. Genel meselelerde geleceği gibi. Müminlerin yollarını seçmeyenlerin hepsinin tabi olmayanlardan tehditle şart o-larak Peygamber (SAV) zahmet o şartlarla oluşuyor. Yani şartlarla hiç şart olmayınca kabul ediyoruz ki yermenin ve ayıplamanın müminlerin yollarını seçmeyenleri için olduğunu bu tekillerde. Burda bir tered-düt var. bunların müminlerin yollarını izlememesi mi isteniyor-gayir-kelimesi ille istenen şeyler mümin o-lanların izlenen yollarının mümin yolu olmasıdır. Mümin olmayanların sınıflandırılmasıdır. Her iki durum birbirinden öncelikli değil. Bu da takdir. Mümin olmayanların sıfatı ise küfürdür. Biz diyoruz ki Peygamber(SAV)'in zahmetle karşılaşmasına karşı küfürden ceza ile tehdit edilecek olmalıdır. Müminlerin yolunun izlenmesi gereklilik gösterilmiyor. Şöyle kabul ediyoruz. Mümin olmayanların yolu, küfürün ken-disi değildir. Fakat burda tehdit etmediğini göstermez. Mümin yoluna tabi olmadıkları için. Şöyle bir gaye gerekli olan tahsis mümin olmayanların tehdit edilmeyişini, mümin olanların yollarından gitmeyenler anla-yışı ile bu anlamla delil olarak kabul etmiyoruz. Delil olarak kabul etsek burda tehdit edilmeyişinin mü-minlerin yolunun izlenimi biz bunu diyoruz. Onların izlenimini gerektirmiyor. Kabul ettiğimiz mümin yo-lunun tabi olmayışı bu da bütün müminlerin yollarını ele alıyor. Fakat her kim Allah (CC) ve Resulune ita-at eden kıyamet gününe kadar. Bu da göstermiyor ki, oybirliğinin elde edilen asıllarından bazıları delildir. Burda kabul ettik istenen şey müminlerin yolunun her asırda. Fakat bu geneldir. Bilim adamı olsa, cahil olsa. Cahiller ise bu oybirliği içinde izlenmiş olan dahil değildir ve diğerleri. Ayet ona delil değildir. Kabul edilen, istenen şey, müminlere topluluk ve hal ehlinin herhangi bir asırda ittifak ettiğidir. Burda yolun sözü tektir. Genel değildir. Onun içinde genellik yoktur. Gerektirmiyor ki bütün yolların izleniminin genelliğini kabul etmesini. Bunun yasaklanmış her yolun izlenimine yüklenmesi men ediliyor. Yoksa şöyle gerektirir-di. Oybirliği ehlinin izleniminin mübahlardan yaptıkları hakkında, yaptıkları için, gerektirmiyor. Ona, hükmettikleri mübahla bunların izlenimi oybirliği etmeden önce olması gerekirdi. İctihadın caizliği içinde herbirinde izlenimlerini ictihad olmayışının içinde ittifak ettikten sonra. Bu sırf çelişkidir. O zaman ihtimal olarak istenen, yolların izlenimi Peygamber (SAV)'I izledikleri için zahmetlerin terki ihtimal olarak izle- nim yolları imanda ve İslam dinine inanması, başka bir ihtimalle onların yollarının izlenmesi ictihadı taklid olmadan, biz bunları söylüyoruz. Onlara nasın yüklenmesini gerektiriyor. İşte çalışma ve sözde oluyor. Şöyle bir şey yüklenmiş olsaydı onların izlenimlerde ittifak ettikleri dini hükümlerde bu şöyle mahsus ola- caktı. Peygamber (SAV)'in vefatından sonra onun zamanında oybirliğinin mümkün olmadığıdır. Kabul et-tiğimiz istenen ise izlenmelerinin oybirliği ettikleri dini hükümlerden fakat çatlamış. Hak yolunun ve sağ-lam yolunun belirtilmesi Nisa 115. "Kim müminlerin yolundan başka bir yola giderse." Doğru yol. "Kendi-si için doğru yol belli olduktan sonra." Doğru yol elif (l) ve lam ile zikredilmiş. Bütün doğru yolu içine alır. Dini hükümlerin oybirliği bile. Doğru yolun delili ile beyan belirleniyor. Oybirliği doğru yolun bütününden yani beyanı ise delili ile ele alınması lazım. Oybirliğinin oluşmasının delili ise doğru yoldur. Bu da oybir-liği için kendisi değildir. Başkasıdır. Yani bundan dolayı o delilin ortaya çıkması kendisine tabi olması ye-terli oluyor.

Oybirliğinin izlenimlerinden bunu kabul ediyoruz. Müminlerin yollarının izlenimlerinin gerek-tiğini kabul ediyoruz. Müminlerin izlenen yolları, masum imamların, yolları, hak yoldan başka birşey değildir. Müminlerin içindeki masum imamlar varsa, çünkü onların yolları onun yolu demektir. Bir de masumun yolu, hak yoldan başkası değildir. İzlenminin vacib olduğunu 2. Yasaktır. Kabul ettik müminle-rin izleniminin gerekli olduğunu, onların içinde masum imam olmadan fakat kendileri müminlerin mümin olarak bilinmesi ise, iman ise, tasdiktir. Burda batını bilinmesine olduğu belli değildir. Müminlerin durum itibarı ile bilinmesi ise izlerim bu da vacib değildir. Şartı olmadığı için kabul ettik, söylediğinizi. İcma de-ğildir. Fakat burada itiraz edilir. Kur'an, sünnet ve makule itiraz edilir. Kitap ise Nahl 89. "Ayrıca bu kita-bı da sana, herşey için bir açıklama olarak indirdik." Oybirliğine ihtiyaç yok. Nisa 59 "Eğer bir hususta anlaşmazlığa düşerseniz, - Allah'a ve ahiret gününe gerçekten inanıyorsanız- onu Allah'a ve Resul'une götürün." Bu da yalnız kitaba ve sünnete önem verildi. Oybirliğine ihtiyaç olmadığını gösterir. Bakara 188. "Mallarınızı aranızda haksız sebeplerle yemeyin." Bakara 161. "(Ayetlerimizi) İnkar etmiş ve kafir olarak ölmüşlere gelince, işte Allah'ın,meleklerin tüm insanların laneti onlar üzerinedir." Ümmetin tümü isyandan men edilmiştir. Onlarda düşündükleri için gösteriyor. Kimden isyan düşünülürse ne fiili ne söylemi kesin-likle sebep olmadığını gösteriyor. Sünnet ise Peygamber (SAV) karar vermek için Muaz diye sahabeden birisine, yapılan delilleri sorduğu zaman bu icmanın zikretmesinin ihmalini gösterir. İcma ve oybirliği delil olsaydı o zaman böyle olmazdı. İhtiyacı ile birlikte. Bir de Peygamber (SAV) dediği asrın söylemi ile delile o asrın olmadığını caiz olduğu-nu gösteriyor. Peygamber (SAV) hadisine göre "İslam garip başladı, bir de başladığı gibi dönecek." "Benden sonra küfre dönmeyin." Bütün ümmeti küfürden men etti. Onlardan gerçekleşmesinin delili olarak (caiz delili) gösteriyor. Allah (CC) ilmi yerinden tutarak çıkarmakta değilde. Fakat ulemaları tutuyor avucu ile. Yani hiçbir alim olmayıncaya kadar. O zaman insanların cahil başkanları oluyor. Bu fetva veriliyor. İ-lim olmadan burda acze düşüyorlar. Peygamber (SAV) "Farzları öğrenin, diğer insanlara da öğretin. Fakat ilk önce onlar unutur." "Sizden daha öncekinin sünnetine yapışacaksınız, takılacaksınız. Okun yeleğe takıl-dığı gibi." "Asırların en hayırlısı benim bulunduğum asırdır. Ondan sonra ki hayırlı olan gelen asır, daha sonraki gelecek asırdır." Yani hayırlı olan Peygamber (SAV) Efendimizin yaşadığı ve ona yakın olanlardır. "Ondan sonra bir tortu kalır." "O hurmanın tortusunun döküntüsü gibi, onu önemsemeye değmez." İki me-selede söylediğimiz şey Peygamber (SAV) ümmeti ümmetlerden bir ümmettir. Oybirliği delil olmuyor di-ğer ümmetlerin delili gibi. Dini hükümlerin doğru ispatı için delil gereklidir. Ümmet oybirliği ile, oybirliği ona delil olmuyor. Tevhid ve diğer akli meseleler.
Cevap: Söylediklerini kabul etmiyoruz genel dir. Bu genelliklerde ki bir meselelerin beyanına sonra geleceğiz. Bu söyledikleri tehdit ise burda zorluk ve zahmetle müminlerin yollarını seçmeyenlerin izlenimi bir de bazı arkadaşlarımız bunlara cevap vermişler. Tehdit ise mümin yolunu seçmeyenlerin yolunu izle-yenleredir. Peygamber (SAV) zahmetle şartlanmış değil ise bu istenilen şartlanması mümin olanların yolu-nu izlemeyenlerin ise burda tehdit yok. Mutlak zahmetle olmayınca bu da batıldır. Oybirliğinin tersidir. Burda yanlış olmazsa bile mutlak doğru olduğunu gerektirmez. Mutlak doğru olmayan ise mutlak caiz de-ğildir. Gerçek veya doğru değil. Kabul ederse oybirliği tersinin zahmet olmayınca yanlış değildir. Söylediği şey mutlak doğru olmasını gerektirmiyor. Biz söyledik doğru olmazsa şöyle olabilir. Doğru olmayanın yan-lış veya yanlış değildir. 1. Çelişki. 2. Yanlış olmayanlara tehdit gerektirmez. Ebu'l Hüseyin El Basri söyle-di ki şöyle gerektiriyor. Peygamber (SAV)'e zahmet veren müminin yolunun izlenmesi gerektiriyor. Pey-gamber (SAV) zahmeti ile Peygamber (SAV)'e zahmet vermesi isyan değildir. Fakat isyan ona cevap ver-me, red etme yoludur. Çünkü ilim Peygamber (SAV)'e inanırsa veya bazı isyanlar yaparsa bu söylenmez, Peygamber (SAV)'e zahmet vermiş diye söylenmez. Ona işitme yoluyla inanmayan, oybirliği ile doğrulu-ğunu bilmesi caiz değildir. Bunu doğru almayan kişi emir alan olamaz. O durum itibarı ile izlenmesi doğru değildir. Şöyle söylenebilir.

Zorluktan anlaşılan şey Peygamber (SAV)'e zorluk olan şey, ona inanmama-ları, onu güç durumda bırakır. İnanmayan oybirliğinin doğruluğunu bilmiyor. Şöyle söylenmesi lazım. Emir alan olamıyor. Oybirliği izlenimi. Çünkü kafirler İslam dalıyla muhatap değiller. Daha önce açıklan-dığı gibi. Cevap vaad edilen iki durum arasındaki bağlanırsa bu da tehdit gerektiriyor. Her durumdan biri-sinde tek ve topluca Allah (CC) sözüyle Furkan 68. "Yine onlar ki, Allah ile beraber (tuttukları) başka bir tanrıya yalvarmazlar. Allah'ın haram kıldığı cana haksız yere kıymazlar ve zina etmezler.bunları yapan günahını (cezasını) bulur." Bütün eziyetlerin her bir kişiye ulaşmasının bu durumların tümünü ve herbirinin tek şöyle söylenebilir. Günahların tesbiti, her durumda herbirisi veya tek olarak yararlanmıştır. Çünkü bu günahı bu özel durumlardan birine bunun için özel deliller cezanın katlanmasını gösteriyorsa bu durumlardan her birisi.

Bu ayette içeriklerin azabın çift olması herbirinin oybirliği teklifinin takdiri ile içerik böyle ise söyledik. Böyle değil ise bu çiftinin olumsuzlaşmasını Furkan 69. " Kıyamet günü azabı kat kat arttırılır ve onda (azapta) alçaltılmış olarak devamlı kalır." Delilin tersidir. Şöyle söylenirse karısına bir kişi. "Zeyd veya Ömerle konuşursan, eve gelirsen boşanmış sayılırsın." Burda boşanma gerçekleşmiyor. İki durumdan biri-sinin varlığı mevcud olması, hüküm iki duruma varlık olmasaydı, birisi olmadan, diğerinin olmaması hali, bu şekilde hükmün faydalanması idi. Delilin tersi yasaklanmış, daha yakın şöyle söylenir. İhtilaf yok. Tehditte mümin yollarını izlememesini zahmetle, bu da tehditte ihtilaf yok. Bir diğerine geçen bir fitne olu-yor veya olmuyor. Bir de ikincisi caiz değildir. Fitnesi olmayan bir şeyin tehdite tabi tutulması var. İhtilaf- sız 1. Fitne müminlerin yollarının izlenmemesi, Peygamber (SAV)'in zahmet yönünden veya zahmet yo-lundan değil zorluk varsa burda zahmetin ismi tehdite yeterlidir. Söylendiği gibi Allah (CC) mümin olma-yanların yolunun izlenmesine ihtiyaç yok. 2. İse tehdit gerekirdi. Çünkü fitne gerçekleştirildi. Zahmet var veya yok farketmez.

Gayir'in anlamı burda –ille- anlamında veya sıfatlar arasında tereddüt var. burda sıfat olması mümkün değildir. Çünkü gerektiriyor. Mümin olmayanların yolunun izlenmesini yasaklıyor. Ümmet bir fiil mübah olarak ele almışsa mükellef yasaklanıyor. Söylemesi gerekli olup olmadığı için muhalif olan böyle söyle-mez. İstenen şey ise mümin olmayanların yollarının izlenmesinin yasaklanması. Çünkü bu mümin olma-yanların yolu. Bunun için bir kişi kendisine bir durum seçer ve uygularsa, o durumla tanınmışsa burda onun yolu söylenebilir. Durumların çeşitli veya birleşik olması şöyle söylenirse bir kişi tüccar yolunu tutmuşsa bu da şöyle bir anlam, onların fiillerini yapıyor demektir. Onların gibi yiyor, giyiyor. Örnek alıyor. Onların adetlerini izliyor. Bu da şöyle yasaklanır. Mümin olmayanın yolu belirgin bir şekilde küfürden başkası ge-nel olarak ümmetin yollarına terstir. Nasılsa biz bunu düşünmüyorsak yolun sözü belirsiz oluyor. Aslın tersidir. Söylediklerine tehdit etmeme tam anlamıyla müminlerin yollarının izlenmesi şöyle söyleniyor.

Burda bütün yolların yasaklanmasını, müminlerin yolu hariç. Oybirliğinin delili olarak, bunun dışında kabul etmiyoruz. Söyledikleri müminlerin yolu, Allah'a (CC) ibadet edenlerin kıyamet gününe kadar. İki yönden doğru olmuyor. 1. Aslının sözüne gerçeğe getirilmesi, müminlerin sözü geçerlidir. İmanla insaf edenler, imanla vasıflandırılması, varlıkla hayatta şart olandır. Bunların ölenlerin veya daha doğmamış o-lanların gerçekte mümin olmaması sözkonusu. Müminler sözü gerçek, bütün çağın ehline, önceliksiz ve geciktirilmeden doğruluğu bu da delillerden men edilmişse burda asrın ehlinin oybirliği ile sonraki gelen-lerde. Burda delillere engel olmuyor, o çağdaki insanlar. Bu da karşı görüşte olanların tersi. Ayetten hedef-lenen şey müminlerin muhalefet etmemesi ve onların yollarının izlenmesi. Bu da tasarlanmıyor. Müminle-rin kıyamet gününde yol gösterme olmayan güne kadar Allah'a (CC) inanmaları. Yol gösterme ve menet-me yok o günde. Söyledikleri herhangi bir asırda müminlerin yolunun izlenmesinin gerekli olduğunu belirtiyorsa bu ayet. Ayrıca bu geneldir. Alim ve cahiller hakkında. Cahil oybirliği ile alınmamıştır. İsten-memiştir. Bunu kabul etmiyoruz. Kabul etsek bu da ayet bir delildir. Müminlerin tümünün izlenmesi hak-kında. Delilin özelliği dışında kalanları kapsamıyor.

Kalanların delili olarak gösteriliyor. Söyledikleri yolun sözü tekildir, genellik yoktur. 2 tane cevaplandırılıyor. Genelliğin inanmasının gerekliliği daha önceki açık-lanan gibi. 2. İse sözle genel oluyor veya olmuyor. 1. İstenilen 2. İse sözü genel olmuyorsa anlamında ve istediği şeylere geneldir. Müminlerin yolunun izlenmesi için uygun yol olması lazım. Burda bir fayda ita-ban ile hükmün düzenlenmesi kanun koyucunun sözünün uygun olması. Bu da bir sebep izlenmesinin ge-rekliliğine. Söyledikleri burda oybirliği ile icma ehli izlenmesinin gerekliliği. Yaptıkları fiilleri, hükmettiklerini. Çelişkilidir. Söyledik müminlerin izlenmesinin vacibliğini gösteriyorsa herhangi bir yolda mübah olan bir yoldur. Terketmenin caiz olduğu hükümleri yoldur. Burda fiilin icabında ayete muhalefeti gerektirmiyor. Bu da tabii onların fiillerini izlenmesini, burda ters düşüyor. O fiilin terkinin caizliğine ina-nışının izlenmesinde. Söyledikleri burda gerektiriyor. Oybirliği ehlinin izlenmesini gerektiriyor. İctihat caizliği ve yasaklanmasını söyledik, açıklayacağız. Ümmetin oybirliğinin herhangi bir hüküm karşısında birleşmesi, onun muhalefetini oybirliği ile birleşmesi imkansızdır. Söyledikleri ihtimal şöyle istiyorlar. İzlenmelerini, Peygamber (SAV)'I izledikleri içindir. Zahmetlerinin terki veya imanda ve ictihadda izlemeleri, söyledik söz her yolu genelleşiyor. Daha önceki söylediğimiz gi-bi, söyledikleri izlenimin genelliğinin tahsisi delilsizdir. Bu da söyledikleri kabul edilemez. Bir olayla şart-lanmış. Doğru yolun belirlenmesine veya sonuna kadar. Cevap 3 şekilde oluyor. 1-doğru yolun belirlenme-si ise bu da tehditle şartlanmış, zahmetle. Burdaki tehdit ise değildir. Mümin olmayanların yollarının izlen-mesindeki zorluk ancak doğru yolun belirlenmesi, delil itibarı ile tanınmasından sonra gerçekleşiyor. Bunu tanımayan kişi zorlukla vasıflandırılmaz. 2- Yan hükümlerin belirlenmesi şart değil. Peygamberimizin zorlukları. Şöyle delille: Peygamber Efendimizin (SAV) doğruluğunun belirlenmesinde ve ondan izleme-mesi veya karşı çıkması burda zorlukla vasıflandırılır. Bu dallarının cahil ise, onlardan belirlenmemisse, bu da zorlukta dallarının hükümleri şart tanınması için olmuyorsa bu da şartlanmamış olması bu tehditlerin içinde mümin olmayanların yolunun tutulması olmaz. Bu ayetle şöyle bir çıkış yapmış. Müminlerin methe-dilmesi, bu da tabi yerme ve ayıplamanın müminlerin yollarının dışında tutulmasında burda şöyle bir şart-lanma var ise doğruluğu belirlenmişse izlenmelerini, yollarında onların yolları olduğu için olmuyor. Fakat katıldıkları doğru yolun oluşumunun belirlenmesi, ümmetin yüceltilmesi iptal edilmiş olurdu. Büyütmesinin faydası iptal edilmiş olurdu. Batıl olurdu. Herhangi bir kişinin söylediklerine belirli olursa b uda tehdit ise, muhalefeti ile hasıl olurdu. Müslümanlardan olmasa tehdit ise Yahudinin iştirak etmemesi, doğru yolun, inandıklarını belirlenmesi. Bu da yapanların ispatı bir de Musa (AS)'ın inancının, resul oldu-ğunu (cömert) inanması. Müminlerden istenen masum imamlar veya onların içinden masum imam bulun-masına 2 cevap vardır. 1- Masum imamlarınl var olması batıldır. Söz ilminde açıkladığımız gibi. 2- Ayet geneldir. Şöyle imamların ve müminlerin içinde masum olduğu delil olmadan kabul edilemez. Ayetin tehdit ettiği mümin olmayanların yolunun izlenmesini onların nazarında tehdit imamın yolunun izlenmesini-nin sebebi belirlenenlerin tersidir. Mümin yollarının izlenmesinin vacib olduğu kabul ettiğimiz şey. Mümin oldukları anlaşılmış ise. Ayetten gaye mümin yollarının izlenmemesini teşvik, muhalefetin me edilişidir. Yolları ise (istenen yollar) malum. ise sorun yok. Malum olmamış ise izlenmesinin teklifi burda zan ile yetiniyor veya yetinmiyor. 1. İse aslın tersidir. (olağanüstü tekliftir). 2. İstenen budur. İtiraz ettikleri şey 1. Ayette oybirliğinin izlenen bir delil olduğunu bu ayetle beyanının, kitabın itibarı ile herşeyin belirlenmesi-ni olumsuzlaştırıyor. (Asıl olduğu) 2. Ayette ise bu onlara bir delildir. (oluşumun gerekliliğinin delili) Peygamber (SAV)'I dönmeleri hakkında tartışılan herşey oybirliğini izlenen delil bu da tartıştıkları konu içindedir. Bu da Allah'a (CC) havale edildi. Kur'an'la ispat ettik. Onlar reddediyor. 3. 4. Ayeti kabul etmi-yoruz. Olumsuzlaştırılmasını. Ümmetin oybirliği ettiği şeylerden olumsuzlaştırdıkları ayettir. Fakat her bire tekil olarak alt olduğudur. İsyanın caizliğini gerektirmez. Tümüne caiz olması gerekmez. Kabul ediyoruz. Olumsuzlaşmasını. Bütün ümmetin isyana ortak olması gerekmez. Gayesi ise onlardan aklen gerçekleştir-menin caiz olmasını amaçlıyor. Caiz kılınmasını

gerçekleşmeyi gerektirmiyor. Bir de Peygamber (SAV)'in Allah (CC) tarafından cahillerden olması olumsuzlaştırıldı. Enam 35. " O halde sakın cahillerden olma." Zumer 65. " Andolsun (bil farz) Allah'a ortak koşarsan, işlerin mutlaka boşa gider." Burda menetmenin arzedilmesi, bilindiği gibi masum olduğunu şöyle ayrıca da biliyoruz ki herkes menedilmiş zina, içkiden, haksız yere söylediklerine itiraz gösteriyorki asırlardan bir asrın yoksun olmasının yasaklanması söylemi ile delil olanlar Allah'ın resulünün hadis "Ümmetimden bir grup işbaşında, hakkı savunuyor. Allah'ın emri gerçekleşinceye ve Deccalin ortaya çıkmasına kadar " Peynefsin öldürülmesi ve başka isyanlardan. Kim ölmüşse ve herhangi bir isyan durumu olmamış ise Allah (CC) tarafından isyan ettiği şeyler ona gelmez. Ondan masum olduğu. Çünkü Allah'ın (CC) bil-dirdiği gibi bu getirilmez. Buna rağmen bunlardan men edilmez. Muaz Haberi ise burdaki icma söylenmi-yor. Peygamber (SAV) zamanında delil değildir. Bu da beyanın gecikmesini ve ihtiyacı olduğunu. Peygam-ber (SAV) söylediği "İslam garib başladı, başladığı gibi dönecek." Bu da göstermiyor mu, gayesi İslam ehli azdır. Allah'ın Resulu "Benden sonra küfre dönmeyin." İhtimal olarak belirli gruba hitab etmiş. Hepsine hitap olsa. Cevabı ; önceki ümmete men edilen ayetlerle cevaplanmış. Peygamber (SAV) "Hiçbir alim kalmazsa insanların cahil başkanlar seçmişler." (hadisin sonuna kadar) Gayesi ise burda ilim adamlarının tükenmesinin olabileceğini gösterir. İnkar etmiyoruz. Oybirliğinin gerekliliğinin yasaklanmasının ilim adamlarının tükenmesiyle. Kelam ise bilim adamlarından olanının toplanmasının, ittifakına dayanarak bu cevabın başka hadislerle gösterilen son zamanın bilim adamlarından yoksun olmasının. Nasılsa onların söylediklerine itiraz gösteriyorki asırlardan bir asrın yok-sun olmasının yasaklanması söylemi ile delil olanlar Allah'ın Resulunun hadis " Ümmetimden bir grup iş-başında, hakka savunuyor. Allah'ın emri gerçekleşinceye ve Deccalin ortaya çıkmasına kadar." Peygamber (SAV) rivayet hadis " Kardeşlerimi özleyeceğim şevkle. Söylediler 'Sizin kardeşiniz biz değilmiyiz?' cevap; Siz benim eshabımsınız. (arkadaşımsınız) Kardeşlerim bir kavim. Benden sonra gelecekler. Dinleri ile birlikte kaçıyorlar yüksekten yükseğe." Bu da insanların fitneleri olursa bunu düzeltiyorlar. Akılın ka-bul edilen bir mesele (2) daha önce cevaplandı. Söyledikleri ümmetlerden bir ümmet oybirliği ile delil sa-yılmıyor. Ümmetten başkaları gibi. Ebu İshak Es Farayini ve arkadaşlarımızdan, ulemadan bir grup, millet-lerden bilim adamlarını oybirliği ile nesihden önce geçen milletlerden, kabul etsek delil olmadığını onların hakkında belirlenmiş işaret yoktur. Deliller oybirliği ile ümmetin bilim adamlarından belirlenmesini yola ayırmışlar. Son delil ise kabul etmiyoruz. Hüküm delille tesbit edilirse oybirliğine ispatı caiz değil. Tevhid ise kabul etmiyoruz oybirliğinin delil olmadığını. Kabul etsek dini hükümlerdedir, başkasında değil. Ara-sındaki fark ise tevhdde bilim adamının okuma yazma bilmeyeni taklid etmesi caiz değildir. Bu da delillere tümünün katılımını, bu deliller akıl delilleri dini hükümlerin tersine bu da okuma yazma bilmeyenin bilim adamınının söylemini dikkate alması lazım. Bir söylem ile alması caiz ise toplumun söylemini alması daha önceliklidir. 2. Ayet. Allah Bakara143. "İşte böylece sizin insanlığa şahitler olmanız. Resulunde size şahit olması için sizi mutedil bir millet kıldık." Ümmet vasıflandırması orta itibarı ile adalettir.
Nas ve dil onu gösteriyor. Nas ise Kalem suresi 28. "İçlerinden en makul olanı şöyle dedi; Ben size "Rabbinizi tesbih etsenize"dememişmiydim."
Peygamber (SAV) söylediği durumların en iyisi ortasıdır. Dilde ise şairin dediği gibi. Onların adaletli olduğudur. Ortadır. Verdikleri hükümlerin, kabul edilir olması, razı olunmasını gösterir. İstenen şey: Ada-letli hükümdür. Ayetten delil ise burda adaletle kalındığı delil olarak insanlara yapılmış. Söylediklerinin kabul edilmesi. Peygamber (SAV) bir delil olarak verilmiştir. Söylediklerinin bizim tarafımızdan kabul edilmesi,icmaen delillerin manaları ise söylediklerine başkalarından delilden başka bir şey yoktur. Şöyle söylenirse adaletle vasıflandırılması, bu da insanlara bu dünyada şahit olmaları için. Peygamberin onlara tebliğ ettiği risaleler ile onların adalet ve şehadet (şahit olmalarını) kabul edilmesini, şahit oldukları zaman dünyada zulm etmeden durumu ile. Kabul ettik dünyada

vasıflandırılması ile zulm. Fakat Bakara 143 " İn-sanlığa şahitler olmanız." Burda söz ise geneldir. Şahit olduklarında kabul edilmesini gösterir. Fakat şahit edilenin mutlak olmalı. Bu belirlenmemiş ayet ise topluca ihtiva eder. Bu da özette delil yoktur. Kabul et-sek özet olmadığını fakat onunla hareket ettiğimiz için şahitliklerin daha sonrakini hakkında olduğudur. Peygamber (SAV) icabı ile (ibadetlerini) teklif edilenleri teklif etmesidir. Bundan başka delil kalmaz. Hareketin tamamlanması için ayetin delili ile kabul ettik, şahit olduklarının herşeyi içinde kabul edilmesini. Fakat ayet ayrıca herbirinin adaletini gösteriyor. (Ümmetten) Şahitliğin kabul edilmesini gösteriyor. Oybir-liği ile mahsustur. Kadınlar, çocuklar ve akılsızlar, fasıklar bunlar genelde tahsisten sonra. Delil kalmaz, gelecek işin. Bu da herhangi birşey göstermek için yok. Kabul edilen delil tahsisten sonra adil, masum ol-dukları (hatadan) ve görünen hatadan masum oldukları, şahit ettiklerinin ictihat yoluyla dini hükümler olmadığıdır. Bu da şahitlik burda tartışma yeridir. Kabul ettik bütün söylediklerini, fakat hitap ümmetin tümüne kıyamet gününe kadar oluyor veya mevcud olanların hitap zamanında. 1. İse burda delil yok. Her asrın oybirliği ile tüm ümmetin değildir. 2. Oybirliği olmaz. Ondan sonrakiler için delil olarak. Bu vahiy zamanı?????????????????????????????????Söyle bağlı kalıyor. Hitaba muhatab olanların hepsi bağlı oluyor. Peygamber (SAV) zamanında veya sonra. Her kişinin söylediği veya yaptığı üzerinde gittiği konu mazur görülmez. 1. Sorunun cevabı. Peygamber (SAV)'in ümmetinin adaletle vasıflandırılması tabi, şanlarının yüceltilmesi için onlara bir nimet ve ihsandır. Dünyada ve ahirette olabilir. Ahirette olması 2 şekil için caiz değildir. 1-Bütün milletler kıyamet gününde eşit ve hatadan masumdurlar. Onlardan kaçması imkansızdır. Tahsisin faydasının iptali oluyor. 2-Böyle olsa şöyle söylenir. Adaletli yapcağız, denirse adaletli yaptık. 2. Ve 3. Kısım isteniledir. 2. Şık (Şekil) 1. Şehitliğin kabulu genelde inançlı olması. Sözünün özetlenmesi olumsuzlaştırılıyor. 2. Delil ise bu Allah'ın (CC) sözünde Bakara 143. "İnsanlara şahitler olmanız için." Adaletle vasıflandırılmasıdır. Ne derece adalet vardır. Söylediklerinin herşeyde kabulü 3. Sorudan cevap çıkıyor. 4. Cevabı ise ayetin tüm ümmetin adaletle vasıflanmasını gösteriyor. Burda söylediklerine adalet tüme veya birer olarak. Fakat bazı bireylerde görüş ayrılığı var. Ayet o zaman delil olarak tüm söylediklerine adil olduklarıdır. İstenen budur. Söyledikleri genelde tahsisten sonra delil kalmaz. Gelecek konularda iptal edilecek. 5. Soru Allah'ın (CC) adil oldukları ihbar edilmiş. Gerçektir. Allah (CC) bilinmeyeni bildiği için. Hakim ise herhangi bir şahısın halinden heberdar ise bu konuda adil olmadığını, adaletli olduğunu haber vermez. 6. Cevap ise aynı konuda adaletle vasıflandırılması tesbit edilirse ihbar edildikleri dini adil olmadıklarını gösterir. İnandıklarını ise doğrudur. İyi olduğunu Allah (CC) katında iyidir. Peygamber (SAV) sözüne dayanarak. "Müslümanların iyi gördükleri Allah katında iyidir." Doğru ise tersi hatadır. Bu da istenilen. 7. Cevab ise ümmetin sözünün yolu, Peygamber (SAV)'e iman edenlere kıyamet gününe kadar olanlara yüklenmez. 1. Ayette olduğu gibi. Peygamber (SAV) zamanında mevcud olanlara da değildir. Çünkü söylediklerine delil olmuyor. Vefatın-dan sonra var olmayışı. Çünkü çoğunun vefat edenler var. Allah'ın (CC) Bakara 143. "Sizin insanlığa şa-hitler olmanız." Belirtilen gibi fayda kalmaz. Yüklenmesi her asrın, ehilinin o asırdan kalanlara yüklenme-lidir. Şahit olduklarının faydasının gerçekleşmesi için, Allah (CC) Ali İmran 110. " Siz, insanların iyiliği için ortaya çıkarılmış, en hayırlı ümmetsiniz, iyiliği emreder, kötülükten men eder ve Allah'a inanırsınız." Burda Elif ve Lam cins ismine girerse genel. Gelecek hakkında. Haberin tasdiğinin icadı her marufun em-redilişi maruf veya inkara yol açar. Bu da inkar olması caiz değildir. Onlardan genellikle hareketin zarure-tinin men edilişidir. Emir değil. İyilik (maruf) olsa tersi inkardır. Şöyle söylenirse istenendir. Bir şeye men ettikleri inkar veya iyi olabilir. Maruf olması caiz değildir. Yoksa emretmiş oluyor. Genelde söylediğimizin zarureti ile onların men edilişi inkar ise tersi maruftur. (iyidir) istenilendir. Söylenirse kabul etmiyoruz. Elif ve Lamı ismin cinsine girerse. Bu tümünü kaplar. Gelecek konular için ayet genel olarak her durumda ma-ruflarda emredilişi, inkardan men edilişi genel değil. Genel olduğunu kabul ettik. Allah'ın (CC) ifadesi -idiniz- geçmişle vasıflandırılmıştır. Bu o durumlardaki vasıflandırılmasını gerektirmez. O halde

79

vasıflan-dırılmamayı göstermiş olabilir. Bilinenin kuralına göre. Yani onların emir ve men ettikleri var olanların a-yetten önce mi sonra mı bilmiyoruz. Önce ise delil oluyor. Sonra ise delil olmuyor. Burda kabul ettik hem geçmiş, hem şimdiki zaman olduğunu. Devamlılığını değil gelecek hakkında idame edilmelerini değil.
Buna dayanarak bu var olanların emrettikleri ve bilinmeyenin durumu itibarı ile delil olarak veya başkaları. Ayetin delilinin bütün zamanlar için olduğunu kabul ettik. Fakat Peygamber (SAV) zamanında var olanların hitabı benzerinin sonraki durumlar hakkında gerektirmiyor. Kabul ettik hepsi ile hitap olduğunu. Şöyle gerektiriyor. Herbirinin bu sıfatla olmasını ve bizi bunun tersinin zaruret olduğunu biliyoruz. Ayetten istenen şey bazı ise o bazının bilinmeyen olduğunu gösterir. Söylediklerine değil. 1. Sualin cevabının üm-met genellerde gelecekte bu ayet nasılsa ümmetin yüceltilmesini gösteriyor. Başka ümmetten ayrı tutul-ması. Ayet bir bazılarından yüklenmişse tahsisin faydası iptal edilmiş olur. Çünkü bütün ümmetler iyilikle emrolundular. Mesela peygamberleri iyilikle emrettiler. İzlenmeleri, tabi olmaları, dinlerini yaydılar. İnkar-dan men edildiler. Peygamberlerini tekzip etmeleri yasaklanmış. 2. İse –ken-idi- kelimesi fazla olabilir. Tam olabilir. Zaman işareti olabilir. Fazla ise bir şairin sözünün (Farazdak) gibi nasılsa bir kavmin evlerine misafir oldun, bunlar bizim komşularımız, cömert idiler. (Bu fazla) Burda cömert kelimesi komşulara bir sıafattır. Bu da –idi- iptal edilmesi. Vasıflandırılmasının şimdiki zamanını gösterir. Ümmetin en iyisini belirtmesi Allah (CC) Meryem 19. " ." Tam ise bu olan ve gerçekleşmedir. Haberi olmadan bir isimle yetiniyor. Allah (CC) Bakara 280. "Eğer (borçlu) darlık içinde ise,eli genişleyinceye kadar ona mühlet ver-mek gerekir." Anlamı ise gerçekleşme, hazır olma. Şairin sözü burda kış gelirse ısıtın beni. Çünkü kış ihti-yarı yok ediyor. Ali İmran 110. "Siz insanların iyiliği için ortaya çıkarılmış en hayırlı ümmetsiniz." Bulundunuz. Ümmetin hayırlısının şimdiki zamana uyarlanmasını. Delil olarak o durumda vasıflandırıl-masını o halde, geçmişte değil.zamanı ise bu da tamamlanmamış olur. İsim ve habere muhtaç oluyor. Geçmişe delil olursa Ali İmran 110. "iyiliği emreder, kötülükten men eder ve Alllah'a inanırsınız." Bu da her zaman ve halde olduklarını gerektiriyor. Yüceltilmesinin gösterilmesi daha önceki soruya verilen ceva-bın tekrarı. 3. İse Allah'ın (CC) söylediği burda bir geniş zaman, şimdiki ve geleceğe de geçerli. Bunun içindekinin gerçek olduğu genel olarak sözden ortak ve caizliğin olumsuzlaştırılmasıdır. 4. Böyle kabul edilirse ayet durum itibarı ile sahabenin oybirliği ile delil kabul edilişi, bu yeterlidir. Tartışmanın şekillerin-den birisidir. 5. Hitap ümmetle birlikte ise bu da değildir. Emir ve men edilenlerin tümünün var oluşu bu istenilen. Fertlerdeki delil olmazsa bile. 4. Ayette Allah (CC) Ali İmran 103. "Hep birlikte Allah'ın ipine (İslam'a) sımsıkı yapışın, parçalanmayın." Delillerin şekillendirilmesi ile ayrıldıktan men etmesi ve oybir-birliğinin muhalefetin men edilmesinden başka bir şey yok. Şöyle söylenirse men edilme ibaresi var oluşun kabul edilmeyişidir. Kabul etsek, biz kabul etmiyoruz ki men edilmenin yasaklanışını. Bu daha son-ra açıklanacak. Kabul ettik men edilmenin delilinin yasaklamaya olduğunu. Kabul etmiyoruz. Men edil- menin ayrılıktan (herşeyden) olduğunu. Allah'ın (CC) ipine sımsıkı sarılmanın ayrılığıdır bu. Bu ayette bi-zim değildir. Şöyle bir şey kişi söylerse söylenen kullarına veya kölelerinebu şehre topluca girin ayrıl-layın. Anlaşılan şey şehre girmelerinin, ayrılmadan men edilişidir. Bilinmeyen asıl ehlinin oybirliği ile ka-bul ettiği şey. Allah'ın (CC) ipinin sımsıkı tutulmasında ayrılık ise men edilmemiş oluyor. Kabul ettik men etme her ayrılıkta gelir. Fakat oybirliğinden önceye mahsustur. İctihad edenlerin herbirinin emir alanın zannetiği şeyin izlenmesi ile zan ve görüş ayrı ise (çeşitli) olsa, ayrılık olur. Emredilmiş olur, yasaklanmış olmaz. Genel ise tahsisten sonra delil olmaz gelecek için. Delillerin doğruluğunu kabul ettik. Hitap var o-lanlarla Peygamber (SAV).
Bunların başkalarının onlardan sonraki şeylerden fiile olmak olmuyor. Peygamber (SAV) zamanında var olanların oybirliği delil değil onun zamanında olduğu. Tümünün var oluşunun (vefatından sonra) tahakkuk etmiyor. Oybirliğinin delil olmasının daha önceki ele alınanların kabul edilmesidir. 1. Ve 2. Cevap men e-dilenlerde açıklanacak. 3. Cevap Ali İmran 103. "Allah'ın ipine hep birlikte sımsıkı

yapışın." Allah'ın ipine sımsıkı sarınılmasını Allah emretmiş. Ayrılmayın. Her şeyde ayrılık yasaklanmıştır. Bu dikkate alınmalıdır. Şöyle olurdu. Allah'ın (CC) ipine sımsıkı tutulmasının faydasını teyid, sözünün aslını tesis etmektir. 4.Tak-sisten sonra genellikte delil olarak durumunun beyanı genelliklerde gelecek. Buna göre delil olarak oybir-birliğinden sonra yasaklanmıştır ayrılık. Oybirliği ehlinden sonra var olanların muhalefetinin yasaklanması istenilendir. 5. Emir ve men etme (yasaklama) bütün asırların ehlinin anlamalarına var oluşunu emirlerdeki gibidir. 5 ayette Allah (CC) Nisa 59. " Ey iman edenler, Allah'a itaat edin. Peygambere ve sizden olan ululemre(idarecilere) de itaat edin. Eğer bir hususta anlaşmazlığa düşerseniz –Allah'a ve ahirete gerçekten inanıyorsan z- onu Alllah'a v resulune götürün. (onların talimatına göre halledin.)" burda delillerin şekilleri ayetle. Tartışmanın şartı sünnete ve kitaba dönmesinin gerekliliği, hiçe şart olması şartlanma olmadığında. Tartışma yoksa hükme ittifak etmesi yeter. Kitaptan ve sünnetten oybirliğinin delil olmasından başka bir anlamı yoktur. Şöyle söylenirse bir hükme oybirliği ile karar verilince sünnet ve kitabı vacib olmayışı veya düşürülmesi kitaba ve sünnete göre ona dayanarak veya dayanmayarak. 1. İse Kitap ve sünnet hükümde yeterli. Oybirliğine gerek yok. 2. İse icmanın gerçekleşmesi delil olmadan caiz kılınması imkansızdır. İc-manın doğruluğuna engel oluyor. Nasıl se biz şartın faydasını kabul etmiyoruz Söz ise bu da farzedilen tartışma olursa ictihad edenlerin gecikenleri. Bu da oybirliğinin öncüleridir.
Söyledik oybirliğinin olması için delil olmalı Yalnız delilin kitap ve sünnet olduğunu tasvib etmiyoruz. Söylediklerinin caiz olmasını dayandıkları kıyas ve hüküm çıkarmadır. Sonra beyan edilecektir. Kabul et-sek oybirliğinin delili kitap ve sünnetten meydana gelmesidir. Hiçbir şey delil olarak göstermiyor. Oybirli-ği ehlinden sonrakilerin yeterli olmamasını ona o asırdakinin var olanların yeterliliği, taklid edenlere (oybirliğinin) sünnet ve kitaptan öğrenmesidir. 2. Soru çok sorunludur. Bu ayetlerin tutulmasını bilmesi bu da zanni faydalı olsa kesin faydalı değildir. Bu da kesin mesele söyleyenler delili ise zanni bir emir ile iste-nen faydalı değildir. Doğru olanların görüşlerine zanni ictihadı söyleyenler veya söylemeye kalkışanların görüsleridir. Kitapla ilgili olaylardır. Sünnet ise bu da bunların en yakını oybirliğinin kesin delil olduğunun ispatıdır. Sahabelerin öncüleri rivayetlerini Ömer Bin Mesud gibi, Ebu Saidin El Hudri, Enes Bin Malik, İbn-I Ömer, Ebu Hureyre, Huzeyfe Bin El Yaman v.d. Değişik rivayetleri sözü değişik anlamı bir anlat-mışlar. Bu ümmetin delalet ve hatadan masum olmasını Allah'ın (CC) Resulunün söylediği gibi "Benim ümmetim delalette toplanmaz. Hata ve delalete oybirliği vermez. Allah (CC) ümmetinde hata toplanma-sını istemez. Allah'tan (CC) istediğim ümmetimin üzerinde doğru olmayanların toplanmamasıdır. Bana bunu verdi." "Müslümanların iyi gördüğü Allah (CC) katında iyidir." "Allah (CC) topluluğa oybirliği edenler-ledir." Yani birisi o topluluktan ayrılırsa önemsemez. Cennete mutlu olacakların topluca çalışması lazım. Onların davet ettiği yolun arkasından gidenleri koruyor. "Şeytan tekledir. İki kişiden uzaktır." Hadis "Ümmetimden bir topluluk haklıdır. Allah'a (CC) emir açık oluncaya kadar, o ümmet hakla belirli oluyor-lar. Önemsemiyorlar, itiraz edenlerin zararlarını. Toplumdan çıkan ve ayrılan topluluğun ayrılması (1 karış) boynundan İslam'ın bağını çıkarmasıdır." Hadis "Cemaatten ayrılıp vefat edenler, cahiliyye vefatı olur." Cemaatin çoğunu tavsiye ediyor. "Yani benim ümmetim 70'den fazla fırkaya ayrılacak. Hepsi cehenneme girecek birisi hariç. O hangisi diye sormuşlar. O cemaattir demiştir." Sayılmayacak kadar hadis var. Bilinen ve meşhur olanlar sahabeler arasında uygulanıyor. Kimse inkar etmiyor. Dikkate alınıyor. Söylenirse hepsi-nin birer haber olduğu. Tevatür yerine olamıyor. Yakine fayda olmuyor. Tevatürü kabul etsek ihtimal ola-rak hata ve delaletten istenen onların hepsinin küfürden masum olması şüphe ile teville değildir. İhtimal olarak hatadan masum olduklarını ahirette şahitleri veya nasla teyid etmesini veya akli delille teyidi. İcti-hadla olmayanları kabul ettik. Bu delillerin masum olduklarını (hatadan) ihtimal olarak ümmetten istenen ona iman edenler kıyamete kadar aslının ehlinin tümü ümmet değil. Onlara hata ve delaletin olmasını ge-rektirmez. Bunları kabul ettik. Hata ve delaletin faydalanmanın oybirliği ile asıllarından herbirinde. İctihad edenlerin delili olarak muhalefet etmesi caiz değildir. Çünkü ictihad eden her kişi bu

delillerden ayrıntı ile doğrunun, gerçekleşmesinin doğruluğuna isabet edenlerden birisinin başkasını izlemesini gerektirmiyor. Kabul ettik, söylediğiniz oybirliğinin delil olarak, delil olmayanlarına itirazları gösterenlerin delil olmadı-ğını. Delil olmayanların delil ise 1. Ayette makul, ihbar ve ayetten oluyor. 1. Sualin cevabı 2 şıktan : 1.Haberlerden her birisinin; haber tek ise, yalanlama caizliği olabilir. Fakat her akıl kendiliğinden ilmi za-ruretin topluca gerekliliği masum olmasını istedi. Zaruret itibarı ile bir Hatimin cömertliği, Ali Ranh. Yiğitilği, Ebu Hanife, Malik, Şafii'nin fakihleri, Peygamber (SAV) Hz. Aişe'ye meylinin diğer eşlerini (ihbarla) nazaran. Siz birerlere birerdir. (Bu da tevatürdür.) diye söylemiş. Tekilleri tektir. 2. Şekil ise bu hadisler sahabeler arasında meşhur bir zahire yani devam eden bir olaydır. Ondan sonraki bunların tutulma-sı ve izlenmesini, uyulmasını onlar aralarında oybirliğinin ispatı sorun olmadan inkar etmeden bu muhalif-lerin oluncaya kadar, adetse, büyük topluluğun toplanmasını ve çoğunluğun imkansızlığını zamanın tekrarı bakımından, dertlerinin çeşitleri, davet ve mezheplerin çeşitleri, aslı olmayanların delille gösterilmesinin, dini usullerin dini asıllardan bir asılın ispatı. Bu da oybirliğinin kitaba ve sünnete iptal edilmesini, inkar edilmesini herhangi bir kişinin dikkati olmadan oluyor. İhtimal olarak söylenirse, birisinin haberlerini inkar edip bize nakil edilmemesini. Bu ihtimalle kesinlik yoktur. Söyledikleri sahabeye tabi olanları oybirliği ile delil göstermişler. Bunu kabul etmiyoruz. Engel nedir? Oybirliğinin delilinin bu hadisle değil de başkala-rıyla. Kabul ettiğimiz kendileriyle delil göstermeleri. Bir roldur. Hadislere delil getirilmesi oybirliğinin ve delil getirme bu hadislerin doğruluğu hakkında görüş birliği vardır. Sizin söyledikleriniz doğruluğuna delil getirmeleri inkar etmeden bu da itiraz. Doğru olmadığının belirtisidir. Doğru olduğu bilinmiş olsa idi, gerektirenin tanınması için yüce aslının inşa edilmesidir. Alışkanlık veya adeti, sahabelerin bilmemesini, bildirmeleri imkansızlaşıyor. Bildirmemelerdir. Doğruluk yolları şüpheye yer vermemek için. 1. Cevabı söylüyoruz ki, oybirliği icma ise dinin esaslarının en yücesidir. Bu da var olan delili getirmelerine, inkar ise bunların aralarında meşhur olur. Ayrılık büyük olur. Meşhur olanların görüş ayrılığı gibi başkalarının dallandırmasıdır. Ceninin diyetinin ihtilafı gibi. Söyledikleri sen günah yapmışsın gibi. İçkinin sınırı, kardeşlik ve ataların meseleleri ve diğerleri. Böyle olsaydı adet nakledilmesi imkansızdı. Naklinin daha öncelikli, ihtilaf edilenin nakli diğer dallardaki meselelerle nakledilmesi, daha öncelikli. Düzenin terkinin nakledil-mesi burada, gizlemesi ile ve söylemenin itibar edilmemesi veya az olmasıdır. 2. Cevabı ise belirli olan-ların sahabenin ve ona tabi olanların delillerine uyulması bu haberlerle tehdit gösterilmesini cemaate muhalif olan ve onlardan çıkmasını ayıklar,meneder, cezalandırır. Belirgin bir şeylerin şüphesi yok. 3. Soru Bu delil getirmenin haberlerin doğruluğu için icma ile değil. Alışkanlıkla imkansızlaştırılması sonucu delil getirmek (doğru olmayanın) hükümlerin dallarının büyüğünde adeti delil getirmek oybirliğini delil getir-mek değil, ayrıdır. Bu da adetle delil getirmesi bu Kur'an'a itiraz edenin var olmasının davetinin imkansız-laşması ve delil var olması. Safa namazı ve Şevalde oruç tutulması ve diğeri. 4.cevabı: İhtimal olarak saha-beden zeki-edilen haberlerin doğru olduğunu bilmiş olmaları ilime faydalanmış olduğunu. Ümmetin ismeti ile günaha düşmeyen sıfatı ile açık bir anlatım değildir. Fakat işaretlerle ve ipuçlarıyla gösteriyor. Nakletmesinin yolları olmuyor. Nakledilmiş olsa tevil ve ihtimale maruz kalırdı. Bu da tabi olanların bildiklerini,bildirme ile yeterli kılmaları alışkanlık itimadı gösteriyor. Çünkü asıl olmayanların usullerinin büyüğünde söyledikleri ihtimal olarak onlardan hata ve dalalet, men etmesi küfür anlamıyla söyledik. Bu haberleri öğrendiğimiz ümmetin büyütüp şanının yüceltilmesi nimet ve iyiliktir. Bunlara küf-rün yüklenmesinin yasaklanması. Özel olarak ihtisasların faydalarının iptali. Bunların katılımı (teklerden bazılarının) ümmete. Bu konuda şöyle doğru olabilir. İstenilen günaha düşmeyen sıfat, iffetten masum edil-meyenlerin tekinin hata çeşitlerinden yalan v.s. tevillerden geriye kalanlar batıldır. Haberlerin faydası ise ümmetin izlenmeleri gerekliliğidir. Ve ona teşvik etmek, muhalefetinden men edilmesi. Bu bütün hatanın çeşitlerine yüklenmiş olması. Bazılarına yakın belirli olmayanlar bu haberlerin sözleri onların izlenmeleri-nin gerekliliğinin yasaklanması belirli değildir. Bu da ümmetin faydasının tahsisini iptal etmiş olacaktı. Be-lirlenenin büyütülmesinin gayesi insanlardan birinin işitirak etmesini, hata çeşitlerinden bazılarının men edilişi daha önce belirtildiği gibidir. 3. Sual cevabı daha önceki meselelerde olduğu gibi. 4. Cevap bunların hatanın icmadan faydalanmasını onu kesinlikle üstüne gidemezler. Muhalif edenler ise kesinlikle hatalı du-ruma düşer. Burda hata yapanın (kesinlikle) din durumlarını, onun bilinmesi ise, bidat ve günah işlemektir. Bu da oybirliğinin delil olmasından başka bir anlamı olmadığını durum itibarıyla gösterir. Nasılsa bu hata-nın faydası tesbit edilmişse oybirliği ehlinin gittiği yol, oybirliği ile izlenmenin gerekli olduğu vacibtir. Onlardan hatanın men edilişi ve nakli itirazlarda meselenin başlangıcında açıklandığı gibi. Kabul edilebilir ise insanların çoğu her asrın ehli, bir olayın hükmünde oybirliği ve kesin gayretleri varsa adet ise kesin gayretin hükmü onlar gibi ve kesin bir dayanak olmadığını. Kesin bir dayanağın olmadığını, hatanın dikka-te alınmaması (onlardan birinin) kesin olmayanla olur. Bunun için her asrın ehlinin bulduk, bunlara muhalif olanların hata yapması daha önceki oybirliği itibarı ile. Bu da kesin bir delile dayanmasa idi o zaman ade-ten oybirliğinin imkansızlaşması kesin olarak muhaliflerinin yalanlanmasının onlardan hiçbirinin hakka vakıf olmaz. Bu manevi yolları izleyenler, oybirliğinin toplamak için ordaki taplananın sayısının tevatür sayısından eksik olmamalı, görünmeli. Oybirliğinin ise, delilin hal ehlinin oybirliği ve müslümanlardan bir kısmının olmaması, fakat genelde oybirliği ile tevatür adedinin sayısına ulaşan oybirliği olur. Müslüman olmamaları ise hal ehlinin ve çağ ehlinden ziyade. Şiiler itiraz etmişler. Delil olarak icmanın doruğu her a-sır, bir masum imam olması daha önce söylediğimiz (Ebkar- El Efkar) gibi kuralları orada açıklandı. Hal ehlinin ve sözleşme (akid) ehli, asır ehlinden oybirliği ile bir hükme veya olaya, masum imam olması ge-rekliliği, bu durum itibarı ile bilim adamlarının efendisi yoksa oybirliği olmazdı. Hal ehlinin tümünü, akid ehlinin tümünden olmuyor. Bu da farzın tersidir. Böyle olursa masum imamın söylediği hakdan başka bir şey değildir. Onları teyid edenlerin söylemleri de aynıdır. Kesin olarak olanları teyid ettikleri için, kesin olana muhalefet eden hatalıdır. Değeri yoktur. Şöyle söylenmesi lazım. 1. Delil adet ise hatayı çoğu, insanların çoğuna yüklemiyor. Zannettikleri kesin olarak değildir. Bunun için Yahudi ve Hristiyanların sa-yısı tevatür sayısından çok çıktığı için. Bu da oybirliği ile Peygamber (SAV)'in yalanlanması,onu inkarı kararını vermişlerdir. Bu da ancak zandaki hata yapmaları, kesin kesin olmayandır. Özetle, onlara hatanın yapılmasının imkansızlığı, onların gittiği yolun imkansızlığı söylenmesidir veya söylenmemesidir. 1. İse onlara göre (söylenmeli) gerçek bir nebi olması gerekmiyor onu yalanladıkları için. 2. Söylenmemeli ise gerçek olan istenen budur. Şöyle söylenirse söyledikleriniz adetle tutulmasının iptali size gerektirmiyor Delil olarak sünnetin oybirliğinin delili olduğu itibarı ile oluşanların delille meyili (alışkanlığa doğru) söy-lediklerinizi iptal ediyor. Söyledik bu adetlerden tuttuğumuz şey burda ümmetin ittifakının kat'I (kesin) da-yanağa ihale etmesi haberlere bu haberlerin ilim dayanak oluyor. Delili ise hissi işitmeler veya hallerin ipuçları imkansızlaşanlar yanlış (adette) . kesin olanı, kati olmayanları zannedilmemesi. Bu görüş itibarı ile. Yolları çeşitlidir. Mahsus değil. Hissi değil. İlim dayanak olarak hallerin ipuçları iki yola ayrılmış. Fakat Şiilerin delili ise ipuçları her asırda masum imamın var olmasını iptal ettik. Kesin itirazlarla burda sorunların-da vefa yönünde layıktır. Yerini imamlıktan. (İlmül Kelam'a başvurunuz.)

4. Mesele: Söyleyenlerin oybirliği ile icmanın delil olduğu. Bunların dini dışında tarif edenler veya ayrılıkta olanlar değil. Dinin ehlinin oybirliği etmesi kıyamet gününe kadar şartlı değildir. 1. Oybirliğinin tanımı delil olarak işitme delilerli ile daha önce söylenen gibi. Ayrılığın oybirliğinde din ehlinin olmayan-ların hiçbir delili yok. Bu o din ehlinin ismeti (iyiliği) ile oluyor. Kafir olanların söylediği makbul değildir. Söyledikleri önemli değil, dini delilin ispatı veya iptali,hakkında oybirliğinin onunsuz olması mu-halefete itibar edilmemesi. 2. İcma dini delil dini hükümlere onunla varılması şöyle olsa, oybirliğinin bütün din ehlinin kıyamet gününe kadar itibar görmesi onunla delil getirilmesi mümkün olmuyor. Kıyamet gü-nünden önce burda toplamanın tamamlanmasının olmayışı. Kıyamet gününden ise istenilen yok.

5. Mesele: Çoğunun görüşünün itibarı yok. Cahilin teyidinin din ehlinin oybirliğinin toplanması veya muhalefet etmesinde. Bu az olanlara ise itibar edilmesine Kadı Ebu Bekr meyletmiş. Bu doğru, seçilen. Ümmetin söyleyişi delil olarak hatadan masum olmaları daha önceki işitme delilinin gösterdiği gibi bu da yasaklama olmuyor. Günah işlememeye, iyiliğe. Yani toplumsal heyetin sıfaklanmasını engel olmuyor ge-nel veya özel olarak olmasına. Böyle olursa sabit olan günah işlememenin tümüne sabit olmasını gerektir-miyor. Sabit hüküm, toplumun tümüne, fertlere sabit olması gerektirmiyor. Şöyle söylenirse gösterilen hususlarda ümmetin iyiliği iffeti, hal ehlinden başkalarından değil, tahsis gerekliliği 6 şekilde oluyor.

1- Okuma yazma bilmeyene, alimlerin sözlerini oybirliği ile ona gerekli olduğunu, başka bir duruma intikal etmek için muhalefeti ise itibar edilmiyor. İçindeki taklid etmesi gerekliliği.

13- Ümmet ise söylediklerini delil getirmeye dayanak delil olursa. Çünkü hükümlerin ispatı delil olma-dan imkansızdır. çünkü okuma yazma bilmeyenin delil getirmeye ve gözleme ehli olmadığıdır. Çünkü söylediği itibar görmez. Çocuk ve deli gibi.

14- Dinde okuma yazma bilmeyenin söylemi delil getirmeden, kesin bir hatadır. Kesin hata teyid edil-mesinin etkisi veya ayrılığı yoktur.

15- Sahabelerden 1. Asrın ehli, alimleri ve halk oybirliği ile itibarlı değildir. Okuma yazma bilmeyenle-ri, bir şeyi teyid etmesi veya muhalefet etmesi itibarlı değildir.

16- Ümmetin iyi dedikleri, hatadan masum oldukları, dini hükümlerin ispatı delil veya delil getirmeden yanlıştır. Okuma yazma bilmeyenin, delil getirme ehli olmamasıdır. Delil getirmenin doğru olduğunu onun hakkında düşünülmesi mümkün değildir.

17- Okuma yazma bilmeyenin doğruluğu düşünülemez. Delil getirmeden söylediği hükmün masum olduğu düşünülemez. Çünkü ismet (iffet) doğruluğu gerektiriyor. 1. Şekle cevap; okuma yazma bilmeyen-ler, alimlerin söylemlerine dönmesi gerekli ise, demek değil ki alimlerin söylemleri o olmadan başkalarına kesin delil, ondan sonraki ictihad edenler, ondan şartına bağlı. Bu da şart olmadan onların fetva verdikleri konular izlemeleri vacib bir şart olmayışı bile.

26- Oybirliği ile delil getirmenin gerekli olduğu, delil getirme ehlinden veya mutlak. 1. Doğru 2. Yasak. Buna göre okuma yazma bilmeyenlerin delil getiren alimleri teyid etmesinin yasaklanmamasıdır. Oybirliği-nin delil olarak şartı ile. Okuma yazma bilmeyen delil getiremiyorsa delil ve çocukların teyid etmesinin şartlanmaması gerekir. Bu da okuma yazma bilmeyenlerin teyidinin de şartlanmayışıdır. Onların arasındaki genel olarak okuma yazma bilmeyenler hakkında yakınlığı, teklife gerekli olup, çocuk ve deliler hakkında bu teklif daha sonra men ediliyor.

27- Okuma yazma bilmeyenin dinde delil getirmeden söylemi yanlıştır. Alimlerin söylediklerinin teyid etmesini engel değil. Başkalarının delil getirmelerine şartıdır.

28- Bu da delil olmayan bir davettir.

29- Okuma yazma bilmeyen, ictihad ehlinden olmayışı. Burda delil getirmeden teyid etmesi oybirliğinin delil olarak şartıdır.

30- Okuma yazma bilmeyenin (cahil) bu hükme tek başına vardı ise, onların doğruluğu düşünülemez. Engel nedir? Doğruluk veya teyidinin muvafakatının. Şüphesiz alimlerin teyid edilmesi ile doğru bir şey yapmış olur. Buna göre onu teyid etmesi şart olarak oybirlğinin delil olarak kılınması caizdir. Daha önce söylediğimiz gibi. Özet olarak bu mesele ictihadi bir meseledir. Oybirliğinin ayrıca delil olarak getirilmesi halkın girişimi ile kesindir. Onlar olmadan şüpheli oluyor. Buna göre bu halkın oybirliği ile girişimini söy-leyenler aynı zamanda hafız, fakih, hükümlerin dallarına girmiş olduğunu söylemiş oldular. Usulü olmu-yorsa fakih olmayanın usulünün girmesi ile 1. Yolu olur. Bunlar arasında vehalk arasında uzaklık olur. Ehillerde uzaklık. Gözlem doğruluk. Birisi hükümlerde, birisi usullerdedir. Şöyle söyleyen, halkın hükmü yoktur. Halkın hükmünün giriş yeri yoktur. Oybirliğinde ile söylenen budur. Usul ve fakih adamları ayrılı-ğa düşmüşler. Olumlu veya olumsuz olduğu hakkında. Bu da ispat edenlerin gözlemle ehilliğin içeriği cahillerden olmadığının ve ümmetin sözüne genelde girilmesini daha önce söylediğimiz hadisler gibi, ya-saklayanlar ise burda olaya şöyle bakmışlar. Ehliliğin (itibar edene) olmadığını, hal ehli ve akid ehlinin ic-tihad edenlerden. Bu Şafii,Ebu Hanife, Malik, Ahmed Bin Hanbel gibi v.b. Bazıları usul ve fakih arasında ayrım yapmışlar. Görüş ayrılığına düşmüşler. Onlardan fakihin söylemi (usulü olmayan) ne önem ver-miştir. Usulünün söyleminin (fakih olmayan) iptali vardır. Bazıları da tam tersini söylemiş. Usulün söy-lemine önem verip fakihi dışlamış. Çünkü ictihadın gayesine daha yakın olduğu için. Hükümlerinin idraki-ne bilgi sahibi çeşitli kesimleri de delillerin kalitesi ve yeteneği, hükümlerin elde edilmesini, akıl alabilir, bilinen ve söyleyenlerin gerçek yerlerinde niteliği bu fakihin tersidir. Fakihin ve usul ehlinin söylemlerine itibar edenler ictihad mertebesine ulaşanların mertebesine de önem vermişler. Fetva ile birinci yolda meş-hur olmasa bile. Ör. Vasibin Ata gibi v.b. İhtilaf vardır. (ayrılık) İzlenen şey ise ictihad edenlerin zannı olanlardır.

6. Mesele: Mutlak ictihad eden bidat sahibi olanlardan ise o bidatına ya küfür etmeyecek veya küfr ede-cek. 1. İse oybirliğinin gerçekleştirmesinde bir görüş birliğine varıldı. Ayrılığını men veya ispat amacıyla. Onlardan bazıları şöyle söylemiş. Kendisine oybirliği olmaz. Başkalarına olur. Onun düşmanı olanına oybirliği ile muhalefet etmesi caiz kılınmasıdır. Başkalarına caiz değil. Seçileni o olmadan oybirliği ger-leşmez. Durum itiban ile hal ve akid ehlinden olduğu için. Çünkü masum ümmetin sözünün anlamına gir-miştir. Gayesi ise günakar olduğunu, günahkarlığı ise ictihad ehlini tereddüde düşürmez. Durumu belirli olanı ictihadından haber vermesi doğruluk, ictihad edenlerin haberi bildirmesi gibi. Nasılsa günahkarın söylediğinin doğru olduğunun bilinmesi hallerin ipucuyla oluyor. Dil sürçmesinin ve araştırmalarında doğ-ru söyleciği bilinirse ictihad iken bu da diğer ictihad eden gibi olurdu. Şöyle söylenirse günahkar ise bu da kafir olan ve çocuk olanın gibidir. Fetva verdiğinin taklidi caiz değildir. Muhalefete edilmesine itibar edil-memesini, çocuk gibi muamele görmesini söyledik. İhbar ettiği şeyin hakkında söylemleri kabul edili-yor. Kendisi günahkarlığından bilgi sahibi olsa, başka bir söze anlam vermiyoruz. Verdiği fetvanın kabul edilmemesini. Onda doğruluğun belirlenenlere göre. Çocuk ise burda söylemlerine itibar edilmiyor ehil olmadığı için. Bizdeki görüşün tersidir.

23. Ayrılık yok. Oybirliğine dahil olup olmadığı. Masum olan ümmetinin isimlendirilmesi dahil değildir. Kendiside nefsinin küfrünü bilmiyorsa bunun için yan meselelerde muhalif olursa. Israr ederse muhalefette bidatından tövbe edene kadar. Muhalefete iz yoktur. Çünkü bütün İslam ümmetinin oybirliği ile gerçekleş-tirilen akid müslüman olmadan önceki koşan kişilerin görüşüne göre, oybirliği aslının tükenmesi iledir. Ba-zı fakihlerin oybirliği ile çalışmasını terk ederlerse bu da hilafı, bidata düşen, tersine özürdür. Bidatı bilin-memişse ayrılığı dikkate alınmaz. Hakim şöyle uygulanırsa yalancı şahitin şahitliğini uygularsa, yalanını bilmiyorsa, bidatı bilmişse oybirliğine ayrı düşse, bilmiyor bidat küfre düşürür. Bu mazur görülmez. Araş-tırması, inceleme ihmali vardır. Bu sorular usul ve dallarının alimleri anlayanların küfre sürükleyen ve iman delillerini anlayanlar o alime delil olarak gerçekleşmesine kadar. Ehil sahibi ve anlayış kapasitesi varsa. Yoksa onları taklid eder, küfre sürüklemenin ihbar ettikleri küfre sürükleme bidattan küfre sürükleyen nedir? Bunu uzun konuştuk. Nehl vel minel mezheblerinde Ebkar El Efkar ve ona başvurmak lazım.

7. Mesele: Oybirliği söyleyenlerin çoğunun gittikleri bu delili olan oybirliğinin sahabenin oybirliğine ait değildir. Fakat her asırın ehlinin oybirliği delildir. Tam tersi Şia ve (Davut'a ait) ve belirli ehilden bir de Ahmed Bin Hanbel ve iki rivayet alınan birisinde. 1. İse seçilendir. Gösteriyor ki oybirliğinin delil olarak çıkmıyor. Söylediğimiz kitap, sünnet ve makul de her birinde ayrılmıyor. Asrın ehli başka bir asrın ehlin-den. Bütün ehil olanlara her asıra fiile alınıyor. Bu da sahabenin asrının ehline fiile aldığı gibi. Oybirliğinin her asırda delil olduğudur. Şöyle söylenirse icmanın delil olduğu ve bu delil ayetten ve söylenen haberlerin dışına çıkmayan bir delil olduğu Ali İmran 110. "Siz insanların iyiliği için ortaya çıkarılmış en hayırlı üm-metsiniz." Bakara 143. " İşte böylece sizin insanlığa şahitler olmanız için sizi mutedil bir millet kıldık." Nisa 115. "Kim müminlerin yolundan başka bir yola girerse." Haberlerden

ümmetinin masum olduğuna ait Peygamber (SAV) zamanında var olmaları, bütün ümmet ve müminlerin tümü diyor. Hitap yalnız onlar için değil. Daha önceki müminler içinde aynı sınıflandırmaya tabi oldukları için . sonra olmayanlar bir hük-me oybirliği yapıyorlarsa onların mümin ve ümmetin tümünü değil. Hitap onlara yalnız değildir. Daha ön-ceki müminlerin aynı vasıfla vasıflandırıldıkları için geçerlidir. Var oldukları müddetçe ve de vefat ettikle-rinde ümmetlikten çıkmazlar. Sahabelerden birisinin hüküm vermişse, bu tabi olanların oybirliği ayrılığına yani tersine ise. Onların oybirliğine sözleşme olamaz. Burda vefatı ile müminlikten çıkmışsa böyle olamaz. Tabi olanların müminlerin veya ümmetin tümü olmaması halinde, ittifak ettikleri şey. Bütün ümmetin söy-lemi olamaz. Delil olamaz. Daha önce söylenen var olursa veya olmazsa. Onlara muhalif olan bütün ümmete muhalif olmuş olmaz. Bu tehdit ve yermeyi hak etmemiş olur. Kabul ettik ayetin delili ve ihbarını. Sahabeden son-rakinin oybirliğinin sözleşmesinin delil olduğunu. Fakat itiraz oluyor. Çünkü olmadığını gösteriyor. Beyan etmesi 6 şekilde oluyor.

1- Tabi olanların oybirliğinin delil olması gerekli. O delil ise nas, icma, kıyaz olabilir. İcma ise burda hüküm sahabenin oybirliğine tabilikte değil, sabittir. Kıyas ise teyid edilmesi bütün tabi olanların oybirliği-ni gerektiriyor. Oybirliğine olması lazım. Böyle değil. Çünkü burda ayrılık var. bu durumda onlar arasında görüş ayrılığı var. Nas ise sahabenin bilmesinin zorunlu olduğu, çünkü tabi olanların bilmesi ancak sahabe yönüyle oluyor. Delil olsaydı tutulması mümkün olan bir hükmün ispatı için, sahabenin terkinin veya ihma-li düşünülemez.

2- Asıl ise bir kişinin söylemlerine dönülmez. Sadık olan ve mucize ile teyid edilmesi. Çünkü onun karşıtı doğru söylememesi. Yanlış söylüyor. Peygamber (SAV) hadisi ile sahabelerine takdir edip bağrına basmasını "Arkadaşlarım yıldızlar gibi. Kimi tutarsanız (örnek alıp) hidayete eresiniz." Pey-gamber (SAV) "Sünnetimi ve benden sonraki Halife'I Reşidin sünnetine tutunun." Asırların ehlinin (geci-ken) gelmesini hadiste "Yalanı yayarlar" "Adam sabaha mümin, akşama kafir. Onlardan birisi yemin edi-yor. Bilmediği hakkında yemin ediyor. Şahit gösterilmediği halde şahitlik yapıyor. İnsanlar kurtlar gibi oluyor." v.b. şeyleri söylemişti. Yermenin çeşitleri. Delilleri ancak sahabenin oybirliği vacib oluyor. Başkalarının değil.

3- Oybirliğine delil şöyle uygulanıyor. Gözetimin sonunda söylemlerine herbirinin hal ehli ve akid ehlinin söylemlerine bakmak lazım. Kendini tanıması lazım. Bu da sahabenin hakkında düşünülebilir. Hal ve akid ehlinin tanınmış ve meşhur olduklarını bir devlette az oldukları için, toplanmaları tabi olanların tersidir. Daha fazla oldukları, uzak memleketlerde yayılmış olmalarıdır.

4- Sahabeden oybirliğinin her meselesinin oybirliği ile alınmamış, içinde kesin bir nas yoksa ictihad caiz-liği vardır. Bu da oybirliği sahabeden bir nas yoksa ictihad caizliği vardır. Bu da oybirliği sahabeden olma-mışsa kesin nas da yoksa, sahabenin yolunun terki ve ihmalinin doğru olmayışıdır. Mesele oybirliği ile on-lardan caiz olduğu oluyor. Tabi olanların oybirliği ile o meseleye hüküm vermesi ise o meselenin başkala-rının ictihadını yasaklasak. O zaman sahabenin oybirliğini delmiş oluruz. Caiz kılsak da tabi olanların oy-birliğine delil olmuyor. Bu istenilen.

5- Ümmetten bilinmeyen bir kişi olsaydı o meselede söylemi olumlu veya olumsuzluğu göstermiyorsa o meselede onunsuz oybirliğinin sözleşmesi olamaz. Hazır olsaydı (bilinen) o meselede söylemi olurdu. Bu da vefat edenin tabi olanlardan önce böyledir.

6-Sahabelerden birisi muhalif olsa bunlara tabi onların oybirliğinin sözleşmesi olmaz. Bir de ayrık olan-ların naklinin olmaması oybirliğinin sözleşmesi olamaz. Çünkü ihtimal olarak öncekilere muhalif olan bir kişinin muhalefeti nakledilmediği için. Yani ihtimal olarak yüklenmişse oybirliğinin yakını olmuyor.
1. Sualin cevabı. Ayetlerde söyledikleri var olanla hitaptır. Peygamber (SAV) zamanında sahabenin oybirli-birliğinin sözleşmesi olmaz. Var olan bir kişinin vefatından sonra. Bu ayet indirildikten sonra oybirliğinin bütün muhatabının oybirliği değildir. İndirilen zamanda. Bu da sayılmıyor. İndirildikten sonra oybirliği delildir. Söylediğimiz şey oybirliği sahabelerden kalanların Peygamber (SAV)'den sonra

oybirliği delildir. Söyledikleri tabi olanların bütün ümmet değil, müminlerin tümü değil. Şöyle Peygamber (SAV)'in vefatın-dan sonra kalan sahabenin oybirliğinin sözleşmesi olmaz. Çünkü sahabeden veya Peygamber (SAV) zama-nında şehit düşenler bu adlandırmaya dahildir. Müminlerin ve ümmetle adlandırılmasına dahil. Bu tam tersinin üstünde durulan şeylerin oybirliğinin söyleyenler arasındaki oybirliğinde böyle değildir. Geçmiş zamanın içindeki söylem itibar edilmiyorsa geleceğin bekleneni değildir. Buna göre şöyle söylüyoruz. Sahabelerden birisinin mesele hakkında bir hükme varması sonucu ölmesi, ona tabi olanlar oybirliği ile o mesele hakkında tersine karar verirlerse. Bu konuda usullerden bazıları tabi olanların oybirliğine sözleşme olur. Geçmiştekine itibar yoktur. Bu da doğru değildir. Sahabelerin bu hükme varması sonunda vefatı ise tabi olanların oybirliği geçmişin oybirliğinin tersine ise akid olunması olur. İmkansızdır bu. Oybirliğine muhaliftir. Bunu söyleyenler. Gerçek şöyle olur. Sahabelerden birisinin herhangi bir hüküm vermesi, ona tabi olanlar tam aksi bir hüküm verirse, tabi olanların hükmü bütün ümmetin hükmü değildir o meselede. Onların hükümleri sahabenin hükmüne ters düşmezse bütün ümmetin tümünün hükmü oluyor. (itibar edilen ümmetin) sahabeden biri fetva vermişse sonra ölürse, diğer sahabenin oybirliği hilafına onların icmaları oybirliğine sözleşme olmaz. Onların oybirliğine sözleşme olması ölürse muhalif olmadan, 1. De verdikleri hüküm ümmetin tümünün hükmüdür. 2.nin tersidir. 1. Ye itirazın cevabı. Tabi olanların delili sahabeye malum olursa hükmünün gerçekleşmesinin sahabenin zamanında olmamış. Bu onun hükmüne maruz kalmamış tabi olanların zamanında gerçekleşmiştir. Bunun hükümlerinin ispatı için maruz kalmışlar. Bulunan delillerin sahabeye malum olanlar idi. 2. İse delillerin oybirliğinin delili olduğunu, gösteren delil-ler burda herhangi bir asrın ehlini veya başkasını ayırd etmiyor. Peygamber (SAV) hadisine göre "Sahabe-lerimiz yıldızlarımız gibidir. Kime tutarsanız, örnek alırsanız hidayete erersiniz." Bu göstermiyor. Başkala-rından hidayete erilmeyeceğini göstermez. Lakab bilinenin anlamasının yolu ile terk gelecek konularda açıklanacak. Peygamber (SAV) başka bir hadisi "Benden sonraki halifeleri Hz. Ebu Bekr, Hz. Ömer'I tutun.' Nasıl? Şöyle gösteriyor ki Hz. Ebu Bekr ve Hz. Ömer'in oybirliği diğerlerinin muhalefetleriyle kesin delildir. Sahabenin oybirliğinin tersidir. Söyledikleri geciken asırların ehlinin yerilmesini söyledik. Gayesi ise fesadın ortaya çıkması, yalanın yenmesini önlemektir. Bu da içindeki her asrın olmayanı onun söylediğinin delili alınması, o asrın ehli ittifak ederlerse bir hükme o hükmün hata yapmasında masum değiller.

24. ise daha önceki meselede vakıf olunup, düşünülmesi oybirliğinde bilmeleridir.

25. Oybirliği sahabenin ittifakı ile mutlak hilafını caiz kılmaları düşürülmüyor. O meselede tabi olanla-rın icmanın sözleşmesinin bir hükümde düşünülmüyor. Buna itiraz oluyor. İki kesim arasındaki oybirliği-nin olmayışının şartı ile. Burda çelişki yok.

26. Burda çelişkilidir. 1.ile çelişkili. Sahabeden birisi ölmüş ise sözleşme olur. Onunsuz akdolunur. Gaib (bilinmeyen) olsaydı akdolunmazdı. Böyle olursa bilinmeyen hazır olmayan o halde ona bir söylemin hakkı hüküm verilmesi, teyid edilmesi, muhalif olmasının vefat edenin tersinedir.

27. Batıldır. Sahabeden 1. Vefat edenle ihtimal olarak muhalif olur. Muhalefeti nakil edilmemiş. Buna rağmen sonraki sahabelerin kalanlarının oybirliğini akdolunması. Gözetimde bu gibi ihtimallere (uzak olan) bakmak dikkat edilmesi değildir. Yoksa sahabelerin oybirliğinin akdolunması ihtimal olarak onlardan birisini muvafakat gösterilmesi. Fakat muhalifliğin herhangi bir durum için gizlenmesi. İbn-i Abbas'tan naklidildiği gibi. Hz. Ömer'e muvafakat etmiş bir meselede sonra (el avl meselesi) inkar etmiş.

8.Mesele: Çoğulun oybirliğinin akdolunmasında görüş ayrılığına düşmüşler. Az olanlar ile de görü= ayrılığına düşmüşler. Çoğunun gittiği bu oybirliğinin akdolamaz. Muhammed Bin Cerir Et Taberi ve Ebu Bekr Razi, Ebul Hüseyn Hayyat, Mutezilerden. Ahmet Bin Hanbel'den iki rivayetten birisi. Bunların akdolunmasını bildirirler. Bir de başka bir millet de az olanlarının sayısı tevatür sayısına ona ulaşma ol-madan oybirliği olmaz. Sayıları varsa Ebu Abdullah El Cercani der ki "Yani cemaat ictihad caizliğine mu-halif olan mezhepte varılmışsa." Tersi ise sayılmış oluyor. İbn Abbas'ın hilafı gibi (el avl meselesi) cemaatin onu inkar ettiği İbn Abbas'ın hilafı gibi yasaklama, Muta'da onun hilafıdır. (tersi) men etme. Fazlanın faizinin yasaklanmasını engellemiş. (ibn Abbas) Bunun tersi sayılmamış. Bazılarından şöyle. Çoğunun söylemi delil olur. Oybirliği ile değil. Bazılarıda dedi ki: Çoğunluğun izlenimi önceliklidir. Ayrı-lık bile olsa. Seçilen ise çoğunun mezhebidir. İki tane emir ile gösteriliyor. 1. İcmanın delil olduğunun, tesbitini ve tutulmasını sünnetle, ihbarlarla masum ümmetinin olduğunu gösteriyor. Daha önce söylediği-miz gibi. Bunun için ümmet sözü ihbarda ihtimal olarak bütün var olanları anlatmak istemektedir. Müslü-manlardan herhangi bir asırda. İhtimal olarak bu çoğu istemektedir. Şöyle söyleniyordu. Tamim ailesi komşuları koruyorlar. Misafire ikram ediyorlar. Bu istenen şey. Onlardan çoğu istenmektedir. Tümüne yüklenmesini oybirliğine çalışılması gereklği kesin olarak, çoğunun tümüne girmesi dahil olması. Bu da böyle değildir. Çoğa yüklenirse. Bu da oybirliği onunla kesin değil. İhtimal olarak hepsinin iradesi çoğu hepsi değildir. 2. Böyle bir şey sahabe zamanında olmuştur. Bu da inkar edilmemiş. Birisinin tersine fakat ona ictahad caiz olduğunu, gittiğini şeylerin çoğunun muhalefeti ile. Çoğunun oybirliğinin gerekli bir delil diğerlerine olsaydı, başkalarına uygulanmak için olsaydı böyle olmazdı. Bu sahabenin çoğunun oybirliği zekatı engelleyenlerle, savaşmasının yasaklanmasını fakat onlara Ebu Bekr Ranh. Muhalefet etmiş. Sahbenin çoğunun muhalefeti tek olarak (el avl) meselesinin çözümünde ve Muta'nın tahlili ile ve faiz meselesindedir. Aynı zamanda İbn-I Mesud'a muhalefet etmişler. Farz meselesindedir. Zeyd Bin Arkam –ayyine- meselesinde Ebu Musa'nın söylediği –uyku bozmaz abdesti- meselesinde Ebu Talha'nın söylediği dolunun yenmesi oruç bozmaz v.b. Çoğunun oybirliği delil olsaydı inkara ve hataya düşürmeye başlanırdı. Şekildeki inkarların var olanların gittikleri görüş ayrılığı caiz kaldı zamanımıza kadar. Bu da şöyle ihtimal olarak az olanların gittikleri şey temel olan, yardımcı oluyor, dayanak, değnek oluyor. Zekatı engelleyen-lerle savaşılması bu da kesin olan oybirliğinin tersine olsaydı. Bu da caiz olmadı. Bu da bazılarının başka bir yol izlemiş. Çoğunun oybirliğinin akdolunmuş ve azın muhalefetiyle burda ona oybirliğin akdolunmuş ve azın muhalefetiyle burda ona oybirliğinin akdolunması bu da ondan şöyle isteniyor. Delille bilinmesi gerekenin terki oluyor. Taklide dönmesi oluyor. İctahad eden hakkında bu yasak. Oybirliği akdolunmuyor-sa ima kesin bir delil olamıyor. Kesin bir delil olsa o zaman ictihadla muhalefeti caiz olmazdı. Şöyle söylenir, farzedelimki oybirliğinin çoğundan akdolunması az olan olmadan kesin delildir. Söylem ise bu ictihad edenlerin ona dönmesi. Bu da ictihad ettiğinin gerektiğinin tersi olsa bile. Günah olmuyor. İctihaddaki kesin icmaya dönmesi ile. Bunun için ümmet bir oybirliği ile bir karar vermiş ise onlardan sonra bir ictihad eden gelirse bu ictihad ettiği şey. Geçmiş ümmetin kararına ters veya görüş ayrı-lığı oluyorsa, onun da hükmü caiz değildir. Gereken şey ümmete dönmektir. Bu muhalif edenlerin delilleri nusus, icma, makul. Nusus yönünden haberlerden, delil olarak ümmetin hatadan masum olduğunu gösteri-yor. Ümmetin sözünün asrın ehline verilmesini doğruluyor. Onlardan bir veya iki kişi kuraldan saparsa onlardan sapmış olur. Şöyle söyleniyor. Tamim ailesi komşuyu koruyorlar. Misafire ikram ediyorlar. İste-nen şey en çoktur. Oybirliği burda delilidir. Nusus böyle gösteriyor. Hadis "Çoğunluğa uyun. Cemaate uyun. Allah cemaatledir." "Sapmalardan sakının.bir ve iki büyük halk kitlesi için sapmadır." "Şeytan birle-dir, ikiden uzaktır." v.b. İcma ise ümmet Hz. Ebu Bekr halifeliğinde oybirliğinin akdolunmasını itimad et-ti. Bu çoğunluğun oybirliği ile. Bazı grup buna muhalefet etti. (Ali ve Said Bin Ubade) Çoğunluğun oybirliğinin delili az olanların muhalefeti olmasa idi o zaman Hz. Ebu Bekr'in imamlığı oybirliği ile sabit olmazdı. Makul yönünden ise 5 şekil. 1. Birisinin haberi herhahgi bir durumla bilime fayda olmaz. Cema-atin haberi sayıları tevatür sayısına ulaşırsa bilime fayda olur. Bunun gibi oybirliğinin ve ictihad (bab) ka-pıları. 2. Çokluk haberi rivayetinde tercihi oluyor. Bu da onun gibi ictihad. 3. Birinin ve iki kişinin muhale-fet etmesi, açık bir şekilde veya gizli olabilir. 4. Oybirliği ise (icma) delil olarak yaşadıkları asır vea daha sonraki bu da şöyle onlardan bir muhalif şöyle

oluyor ki ona delil olsun. 5. Sahabe inkar etti. İbn-I Abbası. Onun tersine faiz konusunda kararı ve muta'nın tahlili, (incelenmesi) avl meselesinde. Çoğunun ittifakı olmasaydı ona muhalefet etmezlerdi. İctihad edenin inkarı olamaz. Cevap. Söyledikleri ümmet sözü çoğu-na çokluk söylenebilir. Söyledik biz mecaz yoluyla. Bunun için şöyle söylenebilir, daha doğrusu. Cemaat-ten bir kişi saparsa bunlarda her ümmetin, müminlerin değildir. Bu tersinde onlardan bir kişi sapmamışsa, bunun için ümmetin sözünün tümüne yüklenmesi içindeki kesin bir delil, daha önce beyan ettiğimiz gibi. Buna göre Peygamber (SAV) söylemine göre topluluğun, bütün asrın ehli, bundan yüce yoktur Şöyle söy-lenirse haberin görüneni topluluğu bir delildir. Topluluk olmayandan da delildir. Bu da gerçekleşmiyor. Çünkü o asırda muhalif oluyor. Söylerik bu bir delildir. Ondan geleceklerin onlardan daha az sayı, burda cevabı Peygamber (SAV) "Cemaata uyun. Allah cemaatle beraberdir." Peygamber (SAV) söylediği "İki ve fazlası cemaattir." İstenen namaz cemaatinin akdolunması olabilir. Sözü "Sapmalardan sakının." Söyledik sapan ise muhalif olan. Muvafakattan sonra mulalif olandır. Muvafakattan önce muhalif olan değildir. "Şeytan birledir. İkiden uzaktır." Burada yolda arkadaş istenmesi teşvik ediliyor. Bunun için 3 ise yolcu-dur. Söyledikleri, Ebu Bekr hakkında imamlık akdi kabul etmiyoruz. Oybirliği imamlık akdolunması için mutibar, itibarlıdır. Sözleşme iki adaletli kişiden yeterlidir. (yazılı sözleşme) Biz kabul ediyoruz. Çoğunun oybirliğinin akdolunmaması Ebu Bekr'in sözleşmesi (biatı) için. Ebu Bekr'in biatına geciken herkes, (bir özür için veya acil bir durumda) sonra onu teyid etmesini olmuştur. kelamın anlamı imamlık hakkındaki şey kelam ilminden uzaklaştırdık. 1. Delilin makulden cevabı, çoğunun inanması, hissi bir durumda ihbar edil-mesini ilme faydalı bu da ictihaddan oybirliği gibi gerektirmez. Onunla delil gösterme ise ümmetin söylemi ile çoğu. Bütün ümmet değildir, daha önce söylendiği gibi. Herhangi bir kişinin verdiği haber yakin olsay-dı, söyleciği icma olur. Delil olur. O zaman her memleketin ehli oybirliğinin vacib olduğu delil olarak, bir de başka memleketin onlarla ayrılığa düşmesi, çünkü her memleketin ehlinin haberi ilme faydalıdır. 2. İse çoklukla tercih burda rivayetteki şüphenin galip olduğu kesin olmadan gibi icmada, kesin olduğu ile icma-ya itibarı ile icma olurdu. Rivayet ettiği tek başına makbul olurdu. Bu da böyle değil. 3. İse icma ile delil ittifak ilmi ile hepsinden makalelerin açık olması veya durumların ipuçları olmalı. Mümkün olur. Çokluğun ittifakının ilminin imkanına göre. Bu bilinmeyen değildir. Mümkün değilse denirse bu da onun gibi çoklu-ğa uygulanır. İcmanın akdolunmasının gerektirir. İki aslın tersidir. 4. İse delile muhalefet eden de olabilir. Akddan sonra, onun zamanlarında bu da ondan sonraki var olanlar, icma, delil ancak hilafla olabilir. Bu da hilaf olmazsa icma olmaz. Bu mümkün olmaz. 5. Sahabenin inkar ettiği şey oybirlği ile ictihat ettiklerinden değil, fakat onların delil haberlerinde gördüklerinin ters düştükleri faizin yasaklanması ve muta'nın nashı, bu da görüşlerinin ictihad edenlerin yaptıkları gözlemlerine göre. İnkar ettiklerinin delilden muhalefeti karşı görüş tarafından ele alacaklarını beyan edinceye kadar. Ör. İbn-I Abbas'ın söylediği gibi "Dileyen gelsin, lanetleşelim. Çünkü hak benimledir." Birisi kumları sayarsa, yani sayısını muayene ederdi Allah (CC) farzlarda yarım olmaz. Ve yarım çeyrek, çeyrek olmaz. İki yarımşar bunlar maldan altın 1/3 yerini, başkası söylemiş. Zeyd Allah (CC)'dan korkmuyor mu? Yani oğlunun çocuğu oğlu oluyor. Çocuğunun çocuğu çocuk oluyor. Ve babanın babası baba olmuyor. Bu da böyle değildir. Allah'ın (CC) dönmek hilafet edenler, gereklidir. Keşf isteği ihtilafın dayanağından şöyle, çoğunun ittifakı delili olamıyor diye bilinirse, bu delil olarak yasaklanmasını ittifak edilen delillerden çıktığı için, bunlarda kitaptan nas, sünnet ve icma yani ümmetin oybirliği ve kıyas. Delil olmayan yokluğundan dolayı, delili doğruluğunu göstermesi, bu da izlenimle öncelikli idi. Çoklukla tercih ise, haberlerin rivayetinde hak olsa (doğru) iki zannın birisinin belirlenmesi diğerine göre. Bu ictihad kapısına benzediğini gerektirmez. İçindeki belirli olan delilin terk-edilmesi, çünkü delil belirleniyor veya belirlenmiyor, kendi görüşünde bu tercihlidir.
9. Mesele: Tabi olanlar hakkında görüş birliğine varılmış. İctihad ehlinden ise sahabeler asrında, sahabenin icmasının akdolunumu, muhalefeti ile veya muhalefeti olmuyor. Onlarda söylediler burda icma ile ak-dolunmaz muhalefet ile diye ayrılığa düşmüşler. Asrın tükenmesini, ictihad ehlinden sahabenin

oybirliğin-den akdolunmasından önce icma sayılmıyor. İhtilafı ile ictihad mertebesine ulaşmışsa sahabenin oybirliği akdolunduktan sonra hilaf sayılmıyor. Şafii'nin ve arkadaşlarının, Ebu Hanife, çoğu Ahmed Bin Hanbel iki rivayetten birisi. Asrın tükenişi şart kabul ederler. Sahabenin oybirliğinin akdolunması olmaz. Muhalefet ile. İctihad ehlinden icmaların durumundan olsa veya oybirliğinden sonra ictihad eden olsa bunlar onların asırlarında olması lazım. Bir kavime gitmişler, bunun asıl olarak muhalefet etmesinin anlamı yok. Bazı ko-nuşanların mezhebi ve Ahmet Bin Hanbel'in rivayeti, seçilen ise ictihad ehlinden olsaydı. Sahabenin oybir-liği zamanında, oybirliğini onunsuz akdolunması mümkün değil. Bazı arkadaşlarımızın delil getirdikleri şey, sahabe tarafından asırda, yaşayanlar tabi olanlardan onun asırlarında olan olayların ictihad etmeleri caiz kılınmıştır. Said Bin El Musib gibi, Şerih El Kadı gib, Hasan El Basri gibi ve Mesruk, Ebu Vail, Eş Şabi, Said Bin Cübeyr v.b. Ömer ve Ali, Şureyhen, yargı önerdi. Buna itiraz etmeden teyid ettiler. Hilaf ettikleri şey hakkında. Ali'ye hüküm edilmiş. Karşı görüş. Bunların ona gösterilmiştir, bu Ali'nin görüşü-nün tersidir. Bu da inkar etmemiş. Rivayet İbn-I Ömer'e ait. "Bir farz hakkında soru sorulmuş. Şöyle söyle-di. "Said bin Cübeyr'e sorun. Benden daha iyi bilir. Bu konuda." El Hüseyin Bin Ali'ye bir mesele hakkın-da şöyle bir soru sormuşlar, söyledi ki Hasan El Basri'ye sorun. İbn-I Abbas'a bir soru sormuşlar. Adak hakkında , söyledi ki "Masruk'a sorun." Soran kişinin cevabını verdiği zaman ona tabi oldu." Şöyle bir rivayet Ebu Seleme Bin Abdurrahman Bin Avf ile tartışma olmuş İbn-I Abbas ve Ebu Hureyre arasında hamile olan kadının kocasının ölmesi halinde iddet müddet hakkında. İbn-I Abbas söyledi ki " Belirli bir sürenin en uzağı iddet müddeti süresidir dedi." Ebu Seleme dedi ki "Çocuğu doğuncaya kadardır." Ebu Hureyre "Ben kardeşimin oğluyla aynı görüşteyim."dedi. İbn-I Abbas Ebu Hureyre ile muhalif olduğunu söyledi. Bu tabinin söylemi batıl olsaydı. Sahabeye caiz kılması, ona dönülmesi caiz olmazdı. Delilde göz-lem var. söyleyen şöyle söyleyebilir. İctihada tabi olmanın caizliği sahabenin ihtilafı olunca bu söylemde sayıya gerek yoktur. Görüş ayrılığı ile bu ittifakla tartışma yeridir. Tabinin söylemi itibarlıdır. Sahabenin asrı bitimesinden sonra onlardan ittifak yok. Muteber değil. İttifakın hilafı olsa. İtimad edilen şey şöyle söy-lenmesi lazım deliller icma delil olduğunu gösteren şey ise haberler, ümmetin ismetine hatadan masumluğu daha önce söylediği gibi isim onlara tasdik olmuyor. İctihad edene tabi olanların onlardan çıkmasıyla o za-man bütün ümmetin icmasından olduğu söylenmez. Onların bazılarından icma delil olmuyor. Karşıt görüş-te olanlar delillerini nas, makul ve kalıcı, nas ise Peygamber (SAV) söylediği gibi "Sünnetime uyun ve benden sonraki Halife-I Reşidin sünnetine uyun ve sımsıkı sarılın. Ve benden sonraki Ebu Bekr ve Ömer'I örnek alın, uyun." Söylediği "Arkadaşlarım yıldız gibidir. Kimi tutarsanız hidayete ererisiniz." Makulse sahabelerin sohbet özelliği vardı, indirilene şahit olmaları, (tevil dinlemesi) tevile uyması, Allah (CC) onlardan razıdır. Allah (CC)'nin "Allah müminlerden razı oldu Sena ağaç altında biat edenlerden." Peygamber (SAV) dedi ki " Onların başkaları yeryüzünü dolduruncaya kadar harcasaydılar, bunların bi-risi diğerine ulaşmazdı." " Onlarla gerçeğin birlikte (beraber) olduğu doğrudur. Muhaliflerle değil." Kalıcılar ise Ali Ranh. Şerih'e verdiği hükümün iptal edilmesi. Çünkü bir kişinin aki amcaoğlu vardır. Biri-nin anne kardeş, tüm malını kardeşine bırakmış. Onlardan Hz. Aişe'nin bir rivayetine göre Ebu Seleme İbn-I Abdurrahman Bin Avf inkar etmiş. Sahabenin çekişmesini, aralarındaki konuşmaları, onları da uyar-dı. Ondan sonra şöyle söyledi "Civciv horozlarla ses çıkarıyor, bağırıyor." Nusustan cevabı. Daha önce söylediği gibi icmada akdolunan meselesi sahabe olmayanlara açılanmış. Makul ise, söyledikleri sahabele-rin bunların sohbet meziyetleri, fazilet, ince dereceleri vardır. Söyledik böyle olsa idi onlarla icma yalnız onlara ait olmuş, onlara o zaman ensarın söylemlerlerine itibar edilmiyor. Hicret edenlerle ve hicret edenle-rin söylemi Aşere-I Mübeşşereye itibar edilmezdi. Bunlardan kalanların söylemi 4 halifenin söylemi ile veya Osman ve Ali'nin sözü, Ebu Bekr ve Ömer'in sözüne ehil olmayanlarla, ehille, eş olmayanlarla, eş o-lanlar tefavut ve tercihlerden tercih edilen bu konuda hiçbir kişi konuşmamış. Kalıcı ise Ali'nin Şerih'inin hükmünü bozması, sözün muteber olmadığı için değildir. Cezalanmasını hükmettiği için görüşünün tersi inkar edilmedi. Bu da hükmünü bozması. Çünkü ona cevap olarak, itiraz ve ona delil göstermekle oldu. Şöyle söylenmesi gibi, bir kişinin başka bir kişinin kitabını eleştirip söylemine itiraz ettiği ise ihtimal ola-rak nasla eleştirilmiş. Hükmünün eleştirilmesi gerekli olmuştur. Hz. Aişe'nin Ebu Seleme'yi inkar etmesi ihtimal derecesine yetişmediği için veya sahbelere saygı ve edeb yoluyla veya kendisini bir mezhep olarak gördüğü içindir. Buna delil yok.

10. Mesele: Burda çoğunun ittifakla bir memleket ehlinin tek başına icmaı, onu tersleyenlere delil olamıyor. Oybirliğinin akdolunması durumunda, Malik'in tersine, delil olabilir. Onun arkadaşlarından söyle-yenler istediği şeyler onların rivayetini tercih etmesi, başkalarının rivayetine göre onlardan bazıları şöyle söylemiş. Onlarınl oybirliği daha öncelikidir. Daha öncelikli ve muhalefeti yasaklamaz, onlardan bazıları söylediki, istenen şey Peygamber (SAV) eshabları, seçilen çoğunun mezhebidir. Çünkü gösterilen deliller, icma delil olduğunu. Medine şehrinin ehli ve ehlinden hariç olduğunu ve onunsuz ümmetin hepsine olmu-yor ve müminlerin hepsine bunun için daha önce ele alınan meseleler onların icmaını delili olmuyor. Mali-ki mezhebini tutanların delilleri nasla ve makulle. Nas ise Peygamber (SAV)'in söylediği "Medine ise iyi-dir, güzeldir. Kötülüğü kovuyor, zımpara'nın demirin kirini kovduğu gibi." Kötülükten yanlıştan uzaktır. Peygamber (SAV) "İslam Medine'ye girecek ki, yılanın çukura girdiği gibi." "Medine ehlinden birisine kö-tülük yapılırsa, sudaki uzun eridiği gibi eriyor." Makul ise 3 şıktır. 1. Medine-I Mürevvere Peygamber (SAV) hicret evi ve kabrinin yeri, vahiyin gelişi, İslam'ın yeri, sahabenin toplandığı yeri, hakkı doğru ol-mayan ehillerin söyleminden çıkması doğru değildir. 2. Medine'nin ehli indirilene şahit olmuşlar. Görmüş-ler tevil (Kur an ayetlerini) dinlemişler. Peygamber (SAV) durumlarını en iyi bilen kişi erdi. Onlardan doğru çıkmaması mümkün değildir. 3-Medine ehlinin rivayetine başkalarının rivayetinden daha öncelikli itimad edilir. Diğerlerine göre icmaları delildir. 1. Nasdan cevap ise bu kötülükten Medine'nin kurtulmasını gösterir. Burada da bunun için bir şey yok ki onun dışındaki olanların kötülükten kurtulmadığını göstermiyor ve Medine ehlinin icmaının delilsiz göstermiyor. Bunu Medine'nin isminin söylenmesinin tahsis şanına belirtmesini ve tehlikesine veya beyan etmesi. Sakıncaları beyan etmesi. Başkalarından ayırd etmesi 1. Şekildeki sıfatların içeriği olması, bu da diğer nususlardan cevabıdır. 1. Şekil makulden gayesi ise Medine'nin olumlu sıfatları içermesi fazileti demek değil ki, fazletsiz olanların, Medine dışındakilerin faziletten yararlanmadığını (başkalarının) göstermez. Delil olarak ehli icma ile değildir. Bunun için Mekke'de olumlu faziletlerinl içermiş olduğu "muhterem ev" gibi "makam","zemzem", "müstelem", "hacer", "safa", "merva", "nüsk" Peygamber (SAV) doğumu ile ilgili (gönderilmesi), "Hz. İsmail'in doğumu", "Hz. İbrahim'in yeri" bunlar delile gös-termiyorki ehlinin icmaı ile onların muhalif olduklarını söyleyen yokki. İtibar ise ictihad edenlerin ictihadı ve bilim adamlarının ilmine itibar ediliyor. Herhangi bir iz kalmamıştır. 2. Şekil ise burda ilim ehlinin o bölgede toplanmasını göstermiyor. Vehal ve akid ehli ne itibar edilenne ve itibarlı kişilerin söylemleri delil kabul edilenler, memleketlerde yayılmışlar, çeşitli yerlerde ayrılmışlar. Bunların türünü gözleme ve itibara dönüyor. Bunun için Peygamber (SAV) "Arkadaşlarım yıldızlar gibidir. Kimi tutarsanız hidayete erersiniz." Bir yeri başka bir yere ayırd etmiyor. Yerlerin şekillerinin burada etkisi olmadığını belirtiyor. 3. Şıkta delil olmadan bir temsildir. Dirayet ve rivayet arasındaki toplanmanın gerekliliği nasıl olsa fark mey-dana gelse bu da özetten ve tafsil yönlerindendir. Özetten rivayette tercih edilir. Rivayet eden kişinin çok-luğu. Her ictihad eden kişinin çok olan söylemden alması, rivayet hakkındaki muteber olan sıfatların tümü-nün eşitlenmesinden sonra. İctihadda böyle değildir. İctihad edenlerin birisi gerekli olmuyor. İctihad edenlerin çoğundan söylemlerinl alınması veya birinin söylemi de olmuyor. Tafsil yönünden ise rivayetin dayanağı dinleme ve olayın olması, Peygamber (SAV) zamanında (bulunduğu zaman) bunun için Medi-ne'nin ehli bu konuları bildiğinden rivayet edilerlere daha yakın olduklarından onların rivayetler daha tercihli idi. İctihad ise bu da gözlem yolu, inceleme ve delil getirme (hükme) bu da yakınlık ve uzaklık de-ğişmiyor.

Yerlerin değişikliği ile değişmiyor. Söylediğiniz gibi. Harameyn ehlinin oybirliği yani Kufe ve Basra'nın delil olarak muhalifleri olmuyor. Fakat bazı gruplar buna muhalif olmuş delilde zikrettiğimiz gibi.
11. Mesele: Oybirliğinin akdolunmasını beytin ehlinin ittifakını yetmiyor. Başkalarının muhalefeti ile, Şia'nın tersine bu geçen delilin o meselelerde (açıkladığımız) ispat edilen kitap makul ve sünnette. Kitap Ahzab 33. "Ey ehli beyt, Allah sizden, sadece günahı gidermek ve sizi tertemiz yapmak istiyor." İhbar edilmiş hata ve dalalet Ehl-I Beyt'ten ve yalnız onlara ait olan özel durumda uzaktır. Hz. Ali, Fatıma, Ha-san, Hüseyin. Bu ayet indiğinde Peygamber (SAV) "Bunlar benim ehli beytimdir. Bunlar hata ve dalaletten uzaktır."sünnet ise Peygamber (SAV) "Size iki tane ağırlık bıraktım. Onlara tutunduğun zaman dalalete düşmezsiniz. Bunlar Allah'ın (CC) kitabı ve benim sünnetimdir." Tutunmanın ikisinde toplanması, onlarsız delil olmadığını gösterir. Makul ise; Ehl-I Beyt şeref nesebe ait olan, bunların çağrının ehli beyt, yani peygamber ocağının indiriliş sebeplerine vakıf olmaları tevili bilmeleri Peygamber (SAV) fiilleri ve sözle-rini bilmeleri. Çünkü ona daha yakındılar. Bu da hatadan masum olduklarını, imamlıktan anlaşıldığı gibi. 1. Ayetin söylemi, hatadan masum oldukları için Peygamber (SAV)'in sözlerinin fiilleri hakkında doğrudur. Cevap ayette tutulması. Peygamber (SAV) eşleri hakkında indirilmiştir. Gayesi; çünkü onların töhmetten uzaklaştırılması ve gözden uzaklaştırılması bu da şöyle gösteriliyor. Ayetin başlangıcı ve sonu Ahzab 32. "Ey peygamber hanımları, siz kadınlardan herhangi biri gibi değilsiniz. Eğer (Allah'tan) korkuyorsanız (yabancı erkeklere karşı) çekici bir eda ile konuşmayın. Sonra kalbinde hastalık bulunan kimse ümide kapı-lır. Güzel söz söyleyin." Ahzab 33. "Evlerinizde oturun. Eski cahiliye adetinde olduğu gibi açılıp saçılma-yın. Namazı kılın, zekatı verin. Allah'a itaat edin." Peygamber (SAV) "Bunlar benim evimin ehlidir." Onun eşlerinin ehli beytten olmadıklarını belirtmiyor. Eşleri de ehli beyttendir. Haber ise rivayet Ümmü Seleme "Ehli beytten değil miyim? Tabi inşaallah dedi." Şöyle söylenirse Peygamber (SAV) hitap ettiği ehli beyt onlara hitaben eşlerine hitap olsa muannes olarak kullanılabilirdi. Söyledik onlara hitap edilenler ayetin başlangıcı eşlerine hitap olsa onlara hitap ettiğine Hz. Ali, Hz. Hasan ve Hüseyin'ide kasdetmiş. Müzekker deyirmiştir. Toplam muzekker ve muannesi içerirse bunlar muzekkerin toplanması galip gelir. İbrahim (AS) eşi hakkında Hud 71.- 74. "O esnada hanımı ayakta idi ve (bu sözleri duyunca) güldü. Ona da İshak'I, İshak'ın ardından da Yakub'u müjdeledik. (İbrahim'in karısı) Olacak şey değil, ben bir kocakarı, bu kocam da bir ihtiyar iken çocuk mu doğuracağım? Bu gerçekten şaşılacak bir şey dedi. Melekler dediler ki, Allah'ın emrine şaşıyormusun? Ey ev halkı, Allah'ın rahmeti ve bereketleri sizin üzerinizdedir. Şüphesiz ki o, övülmeye layıktır, iyiliği boldur." Burda ona ait İbrahim beytinde olanlara erkek ve kadınlardan olan kişileri içeriyor. Haber ise tek kapıdan ise onlara göre delil değildir. Delil ise fakat ka-bul etmiyoruz. Ağırlıktan istenen kitap ve sünnet Peygamber (SAV) dediği gibi. Onların söylediği rivayetin delil olarak. Bu da yüklenmesi delillere toplanma tümüne onlara ait olmuştur. Çünkü onlar durumu itibarı ile hal ve söylemlerinden daha haberdardırlar.
Söyledikleri Peygamber (SAV)'in söylediklerinin tersi oluyor. "Arkadaşlarım yıldız gibidir. Kime tutu-nursanız hidayete erersiniz." "Sünnetime uyun ve benden sonra ki Halife-I Raşidin sünnetine uyun ve sım-sıkı sarılın." Söylediği şey "Benden sonra Ebu Bekr ve Ömer'I örnek alın." "Humerya'dan dinin yarısını alın." Sizin söylediğiniz bizim söylediğimizden daha öncelikli değildir. Makulde ise şeref ve nesebe ihti-saslarını bu hüküm çıkarmasının ve ictihadla hiçbir eser yoktur. Fakat bu delil getirme ve gözlemin ehline sevkediliyor. Dini dayanakların ve onlardan hüküm çıkarılmasının niteliğine dayanıyor. Yani şeref ve akra-balık bağının etkisi yoktur. Fakat Peygamber (SAV)'in orada onlarla beraber olmasının çokluğu, eşlerde iştirak etmesini ve sahabeden arkadaşları yolculuklarda yanında olan, başkalarının hizmetinden sakınmaları ve başka şeyler. İsmet ise, tutulması mümkün değil. Kelam kitabında bildirdiğimiz gibi. Ayette belirtilen gibi pis işlerin olumsuzlaştırılması. Peygamber (SAV) işlerinden şüphe ve töhmetin altında kalmaması içindir. Hata ve dalaletten ayrı tutulması (ictihadda) dini

hükümlerin gözlenmesi. Buna göre bir kişinin on-lardan birinin söyleminin delil olduğu iptal edilmiş oldu. Teyid eden şey Hz. Ali Ranh. Ona muhalefet eden inkar etmemiş bu hükümlerden gittiğini ona söylememiş ve söylediğim şeyler delildir. Muhaliflerin çoklu-ğu ile inkar etmiş olsa o zaman inkardan ona imkan sağlanabilirdi. Vali olduğu zamanda karşılaştığı ihtilaf ve hata ondan olsun diye masumluktan çıkmış oluyor. İzlenmesini vacib olmadığı oluyor.

12. Mesele: 4 imamın icmaının akdolunmaz, sahabelerden onlara muhalif var ise çoğunluğa göre. Ahmed Bin Hanbel'in tersine iki rivayetin birisinde Ebu Hazin (Kadı) Ebu Hanife'nin sahabelerinden ve iki şeyhin icmaının akdolunması (Ebu Bekr ve Ömer'in) muhalefetiyle insanlardan bazılarının hilafına daha önceki meselelerde bunların delili belirtilmiştir.

Bunun 4 imamın icmaının akdolunmasını söyleyen delil ise Peygamber (SAV) "Sünnetime uyun ve benden sonraki Halife-İ Raşidin sünnetine uyun ve sımsıkı sarılın." Burda Peygamber (SAV) ve 4 halife'nin sünnetinin izlenmesinin vacib olduğu bildirilir. Onun sünnetine muhalif olanların söylenmesinde itibar edilmiyor. Aynı zamanda 4 halifenin muhalefet edenlerde aynı. Ebu Bekr ve Ömer'in icmaının akdolunma-sı delil olarak söylenen Peygamber (SAV)'in söylediği delildir. "Benden sonra Ebu Bekr ve Ömer'e uyun." 1. Haberden cevap ise genedir. Halifelerin tümüne. Bunların 4 imamda toplanmasına delil yokki. Bu Pey-gamber (SAV) söylediğine toplanmasında delil gösterilmişse "Arkadaşlarım yıldız gibidir." İki haberden birisinin daha öncelikli olması iş değildir. İki haberin çelişkili ise söylediğimiz şey doğrudur. Buna başka haberlerin delil getirilmesi iptal eder.

13. Mesele: İcmada tevatür sayılarını şart olduğunu şartlarda ihtilaf var. bazıları oybirliğine delili getirmek isteyenler delil gösterilen şey akıldır. Çoğunun (topluluğun çoğu) yapmasını düşünülemez. Harameyn'in imamı ve diğerlerinin, onun şart olduğuna hatanın düşünülmesi için tevatüre sayısına ulaşmadan. Fakat bunların işitme delilleri delil sürenler ihtilafa düşmüşler. Bazıları şartlanmış bazıları şartlanmamış. Gerçek ise doğru olan. Şartlanmamış ispat ettiğimiz gibi. Oybirliğinin (icmanın) ispatı akıl yoluyla düşünü-lemez. Kitap ve sünnetten işitme delillerinden başka yol yoktur. Bununla birlikte icmanın sayısı tevatür sa-yısından ne kadar eksikse o zaman ümmet ve müminler sözü onlara doğrulanmış. İşitle delilleri onların ma-sum olduklarını gösteriyor. İzlenmeleri vacibtir. Şöyle söylenirse söylediklerinize doğruluğu müslümanla-rın sayısının takdiri tevatür sayısına varmadan düşünülemez. Çünkü Allah (CC) tarafından İslam dininin teklifi ona teklif ise bu delil gösteriyor onlara. Deliller ise bu faydalı bir nakil. Peygamber (SAV)'in varlı-ğının ve risale yoluyla. Onun söylediği şeyler kitabın mucizesinden ve sünnetin hükümlerin delilleri kesin olarak, bunlardan tevatürden başka hiçbir şey faydalanmıyor. Başkalarına nakil yapmadıkları için ve abart-maların yok olması (o konularda).

Teklifin faydasının imkanını kabul ettik. Toplanan sayıların tevatür sayısı olmadan. Fakat tevatür olmadan söylemlerine mümin oldukları bilinmiyorsa imanını bilinmeyen bir kişinin doğru söylediği (din haber-leri hakkında) bilinmiyor. Kabul ettik ilmini tevatür sayısına varmadan söylemlerinden ilim elde edilmesi-ni. Ümmetten bir kişi kalsa bile. Onun söylediklerine delil olup olmadığını soru işareti vardır. Cevap 1. Den icmanın ehli, hal ve akid ehli onların tevatür sayısından eksik olursa. Teklifle delil kesilmesini gerek-tirmiyor. Bunların anlamalarının gerçekleşmesi içtihad eden haberlerden ve tümünün genel olarak tevatü-rün şartlarından değil ki nakleden kişinin içtihad eden olması. Genelde söylersek icmada dahil olmasını bununla beraber çoğunun sayısı tevatür sayısı olmadan bu gerektirmez delil kesilmesini. Çünkü Allah (CC) devamlı mümin haberlerini müslümanlara haber verilmesi ile ve kafirlerin haberleri ile onlar Peygamber (SAV)'in peygamberliğini tanımadıkları gibi. Böyle olduğu halde azınlık olanın haberini. Çünkü bu faydalı ve var olan ipuçlarının ilme faydalı olmasının ilime, onların haberleri ile. Peygamber (SAV) "Ümmetimden bir grup hakkı söylüyor, hakkı tutuyor. Allah'ın emri oluncaya kadar." Hepsinin takdir edilmemesi teklifin kesilmesi, İslam'ın bitmesi ne dinen ne aklen yasaklanmamış. Peygamber (SAV) "Sizin dininizden ilk önce emaneti kaybedeceksiniz, sonra ise namaz." " Allah'ın adamlarının kalblerinden, göğüslerinden ilmi çekmiyor. Fakat ilmini çekmesi

ulemaları tutmasıyla alimlerin ilmiyle olur. Hiçbir alim kalmazsa insanla-rın cahil başkanları olur. Sordukları zaman ilim olmadan fetva veriyorlar. Hem dalalete düşürürler hem kendileri dalalete düşer."
2. Soru : Onların haberlerinden ilim elde etmesi uzak bir şey değildir. İpuçları ile olduğu için. Bunlarda bir uzaklık yoktu haber veren 1 kişi olsa. Allah'ın gereken ilmi arkadaşlarının cevap-larının ihtilafı var. söyledikleri izlenen bir delil, çünkü ümmete kendisinden başka var olmuyorsa ona üm-metin sözünün söylenmesinin doğru olduğu. Delil olarak Nahl 120. "   ." Ümmetin sözünü göstermiştir. 1. Olduğu halde. Verilen isim gerçektir. Ümmet ise daha önce zikredilen nasla ona tabi oluyor. Hepsi çoğu kolay elde edilmesi (çoğunun toplamının) gibi bazılarının bunu inkar etmesi, icmanın sözünün ictima işaret ediyor. Bu da az olanın 2'den yukarıya.
14. Mesele: Görüş ayrılığına düşmüşler hal ve akid ehlinden birisi bir hüküm vermişse. O asrın ehlini anlamışlarsa, anlatmışsa. Bu herhangi inkar edilen yoksa. İcma sayılıyor mu? Ahmed Bin Hanbel, Ebu Hanife'nin arkadaşlarının çoğu, Şafi'in bazıları, Cebaiyye icma ve delil olduğunu söylemişler. Onlardan bazıları şart olarak asrın tükenmesini (cebaiyy gibi) Şafii'nin iki emrinin olumsuzlaştırılması. Menkul Ebu Hanife'nin arkadaşlarından bazıları ve Haşimiy dedi ki delil icma değildir. Ebu Ali bin Ebu Hureyre Şafii'nin arkadaşlarından biri bu hüküm icma değildir demiş. Fetva ise icmadır. Bu da olumsuzlaştıranların delilinin icma olduğu, susanlarında bunu teyid etmesi ihtimali ise ictihad edilmemiş olayın hükmü ictihad, edilmişse ihtimal. Fakat ictihadını herhangi birşeye götürmüyor ictihadı bir yere varmış ise ihtimal olarak görünen sözüne muhalif olmasını gösterir. Bu da belirlenmemesi rivayet ve tefekkür herhangi bir zamanın onun belirlenmesine imkan sağlaması veya söyleyenin inananın ictihad eden olması, ictihad eden kişi inkar edilmiyor. Her ictihad eden doğru söyler veya susmuşsa bir korku için avl meselesini önce teyid sonra in-kar ettiği söyledi. Ondan korktuğu için kabul etmiş. Karizmatik olduğu için. Zannettiği gibi başkası bu in-karın bedelinde ödüllendirilmesinde hata yapmış olduğu yayılması ile, ne icma ne delil olabilir. Ebu Hurey-re'nin delili ise, hakimlerin huzurunda bulunan (hüküm verenlerin) basiretli olarak (hazır) katıyor. Bu da onların tersi inkar olmadan gittiği şey. Çünkü inkar da onlara fetvadan. Hakimin hükmü hilafı keser. İtirazı düşürür. Söylediğinin tersine fetvayı verdiği şeyler ictihada engel değil veya gerekli değildir. Bu iki delilde gözlem gerekir. 1. İse söylendiği ihtimaller aklen kötülenmiş ise belirlenenin tersidir. Din erbabının halleri, akid ve hal ehlinin. İhtimal ictihad olmayan olayda çokluğundan uzaktır. Büyük topluluklar Allah'-ın hükmünün ihmalidir. Onlara vacib olduğu ve yapılması gerektiği. Başkalarının taklidinin yasaklanması, ictihad edenlerden oluşumlarıyla bu isyandır. Belirlenen budur. Yapılmaması dindar müslümanlar tarafın-dan gerekir. İctihad hükmü herhangi bir şeye verilmesi bu da uzaktır. Çünkü belirli olan herhangi bir hük-mü Allah (CC) tarafından bir delilleri ve işaret gösteriliyor. Belirli olanın ictihad eden ehli ona bakması gözlemesi ve zaferle tutması. İhtimal inkarın geciktirilmesi tefekkür ve rivayet ettirmek caiz olsaydı. Fakat adet bu hepsinin hakkında imkansızlaştırıyor. Bununla birlikte çok zaman geçse bile ömrün tükenmesine kadar inkar olmadan. İhtimali (susmak) ondan ictihad eden olduğu için bu da tartışmasını incelenmesini ve dayanağından keşif istemesi, engellenmiyor. Yolla değilde seyreden sahabenin zamanının adetini bizim zamanımıza kadar. Bu da ictihad edenlerin gözlemleriyle. Bu da din imamlarının aralarında hakkın gerçek-leştirilmesini, batılın iptal edilmesini, gözlemlerini atalar ve kardeşlik söylediği şey şöyle: Bu bana haram olarak (avl) meselesini cenin diyeti v.s. Takiyye ihtimali uzak. Çünkü takiyye ihtimal olarak belirlinin kor-kulması. Bu da böyle değil. İki şık için ictihad edenlerin araştırması bunlara gerektirmiyor. Çünkü ictihad eden kişinin halinden galiben din erbabının seyyidlerden gittiğinin araştırılması kendi içinden korkulup ge-rektirmiyor veya bir de içinde kin olmuyor. Cezalandırılmasından korkulması dinin ihtiyacının belirlendiği-nin tersidir. 2. Tembel, korkuluk yapmıyor. Ona göre takiyye yok. Karizmatik ve kuvvetli ise İmam-I A-zam gibi. Onunla böyle yaklaşmasının dinde bir göz boyama oluyor. Onunla söz nasihat sayılıyor. Galib olan ise nasihat yollarının izlenmesi, seçilmesi, din erbablarından terkedilmesi (gözboyama terkedilmesi) nakledildiği

gibi Hz. Ali'den. Ömer'e cevaben azmettirdiği bir şahitin kırbaçlanmasının tekrarlanması, El Mağıra için şöyle söyledi. "Kırbaçlarsan onu arkadaşını taşla." Ve Muaz ona cevap olarak bu hamile olanın??????????????????????????"???????"Allah (CC) sana sırtında bir yol göstermiştir. Karnındakine yol gösterme-miştir." Ömer demiş ki Muaz olmazsa Ömer helak olmuştur. Bundan sonra kadının Ömer'e cevabı bir yer-deki yükselmemek için şöyle söyledi Allah (CC) Nisa 20. " Onlardan birine yüklerle mehir verilmiş olsanız dahi, ondan hiçbirşey geri almayın." Allah (CC) bize veriyor fakat Ömer engelliyor. Ömer dedi ki bir kadın Ömer'le tartıştı ve onu yendi. Ubeyde Selmani'nin söylediği Leay diye bir kişi. Görüşlerinin yenilenmesi. Çocukların annelerinin satmasın cemaatte görüşün olunca. Bizim senin söylediğin tek görüşün daha iyidir. İbn Ebu Hureyre'nin delili mezheplerin istikrarından sonra doğru olur. Daha önceki ise kabul etmiyoruz. Susmak muvafakatten başka bir şey değil. Bununla beraber susan susma icamı zannidir. Delil ise belirlidir. Kesin değildir.

15. Mesele: Hal ve akid ehilleri herhangi bir mesele hakkında hükme varmışsa bu asrın ehli arasında yayılmamışsa, fakat ona muhalif olanı tanımıyorsa icma oluyor mu? Görüş ayrılığına düştüler. Çoğu icma olmadığını kabul etti. Çünkü hayal ediliyor asır ehlinden delil olduğunu. Söylemlediklerini söylemlerinden haberdar olmuşlarsa ve inkardan susmuşlarsa bu da önceki meselede açıklandığı gibi. Haberdar olmamış-larsa rızaların veya kızdıklarını gerektirmiyor, yasak olmuyor. Bununla beraber ihtimal olarak herhangi bir mesele hakkında söylemini olmuyor. Çünkü akıllarına gelmediği için söylem olursa ihtimal olarak menkul olanı teyid etmesi veya ihtimal olarak muhalif olmasını mesele hakkında söylemi olmayan veya söylemi o-luyorsa tereddütlü. Muvafakat edip veya etmemesi, ondan icma muvafakatı gerçekleştirmez. İcma olmasa bize nakledilen sahabenin söyleminden izlenen delil olur mu?, olmaz mı? daha sonraki kelamla açıklana-cak.

16. Mesele: bu asrın tükenmesinde ihtilafa düşmüşler. İcmanın akdolunması şart mı? değil mi? Şafii'in ashablarından çoğu, Ebu Hanife, Mu'tezileri. Eşşariye gittikleri yol şart olmadığını. Ahmed Bin Hanbel ve Üstad Ebu Bekr Bin Faruk şart olduğunu kabul eder. İnsanlardan bazıları ayrıntıya girmişler. Şöyle ki, itti-fak ettikleri şeylerin söylemlerine, fiillerine veya hem söylem hem fiillerine. Burda asrın tükenmesi şart ol-muyor. İcma ise hal ve akid ehlinden birisinden biri bir hükme varmışsa ve başkalarının inkardan susması. Onlar arasındaki şöhret ve yaygınlaşması ile şarttır. Seçilen budur. Fakat şart olmayanlara söylenen delil ise bunların iki zayıf delil anlatmamıza gerek. Zayıf yönlerini aktarmamız lazım sonra muhtar olanları anlatmamız lazım. Şöyle söyleciler icmanın oluşması icma delil olduğu itibarla bu asır tükenmesinden sonra onlara muhalif bulunmuyorsa, delil ise ittifakın içinde olmasını veya asrın tükenmesinin kendisi veya ikisi-nin toplamıdır. 2. İle söylenmesi caiz değildir. Yoksa asrın tükenmesi ittifak olmadan delildir. Bu da im-kansızdır. 3. İle söylenmesi mümkün değildir. Yoksa onların öldüklerinde bu da söylediklerine delil olarak bir etkendir. Bu da mümkün değil. Peygamber (SAV) vefatı gibi. O zaman 1. Den başka bir şey kalmıyor. Bu da sabittir. Asrın tükenmesinden önce bu istenilendir. Söyleyen şöyle söyleyebilir. Engel nedir? İttifak ettiklerinde delil, muhalif olmayan şeylerle şartlanmış ise onların asırlarında bu da gizlenmemesi gerek. Bu imkansızlaştırılması tartışma yeri değildir. İctihad şartlanmamışı gerektirmiyor. Muhalefet etmemesi (Peygamber (SAV)'e karşı) şartlanmamıştır. Bu delillerin doğruluğu söylediği onların şartlanmamışı bizim olduğumuz durumda ise temsildir. Yani doğru olmayan doğru toplayan olmadan nasılsa fark gerçekleşmiş bir yönde. Çünkü Peygamber (SAV)'in dayanağı vahiyden. Allah (CC)'ın söylediği Necm 3. " Battığı za-man yıldıza andolsun ki, arkadaşınız (Muhammed) sapmadı ve batıla inanmadı. O arzusuna göre de konuş-maz. O vahyedilenlerden başkası değildir." Başkalarının söylediği vahiyden olmadığını söylediğinin karşılaş-tırılması başkalarının söylediğinin dayanağı ictihaddır. Muhalif olanların söylemide ictihada dayanıyor. Birisinin ötekinden öncelikli değildir. Ayrılmışlardır.

28. yol: Söylenen asrın tükenmesi ise bu icmanın gerçekleşmemesi mutlak görünendir. İzlenen delil ol-masına rağmen herhangi bir şart gerçekleşmesi için ittfak edilen iptalini göstermiş ise bu da batıl

oluyor. Asrın tükenmesini şart edenlerin beyanı bu o asrın ehline tabi olanlara caiz kılınmıştır. İctihad ehlinden ol-sa onlara muhalif olan icmalarının doğruluğunun şartı onlara muvafakat etmesi. Tabi olanın icmaından dur-sa onların asırları tükenmiyor. O tabinin oluncaya kadar kelam 1. Deki gibi v.s. bu da kıyamet gününe ka-dar bununla beraber herhangi bir asırda icma gerçekleşmiş oluyor. Söyleyen şöyle söyler. Asrın tükenmesi şartlanan söyleyenler, bu konuda görüş ayrılığına düşmüşler. İcma edenlere tabi olanlardan icmalarında Ahmed Bin Hanbel görüşüne göre tabi olanın o asrın ehlinden icmalarının yeri yoktur. Burda iki rivayetten birisi asrın tükenmesini şart koşuyor. Şartın faydası da icma edenlerine dönmek imkanı vay bazıları hük-mettikleri şeyler birinci olarak veya başka bir ictihad edenin olması caiz değildir. Buna göre sorun veya tartışma ortaya çıkıyor. Tabinin onlara icmalarında girmiş olmasını kabulle takdiri ile gerek yasak olmuyor. Şart ise icma edenlerin asrının tükenmesi bir olay olduğu zaman veya o asrın idrak eden kişinin teyid mu-vafakat etmesinin itibar görmesi bu ictihad edenlerdendir. Onların asrının idraki değil. Bununla beraber tartışma yönlendirilmemiş olur. Bir yönü yok. İtimad edilen şöyle söylenmesi olur. Asırlardan bir asırın ümmetinin icmaının ittifakla olaya bir hüküm vermişse onlar bütün ümmet o meseleye göre. Bu da onların ismetlerini gerektiriyor. Hatadan daha önceki nususlardan bu icmaın delil olduğunu ispat meselesinde bur-da onların tükenmesine bağlı değildir. Bu ise söylediklerine veya fiillerinde bir hükme ittifak ettikleri veya ikisi bir arada lakin bir kişinin bir hükme varması halinde o hüküm onlar arasında yayılmışsa inkar etme-sinde susarlarsa, belirli olan muvafakat ise daha önce belirlendiği gibi bunların bazılarının muhalefet belir-lenmesine engel olmaz. Başka bir vakitte ihtimal olarak gözlemine süre vermek için olabilir. Bu da delilin belirlenmesini ihtimalin belirlenmesi muhalefetin belirleyişidir. Suskunluğu muvafakat ve delil olsaydı. Belirli olanına delile muhalif olmaması olurdu. Fakat bir muhalif tabi olursa ve diğer kalanların suskun-lukta ısrar etmeleri belirli olan onun muhalefeti sayılmıyor. Belirli ve icmanın karşılığında. Muhaliflerin delilleri nas, kalıcılık ve makul. Nas Bakara 143. "İşte böylece sizin insanlığa şahitler olmanız. Resulunde size şahit olması için sizi mutedil bir millet kıldık." Bu da delil şekli ise (işaret) insanlara delil olarak yap-mıştır. Ve icmaları dönmesinden engelleyenden onların kendilerine delil yapmıştır. Kalıcılık. Hz. Ali Ranh. Rivayeti " Benim görüşüm ve Ömer'in görüşü ittifak ettiğimiz şey çocukların annesinin satılmaması. Şimdi satışlarını gördüm. Hilafını teyid ettikten sonra yapmışlar." Ubeyde Selmani'nin işaret ettiği "Cemaatle gö-rüşün bizim için tek başına görüşten daha sevimlidir." Onun söylemi delil icmaı daha önce gelmiştir. On-dan sonra Ömer halef (ters) sahabe ve Ebu Bekr zamanına göre bölmedeki eşitlendirmede bu sahabelerde kabul etmişler. Ömer'in içki içenlerin haddi 80 kırbaçtır. Bu Hz. Ebu Bekr ve sahabelerin 40 kırbacına mu-halif oldu. Makul ise 4 şekli vardır. Oybirliklerini ihtimal olarak zandan ve ictihaddan olmuştur. İctihad e-denin ictihad ettiği şeyi değiştirmesinin sakıncası yoksa ictihadda (engel olurdu.) yasaktır. Alışkanlıkla ce-reyan eden adetler görüş ve gözlem. Tekrar ve bir daha göz atma daha açık ve doğru olur. Hud 27. "Biz seni sadece bizim gibi bir insan olarak görüyoruz. Bizden , basit görüşle hareket eden alt tabakamızdan başkasının sana uyduğunu görmüyoruz." 2. Şekil ise onlara asırlarında muhalefete itibar edilmeseydi. O zaman onlara muhalif eden kişinin mezhebinin asırlarında ölüm ile iptal olur. Çünkü ondan sonraya kalan ümmetin tümü bu da icmaın tersidir. 3. Şekil cemaatin söylemi Peygamber (SAV) söyleminden fazla değil. Peygamber(SAV)'in vefatı şart delilin istikrarın söylediğinden dolayı aynı zamanda şart olarak cemaatin söyleminde istikrar edilmesi söylemden önceliklidir. 4. Şekil:Asrın tükenmsine şart edilmemiş olsa bir kişi-nin hatılanmasının cemaatin tümünün hatılanmasının takdiri ile Peygamber (SAV) hadisinin icmalarının hilafıdır. Onlara dönmeden önce ise 1. İcma hata idi. Dönme caiz değildise hükümle devam etmeleri ve o-nunla çelişen delil belirlenmesi ile bu da yanlıştır. Ondan kurtaran asrın tükenmesinden başka bir şart asırın tükenmesi şartı. Ayetin cevabı 2 şekilde olur. Vasfettikleri insanların şahit olmalarını da gerektirmiyor. Başkalarına da delil. Çünkü kendi nefslerine söylemlerini delil olarak yasaklanması yalnız mevhum yoluy-la bu da bir delil yok içinde. Geleceği gibi. Fakat onların

söylemlerinin kabulu kendilerine başkalarının kabulünden töhmet olmadığı. Tahsisin faydası uyarma, alttan yükseğe kadar. Bunun için kişinin kendisinin bunu kabullenmesi olabilir. Ve şahit olduğu onun şahitliği kabul edilmemiş olsa. 2. İstenen şeyler şahit ola-rak kıyamet gününde onlara Peygamber (SAV)'in tebliği ile. Bulunduğumuz durumda delil olamaz. Kalıcı-lık ise Ali'nin sözü içinde ümmetin ittifakını gösteren içinde hiçbir şey yoksa. Şöyle söylerdi benim görü-şüm ve ümmetin görüşü. Şöyle gösteriyor ki Cabir Bin Abdullah'tan rivayet "Onların satılmasını Ömer za-manında caiz görüyordu. Muhalefet ile, icma yok." Selmani'nin söylemi, cemaatin ittifakını gösteren her-hangi bir delil yok. İhtimal görüşün cemaatin görüşü ile ve başka bir ihtimal istenen görüş cemaat zamanın-da imama itaat ve bizim için daha iyi görüşünde. Fitne zamanında ve kelimelerin parçalanmasında, bu da Ali'den töhmetin olumsuzlaştırılması şeyhlerin muhalefetinin (Ömer ve Ali) bakıldığında. Bunun takdiri ile Ali Ranh. İcma akdolunduktan sonra muhalif olabilir. Muhalif gözüyle şöyle asrın tükenmesinin şartını gö-rebilirdi, görenlerdendi. İctihad edenin söylemi delil olmuyor bu tartışma yerinde. Tesviye meselesi ise ka-bul etmiyoruz. Ömer'in muhalif olduğunu muvafakat ettikten sonra. Rivayet Ebu Bekr zamanında bu konu-da ters düşmüş. Allah (CC) yolunda malına, kendisine mucahid olan aynı mı tutuluyor. İslam'a erken gi-renler. Ebu Bekr söylemiş "Yaptıklarının ecirlerini Allah (CC) verir. Yaptıkları Allah (CC) için. Dünya ise beladır." Hz. Ömer'in Ebu Bekr söylemine döndüğünü görmemişler. Çünkü tercih ettiği şey onun zamanın-da emirlerin önünde olmasını, çünkü muhalefette ısrar etmekteydi.
İçene 80 kırbaç ceza verilmesi. Hedefi ve gayesi ise suskun icmanın muhalif olmasını. Biz bunların caiz olduğunu diyoruz. Çünkü susanların gruplarından idi. Geçen meselelerde beyan ettiğimiz gibi. Makulden 1. Delil ise ictihad eden herbirinin durumunu bir hükme verilmesi hem ictihad hem zan. Hükme ittifak olduk-tan sonra bunun o hükümden dönmesi ictihadla caiz olabileceği. Çünkü hükmünün icmalarında kesin ola-rak ısrar edilmiyorsa. Kesin olarak olursa o zaman döndürmek yasaklanıyor ve zanni ictihadlarla terkedil-mesi yasaklanıyor. Zanni ictihada dönmek zanni ictihadla olur. 2. İse mezhebin nashını bazılarının gittiği, muhalefet mezhebinin iptaline vefatı ile olur. Kalanların icmaının akdolunmasını söylemiş. Onlardan bazı-ları şöyle söylemiş. Mezhebi iptal olunmuyor ve daha sonraki icma akdolunmuyor. Çünkü sonrakileri bü-tün ümmet değildir. Bu mesele için, vefat eden vefatından önce istikrar edilmiyor. Çünkü Allah (CC) tara-fından nashı mümkün oluyor. Bu da beklenen. O da kesin olarak vahiy ile ve kesinliğin kaldırılması kesin-lik ile nash yoluyla yasak değildir. Kesin icma hükmünün kaldırılması ictihad ycluyla. 4. Farzettikleri şey icmalarına muhalif haberin hatırlatılması imkansız bir farzdır. Allah (CC) ümmet masum eder. İcmadan haberin tersine bu da muhalif haberin olmaması veya rivayet edenin ismetini unutmaktan icmanın akdolun-masına tamamlanıncaya kadar. Bunun için bu hüküm tabi olanların gözetimirin olmasını muhalif bir habe-re geçen icma .
17. Mesele: Çoğunun ittifak ettiği şey ümmet herhangi bir hükme toplanırsa bu da ancak delil ve dayana-ğa gereklidir. Toplanmasını gerektiren istisnalar hariç. O grup icmanın akdolunmasının başarıyla olur. Dinin nasıyla bilinen ilim değildir. Dayanağı olmadan doğruluğun seçilmesi Allah (CC) tarafından başarı ile eder. Olumsuzlaştırılan ise birkaç tane yolla göstermiştir. 1. Yol delil ve dayanak olmadıktan sonra doğruya varması gerek olmuyor.
Ne zaman bunu gerektirmiyor. Ümmet bir hükme icma yaparsa veya yapmazsa 1. Doğru 2. Tartışma ye-ridir. Engel nedir? İcmaları ittifaklanmış ise. Allah (CC) doğruluğa başarılara sevk eder. Çünkü onların itti-faklarının hata olması imkansızdır. daha önce açıklandığı gibi işitme yolları. Kelam ise bunların caiz olma-sını, gerçeklerin olması değil. 2. Yol. Sahabeler yani Peygamber (SAV)'in durumlarından, birşey söylediği veya hükmettiği durum ancak vahiy yoluyladır. Bu da nasın söylediği gibi ümmet delil olmadan söylemi-yor. Söyleyen şöyle söyleyebilir. Bir delil gösteriyorsa Peygamber (SAV) söylediğinden hatanın yasaklan-ması, aynı zamanda örnek. Peygamber (SAV) bir söz söylerse delil olmadan hüküm verirse o zaman söyle-diği doğru olarak hatanın yapmasının imkansızlığı ayrıca söylem hükmünü delil göstermeden yapması ya-sak edilmiştir. Allah (CC) Necm 3. " Battığı zaman yıldıza

andolsun ki, arkadaşınız (Muhammed) sapmadı ve batıla inanmadı. O, arzusuna göre de konuşmaz." Ümmet ise delil gösteriyorki onların hata yapması itti-fak ettikleri şey üzerinde imkansızdır. göstermiyor ki delil olmadan hükmettiklerini. Bu da ayrı tutulmuş-tur. 3. Yol dayanak olmadan hükmedilmedilmeleri caiz olsaydı o zaman onlardan herbiri caiz olurdu. Bir hükme icma ettiklerinde herkes o hükme söyleyebilir. Tekle caiz olsaydı. Bunlar bütününe caiz olmuyordu. Üstün meziyetlerin çoklarda olması tekleri etkilemez. Söyleyen söyleyebilir. Meziyet toplama bireylere iki şıktan 1. Şık icmaları delil oluyor. Hilaf birerlerden her birinin söylemi ile. 2. Şık. Bu birere caiz kılınması-nı şart olması. Kalanların söylemine eklenmesi, ekleme olmadan caiz olmaz. Veya tümünün söyleminde de oyni şey söyleniyor. Bu mutlak bir olarak caizdir. 4. Yol dinde delil ve işaret göstermeden söylem hatadır. Ona ittifak ederlerse hatadır. Bu imkansızdır. icmadan uzaktır. Söyleyen söyleyebilir ne zaman hata olabilir. Ümmetin icma etmediği zaman mı? İcma ettiği zaman mı? Söylediler 1. Doğru 2. Tartışmalı. 5. Yol makaleler delile dayalı değilse bunların ait olduğu şeylerin bilinmemesi kanun koyucudan başka böyle ol-mayanları olması caiz olmuyor. Söyleyen söyleyebilir. Çünkü bunların anlamının çıkış yolları istemiyor. Kanun koyucunun durumunu koymak. Dini delilden bunların anlatılmaması, kendisine musibet olduğunu bilmemesi.

Necm 3. ,4. "O (bildikleri) vahyedilenlenden başkası değildir."

Kanun koyucunun hükmüne başka bir anlam 1. Doğru bu da tam gerçeğin kopyasıdır. Değişik olanlar için. 2. Tartışma yeridir. 3. Düşünülmesi gereklidir. Ona delilin gösterilmesi. 6. Yol. İcmanın akdolunması delil olmadan caiz olsaydı o zaman ictihadın şartını icma edenlerin söyleminde anlamı olmuyor. Bu imkan-sız. Çünkü ictihadın şartlanmışı icmalar ile alınmış. Söyleyen şöyle söyleyebilir. İctihadın icma ile şartlan-mış olması veya icmanın durumu 1. Doğru , 2. Tartışma yeridir. Karşı görüş şöyle söyleyebilir. Delil olma-dan icma hatadan yasaklanma doğruluğa caizlik verilirse. Nasıl doğru oluyor ki bu durumda ictihadın şart-lanışı bu gibi durumlarda. Bu bir kaç yol reddenlerin elde ettiğim şeyler (yakaladığım) onlarda herhangi bir şeyin olumlu olarak muhalif makalesinin uzaklaştırılmasına ve sonraki hüküm doğruluktan ispat edenler de-lilleri 2. Yoldur. 1. İcma delildir. Bu delil delillere o zaman bir delil hükmünün (icma edilen hükmün) ispatı. Bu da icmanın delil faydalı ise ispatı olmuyor. Batıldır. 3 şekil için. 1. Şöyle söylenmesi icmanın de-lil olduğunu faydası alınması caiz inceleme araştırmanın o delilden düşürmesi, ittifaktan önce caiz olan muhalefetin yasaklanması. 2. Söyledikleri icmanın akdolunmamasını delilden gerektirmiyor. Onu da söyle-miyorlar. 3. Peygamber (SAV) söylemi ile çelişir. Bu da ittifakla delil olduğunu söylediği sözler ancak de-lille olur. Bu vahiyle aldıkları, nasdan nutk itibarı ile.

2.yol gerçekte delil getirmeleri. Şöyle söylediler. İcmanın akdolunması delil olmadan. İcma ettikleri misal hamam ücretleri. Yol kenarında koyulan çömlekin durumu, ücreti, berber ücreti ve haraç alınma v.s. şöyle söylenebilir. İcmalardan herhangi bir şeyin gerçekleştirilmesini delil olmadan kabul etmiyoruz. Ga-yesi ise yeterlilik nakledilmemiş. İcma hakkında alanın iki yandan zayıflığının öğrenilirse bilinirse tanınır-sa gereken, onlar delilsiz icma ederlerse, icma onlarlı gerçek oluyor. Onların hatalarının imkansızlaştırıl-masının zarureti söylenebilir. Şöyle de söylenir. İcmaları delilden düşünülür veya düşünülmez. Bu da alı-nışının zayıf olmasının belirlenmesi iki yerden.

18. Mesele: Söyleyenler icmanın akdolunuşu ancak dayanaktan. Görüş ayrılığına düşmüşler. Kıyas ic-tihaddan akdolunmanın caizliğinde. Çoğu caiz kılınmışlar. Fakat gerçekleşmesinin ispatının veya olumsuz-laşmasında görüş ayrılığına düşmüşler. İspatını söyleyenler onlarda görüş ayrılığına düşmüşler. Onlardan bazıları,icma, onunla delil oluyor. Muhalefeti yasaklanmıyor. Bunlara çoğudur. Bazıları da şöyle söyle-mişler. Muhalefeti yasaklanmıyor. Çünkü ictihadla söylem burda ictihadın kapısını açıyor, yasaklanmıyor. Şia, Davud az Zahiri ve Bucururi Tabari, İbn-I Cezir Et-Taberi, onlardan yasaklanma oluyor. İnsanlardan bazıları böyle caiz kılınması seçilendir. Burda delil muhalefeti yasaklanıyor. Akli delilin caizliği ise şöyle diyor. Bulduk. Tevatür sayısına artan çokluk insanlarl bunların batıl hükümlere

toplandıklarını ne kesin de-lile ne zanni delile dayandırıyor. Söylediğimiz şey icmanın akdolunması düşünme meselesinde zikrettiği-miz gibi icmanın akdolunmasının caiz kılınmasını belirlenen zanni delilden de öncelikli. Nasılsa bunun gerçekleşmesini takdir etseydik o zaman kendi zatına gerektirmez. Aklen mümkün olmadığını caize bu da başka bir anlam olmadığını gösterir. Gerçekleştirme delili sahabeler ise Ebu Bekr'in imamlığını icma ettik-leri bu görüş ve ictihad yollarından onlar bazı cemaatler şöyle söylemişler. Peygamber (SAV) "Dinimiz için razı olduk. Dünyü için razı olmaz mıyız?" bazıları şöyle söylemişler Ebu Bekr'e vilayet verirseniz Allah'ın (CC) uygulatmada güçlü bulacaksınız. Bedenen zayıftır. İttifak etmişler. Zekatı engelleyenlerle savaşmanın ictihad yoluyla engellenmesi (yasaklanması). Ebu Bekr söyledi ki;Ben hiçbir ayırdetmenin Allah'ın (CC) icma ettiği şeyler. Allah (CC) dedi ki namazı kılın, zekatı verin. İcma ettiler domuz yağının haram kılınması da kıyas olarak etinin de haram olmasını. İttifak ettikleri akan pekmezi ve bulamamanın süzüp durultmayı ittifak ettiler içine fare düşerse ve ölürse. Kıyas olarak lağım faresine. Halid Bin Velid emir etmeleri bir yerde ictihad ettikleri ve Ömer zamanında bu içki içenin 80 kırbaç haddi ictihadla. Pey-gamber (SAV) söyledi içerse sarhoş oluyor. Sarhoş olursa kendini kaybeder. Kendine kaybeden iftira eder. Peygamber (SAV) görüşüm iftira edenlere had uygulanması lazım. Abdurrahman Bin Avf söyledi ki bu haddir. Hadlerin en azı 80 kırbaçtır. İcma ettikleri de ictihad yoluyla. Avlama cezası guslün miktarı, yakı-nın nafakası, miktarı, imam ve kadıların adaleti v.s. Gerçekleşme ve caizlik sabit olursa izlenen delil ge-rekli olduğunu bu da icmaının delil olduğunu meselesinde. Şöyle söylenirse caizlik delilinden zikrettikleri yokluğuna itirazı beyan etmesi 5 şıkta 1. Şık. Herhangi bir asır o asırda bulunan bir cemaat kıyas olumsuz-laştırıyor. İcmaın akdolunması kıyasa istinaden yasaklanıyor. 2. Şık kıyas ise zanni bir emirdir. Bunların üstünde durulup, idrak edilmesi, insanların gücü ve anlayışı değişiktir. Bu da imkansızlaştırıyor. Onunla hüküm ispat edilmesini. Onların ittifaklarını imkansızlaştırıyor. Bir yemek bir vakitte. Çünkü mizacı deği-şik olduğu için. 3. Şık icma-delili kesindir. Çünkü muhalifi bile bidat ve fitneye sürüklenir. Zannedilen delil ictihadla sabittir. Zıttına bu da icmaın isnadını yasaklıyor. 4. Şık icma delillerden asıllardan bir asıl. Hatadan masum. Kıyas bir daldır. Hataya maruz kalır. Aslın isnadına ve hatadan masum dala ve hataya maruz olanlarda yasaktır. 5. Şık icma akdolunmuş. İctihad edenin muhalif caizliğine ictihad veya kıyas, icma akdolunursa o zaman muhalefetin yasaklanması icmaı caiz olanlar. Bu da çelişkilidir. Zikrettiğinizin gerçekleşme delili kabul etmiyoruz. Herhangi bir icma şeklini. Kıyastan veya ictihaddan aldıklarını. Fakat nusustan icma edenler belirlenmiş bize belirlenen gibi. Çünkü Ebu Bekr'in zekatı engelleyenlerle savaş hakkındaki tutumu Allah'ın (CC) Bakara 43. "Namazı tam kılın." Ali İmran 5. " ." Peygamber (SAV) istisnai söylediği şeyler. Bu hakkında emredilen. "İnsanlarla savaşmayı şehadet getirinceye kadar emredil-dim." Sahabelerin delil getirdiği, Ebu Bekr'in takdim edilmesini Peygamber (SAV)'in fiiliyle şöyle söyle-mişler. "Hangilerinizin, nefsini yükseltmeyi , iyileştirilmesini, iki kademe ilerlemesini , Peygamber (SAV) ilerlediği gibi." Bazıları bize belirli edilmiyor. Bu da icma ile yeterli olmasını naklinden. 1. Cevap 1. Şekle, doğru kabul etmiyoruz. Kıyasta hilafın gerçekleşmesini birinci asırda. Söyledikleri doğrulansın diye ve hi-lafının varlığı sonraki kıyasta gayesi ise icmaın akdolunmasının gerçekleşmesini engellemesi, kıyasa bu hilafın belirlenmesinden sonra bu mutlak olarak yasaklanıyor. Nasılsa bu birinin haberinin eleştirilmesi. Bu da içindeki değişiklik ve önerme sebeplerinde bununla muvafakat etmişler. İcmaın akdoluması ona caya-narak 2. Kıyas belirlenirse meyletmeden ve heves etmeden bu da onun üzerinden akılların ittifak uzak olmu-yor. Onunla hükmetmesi davet oluyor. Bu da belirli bir zamanda yapılmaması o zaman anlamaları gayret etmeleri gözlemde ve ictihadda, bunların uzaklaştırılması (anlama ve gayretleri) bu da uzun zamanlarda olmaması. Bir haberle çalışmasının ittifalarını mazeret göstermeme, bu da adalet ise şüphelidir. Delil göste-ren işaretlerinin belirlenmesi, müsbet (olumlu) sebepler önerilmesi için bu da tümünün ittifakının tersidir. Bir çeşit yemek yemek. Mizacların ihtilafı burda kendi hedeflerine zevklerine değişiklik gerektiriyor. Onla-ra gerektirmiyor. Toplamasını ictima edilmesini. Bunların onları davet eden kişinin

99

varlığı kıyasın belirlen-mesini, ona göre hüküm verilmesini 3. De 2 şekil var. ümmet ise kıyasın hükmünün isptanı ittifak etmişse, o icmaları o kıyasın doğruluğu icmaından daha öndedir. Zanni durumundan çıkmış oluyor. Kesin icmaın dayanağı kesindir. Zanni değildir. 2. Söyledikleri çelişki oluyor. İttifak ettikleri icmaın akdolunması bir kişinin haberine dayanarak bu zanni durumu ile ve icma istenilen şeyler kesindir. Gereklilik şeklinde zo-runluluk. Cevap olarak tartışma yerinden. 4. Kıyas bu icmaın dayanağı. İcma bir dal değildir. Fakat başka-larına kitapta ve sünnette onları gerçekleştirmiyor. İcma dallarına söyledikleri kıyas hataya elverişli icmaın tersi. Cevabı 2. Şıkkın cevabının daha önceki şıktaki cevapta olduğu gibi. 5. Den icmaın akdolunması icti-hat edenin muhalefetinin caiz kılınması tekil olarak. İctihadına bir veya iki kişi ümmetin ictihadı olmadan.

Söyledikleri zikredilen şekilde ümmet, nususları icma ettikleri söyledik. Teşebbüs mümkün olursa bazı şekillerdeki getirilen nususlar diyor. Mazeret, özür nedir? Belirli olmayan nas. Onlar açıklamalara kıyasla bir şeklin başka bir şekle katılması söylediğimiz gibi onlar içinde onlara nas olsa o zaman onlar vaz geç-mezler. Kıyasta açıklamaları böyle tesbit edilirse icmaın akdedilmesinin kıyas başkası ve zanni delillerden. Zanni delillerden bir delil belirli olsa. Gördü ki ümmet ona göre hüküm vermişse, bu da zanni galip gelirse dayanak itibarı ile. Caizlik tayin edilmesi gerekli değildir. Çünkü dayanak başkası olabilir. O durumda de-lillerin çoğalmasını bu Ebu Abdullah El Basri'nin tersine.

19. Mesele: İki söylem. Asır ehlinin ihtilaf ettiği meselede. Yani iki söylem için onlardan sonrakilerin bir 3. Söyleme gerçekleşme caiz olabilir mi? bu da görüş ayrılığına düşmüşler. Halkın gittiği şey bundan yasaklanma, Şia'nın bazılarının tersine ve Hanefilerin bazıları ve zahir ehlinin bazıları. Asrın ehlinin bazı-larının söylediği gibi cariyenin ber kişiyle evlenmesi, özür veya ayıp bulunursa bu da reddini yasaklıyor. Bazıları söylemiş. Red ile söylem burda bedelsiz 3. Söylemi karşılıksız. Bazıları söylerse ata bütün mal-larına miras olunuyor. Kardeş ile birlikte kendisi miras alıyor. Bazıları söylerse ata kardeşi ile birlikte bü-tün malları miras alıyor. Bazıları söylemiş bölüşme ile. Hiçbirşey almıyor söylemi 3. Söylem. Şöyle söy-lenirse niyet bütün taharatta itibarlıdır. Bazıları söylediler bazılarında itibarlı değildir. Şöyle söylem taha-rattan herhangi bir şeye itibar edilmemesi 3. Söylem. Bu anlamda bazıları söylerse nikahın fesh edilmesi 5 ayıpla ve bazıları söylemişler. Onlardan herhangi birinin feshi caiz değildir. Bunların feshi ile söylem bazı-ları ile olmadan 3. Söylem. Bazıları söylerse koca ve anababa veya eş ve anababa, üçte bir anaya, iki mese-lede, bazıları söylemiş bu da karı kocanın nasibini aldıktan sonra 1/3'ün bu da 3. Söylem oluyor.

El Gazali'nin söylemi 3. Söyleminin yasaklanması hakkında 3. Söylem caiz olsaydı, ona bir delil olsun veya olmasın 1. İse söylem onunla yasaktır. 2. Ümmete hata isabet etmesi onlara kayıp olmasını, gaflet et-mesini bu imkansızdır, zayıftır. Bu da ümmet hataya düşme nisbetiyle doğruluk olsaydı belirlenmiş olarak bu da böyle değildir. Gelecekteki şeyler açıklanacak. İctihad eden doğruluk ise o zaman yanlışlık etmeleri yasaklanmış oluyor. Kadı Abdül Cabbar delil getirmiş. Ümmet hata yapması yasaklanmış. İttifak etmiş o-lurlardı. Anlam yönünden bu 3. Söylemin söyleyişi yasaklanması, çünkü her grup kendi söylemini alması gerekli kılınıyor veya muhalif edenlerin söylemi ve bunlardan başkalarından alınmasını yasaklıyor. Bu da zayıftır. Çünkü karşı görüş şöyle kabul eder. Her iki grubun gerektiği söylemi olması veya muhaliflerin söylemini başkalarının ictihadını 3. Söylemine yerini olmamasını takdiri ile. Burda iki seçilen ise ayrıntı-lıdır. 3. Söylemin ise 2 söylemin ittifakını kaldırıyorsa bu yasaktır. İcmaya muhalif olduğu için. Cariye me-selesinde olduğu gibi. Burda ümmet ittifak ettikleri iki söylemde bunlarda reddin yasaklanması ve red iste-mekle iki söylemin ittifak ettikleri şey, reddin yasaklanmasının bedelsiz oluşudur. Söylem geçen icmaın ih-lali oluyor. Ata'nın ecdadın meselesinde aynı şey. Ümmet iki söyleme ittifak etmişse bu da mirasda bağım-sızlaşmanın ve kardeşe bölünmesinin iki tane grubun ittifak ettikleri cedde ecdaddır. Maldan bir kısmını taksidini alması. Söylem ise; Hiçbir şey mirasdan almıyor ise icmaya ihlaldir. Taharet ve niyet ise bu üm-met iki söylemle ittifak etmişse niyet itibarı taharatın (çoğu) tümünde veya bazılarında itibarlı, bazılarında itibarlı deği. İki söylem ittifak

ettikleri bazılarında itibar olması söylem ise bu itibarını olumsuzlaştırılması mutlak geçen icmanın ihlali olur. Fakat 3. Söylemin 2 söylemir ittifakının kaldırmıyorsa. Her iki söylemin şekilde muvafakat etmesi ve başka şekilden muvafakat etmesi caizdir. İcmaın ihlali yoktur. Şöyle söylerse bazıları bütün taharatta niyet itibarı ile. Bazıları ; itibarın olumsuzlaştırılması taharatta 3. Söylem bazıların-da itibarlı, bazılarında değil. İcma ihlal olmuyor.
İcmanın ihlali; icma ehlinin ittifak ettikleri şey üzerinde karşı çıkmak söylemle. Bu da böyle değildir. Bazılarında olumsuzlaştırılmasını bazılarının ispatını söyleyen teyid etmiş her şekilde. Mezhepli olanların mezhebini teyid etmiş. Bu icmaya muhalif olmuyor. Şeklindeki niyet itibarının hepsinde olduğu söyleyen teyid etmiş oluyor. Olumsuzlaştırılmasının şekli de teyid etmiş. Tümünün itibarını olumsuzlaştırılmasını söyleyeni muvafakat etmiş. Bazıları söyleseydi, müslümanların, müslüman olmayanlarca katledilmemesi ve gaib olanların satışının caiz olmaması bazılarında şöyle söylemiş. Müslüman müslüman olmayanlarca katledilmesi ve hazır olmayanın satışının doğru olması. Kim söylemişse müslümanı katledenir caizliğini, bilinmeyenin satışının doğruluğunun olumsuzlaşması veya tam tersine icma ihlal edilmemiş olur, hilaf ol-madan. Bu onlara caiz olması buna göre hüküm edilmesi, nikahın feshi 5 meziyeti ile. Şöyle söylenirse mutlak ispatla söyleyen ayrıntı ile söylememiş. Bu da mutlak olumsuzluğunu söyleyenler ayrıntı ile söy-lem bir söylemin hiç kimseye söylememiş. Söyledik. Söylemeyenler söyleyen yoksa onun hakkında söyle-mesi yasaklamıyor. Engel değil. Bir hükmün yeni bir olayda caiz kılınması daha önce ona söylem olmuyor-sa o konuda bu da icmaın tersidir. Şöyle söylenirse olumsuzlukla bütün söylenender ayrıntının olumsuzlaş-masının söylemi icmaın ihlali oluyor. Söyledik biz kabul etmiyoruz. Onlardan herbirisinin söylemi ayrın-tının olumsuzlaştırılması bu da makalenin açık olduğundan anlaşılıyor. Veya olumsuzlaşmasının söylemi veya mutlak ispat. 2. Yasaklanıyor. Her iki taraftan birisinin ayrıntının olumsuzlaşmasını açıklarsa bu ay-rıntı söylemleri caiz olmuyor. 2. Ayrıntının olumsuzlaşmasırı söylemini gerektirmiyor. Yoksa söylemle ayarıntının yasaklanmış olur. Müslüman ve müslüman olmayanca katli ve bilinmeyenin satışı yasaktır. Şöyle söylenirse ayrıntılı söylem her iki grubun yanlış yapmasıdır. Gittikleri şey ve iki grubun yanlışlığa itilmesi ümmetle yanlış yaptırılması (yanıltması) imkansızdır. söyledik imkansız ümmetin yanıltılması ittifak ettikleri şey. Fakat her bazının yanılmasının ittifak etmedikleri şey imkansız değildir. Buna göre ümmet iki kısma bölünemesi caiz oluyor. Her iki kısmının yanlışı yapması söylediğimiz gibi çoğunun muhalif olsa bile. "Muhalif olanlar" .. İki söylemin üzerinde ümmetin ihtilafı, ictihadın caiz kılınmasının delilidir. 3 söylem ictihadcan kaynaklanıyor, caizdir. 2. Şöyle ittifak ettiler sahabeler asırları tükenirse her-hangi bir meseleden celil getirirler. İki delille şöyle caiz oluyor. Tabi olanların delil getirmeleri 3. Delile bu da 3. Söylemledir. 3. Şöyle söylemişler. 3. Söylemin oluşmasını caiz olması ümmetten inkar olmadan bundan da sahabeleri şöyle bir mesele hakkında ihtilafa düşmüşler. Ana, baba, koca, eş ve anababa . İbn Abbas "Anneye asılın 1/3'ü , karı kocanın payı çıktıktan sonra kalanları söylemişler." Anneye kalanların 1/3'ü demişler, karı kocanın payından sonra. Fakat tabiler 3. Söylem yapmışlar. İbn Şirin söylemiş " İbn-I Abbas'ın söylediği şeye göre bir koca ve ana babanın eş olmadan ana baba olmadan eşin başka tabi olanır tersini söylemiş, ihtilafa düşmüşler. Sahabelerin söylemleri hiçbir hükmü yoktur. 1. Şüphenin cevabı. İcti-hadın caiz kılınmasına onlardan ve başkalarından 1. Doğru 2. Yasak, 2. İse farkla bunu beyan etmesi iki şeydendir. 1. , 3. Delil getirmesini ispat ediyor. İptal edilmiyor. 3. Söylemin hilafına belirttiğimiz gibi. 2. İttifak ettikleri şeyler bir delil. Başka bir delille engel olmuyor. Bununla beraber bir hükme ittifak ettiklerin-de engeller başka bir hükmün gerçekleşmesinde ayrıldılar. 3. İse karı koca ve ana, babayla iki grubun itti-fak ettiklerini kaldırmıyor. Fakat İbn-I Siirin ve başkalarının gittikleri yol icmaya muhalif olmadıklarını bu şöyle söylenir. Her şekilde yol olanların yollarıyla söylediğimiz gibi iki grubun ittifak ettiklerinin takdiri ile şöyle sahabenin tümünün söyleminin iki söy-emin üzerinde istikrar edilmemesi bazılarının söylemi veya sahabenin tümünün üzerinde söyleminin istikrar edilmesi 1. İse bu icmanın muhalifi değildir. Bazılarının muhalifi 2.

İse şöyle olabilir muhalif olduklarının o iki söylemin ittifak ettikleri zaman veşa daha sonraki 1. İcma ehlinden. İki söylemin ittifakla duruma muhalefet etmesi icmaın ihlali olmuyor. Söylemini yapma-sının takdiri daha sonraki red edilmiştir. İnkarın naklinin olmaması içinde göstermiyor. Buna göre cevapta-ki daha önce bahsettiğimiz mesele hakkında cevap oluyor.

20. Mesele: Asrın ehli herhangi bir mesele hakkında delil getirmişlerse veya bir tevil etmişlerse onlardan sonraki bir delil veya başka bir tevil caiz olabilir mi? O asrın ehlinin nas ettikleri o delilin iptalini veya tevilin iptalini veya onların doğruluğu, iki durumdan sustuklarını. 1. İse bunların yapılması caiz değildir. Çünkü ümmetin yanıltımasını ittifak ettiklerinin üzerinden. 2. İse caiz kılınmıştır. Burda yanıltma yoktur. 3. İse insanların caiz kılınmasına gittikleri, az olanların yasaklanmasıdır. Seçilenin caiz olmasını onların as-rın ehlinin icma ettiklerini eleştirilen kısmını lazım olursa, delili ise bu eleştirme lazım değilse bu caiz olur-du. Daha önceki tevil veya başka delilin öne gelmesi. Buna göre insanlar her asırda hala delil ve tevillerin karşılıklı delil ve tevillerle öncelik verenler onları inkar etmiyor. Bu da icma olurdu. Şöyle söylenirse söy-ledikleriniz kitap, makul ve sünnete çelişkilidir. Kitap ise Allah'ın Nisa 115. " Müminlerin yolundan başka bir yola giderse." Bu delil ve 2. Tevil müminlerin yolu değildir. Ali İmran 110. "Siz insanların iyiliği için ortaya çıkarılmış en hayırlı ümmetsiniz. İyiliği emredersiniz." Yani delil olarak her iyiliği emrederler.

Sünnet ise Peygamber (SAV)'in söylediği "Ümmetin hata üzerinde toplanmaz." İkinci tevil ve delilden uzaklaştıklarının hata olmadığı. Bu doğru delil olsa veya doğru tevil olsa bile, ondan uzaklaşması hata olur-du. Bu imkansızdır. makul ise 1. Asır ehlinin 2. Deliline gidilmesi caiz olsaydı o zaman Allah (CC)'ın Peygamber (SAV)'e bir hükmü iki delile vahyederdi. Peygamber (SAV) iki delilin birisine hüküm koyar-dı. Başkalarından uzaklaşırdı. Bu da yasaktır. 1. Ayetin cevabı yerme ise, ittifak ettikleri şey üzerinde o-lumsuzluk ve ispat yapılmaması, bunların karşılaşmadıklarının izlenmesinin ispat veya olumsuzlaşmasın-da 1. Doğru. Bulunduğumuz konularda yer yoktur. 2. Tevile ve delili ortaya çıkaran asrın ehlinin 1. Delil ve teviline yer bırakmamış. Hedefi ise bir delilin delile katılması ve tevil tevile katılmasıdır. Yasakladıkları 2. Delil ve tevili bırakmaması söz ise yasaklamadıkları için 2. İse ayet na yüklenmemesi bu yermenin icma-ının iptalinin karşılaşması ile ne ispatlanır ne olumsuzlaşır. 2. Ayette ise delilleri ortaktır. Allah'ın (CC) söylediğini, yani iyiliği emretmeyen, kötülüğün yasaklanması burda bütün kötülüklerin yasaklanması anla-şılır. 2. Delil ve tevil münker olsaydı onu da yasaklardı. Onu yasaklamayan şey münker olmaz. Sünnet ise 2. Tevil ve delilden uzaklaşmaları doğrusu ile hata olabilir. Kendi delil ve tevillerini gözardı etmemiş olsa-larda. Makul ise kıyastır. Doğru olmayan oybirlikteliğinde kabul edilmiyor. Bir hükmün iki delille tarif e-dilmesi,hükmün ispatının teklif edilmesi, birisinde veya ikisinde. 2. İse yasak değil. Hükme birisinde ispatı diğerinde olmadan 1. İse gerektirmiyor yasaklanması, hükmün ispatının iki delilden birisi onlarla hükmün ispatının teklifiyle ümmetin bir hükmün ispatı için yasaklanma olmaması 2 delilden birisini olmadan, yal-nız onlara teklif ettikleri doğru değil.

21. Mesele: İki söylem üzerinde asırlardan bir asır ehillerinden biri herhangi bir meselede görüş ayrılı-ğına düşerlerse, ihtilaf devam ederse, inkar eden var olmuyorsa, düşünülür mü icmaın akdolunması, iki söylemden birisine (onlardan sonraki) ictihad edene engel oluyor. Başka bir söyleme, gitmesini veya değil? Ebu Bekr Es Seyrafi arkadaşları. Ahmed Bin Hanbel, Ebu Hasan Eş Şari, Harameyn imamı, İmam Gazali, usulllerinden bir grup, Mu'tezile, Şafii'nin arkadaşlarının çoğu, Ebu Hanife caizliğe varmışlar. 1. Seçilen-dir. Çünkü ümmet iki söylemde ihtilafa düşerse, hilaf devam ederse gözlem ve ictihad tamamlandıktan son-ra onların icmaları akdolunur. İki söylemden herbirisinin almasını ictihad veya taklidle, onların hatadan masum oldukları (ittifak ettikleri üzerinde) hissi delillerle onlardan sonraki ittifakla iki söylemden birisi o-lursa, bu da ictihad edenlere engel olur. Başka bir söyleme gitmesine. 1. Asırda ümmetin o kararda olması-nın caiz kılınması. 1. Asrın ehlinin yanıltması imkansız oluyor. Gerçek olanların, caiz olması bu söylemde, aynı zamanda alınmaması ile birlikte iki durumdan

birisinin yanlış olması gerekir. Veya iki ittifakın birinin yanıltmasının imkansızlığı var. Tabi olanların icmaı asrın ehlinin iki söylemden birisini yasaklanan bir du-rumu göstermesi yasaktır. Yasaklama akli değişitme iledir. Şöyle söylenirse asrın ehlinin ittifak ettikleri iki söylem gerektirmiyor ki ittifaklarını, onlardan birinin caiz olmasını, her iki söylemin birisi de hata ola-bilir. Peygamber (SAV) söylediği gibi "Hakim ictihad ederse ve yanlış yaparsa bir sevabı vardır. Doğru-larsa iki sevabı vardır." Ümmetin icmaı hatayla almasının caiz kılınması. Bunların doğruluğunu kabul etsek icma ettikleri engel nedir? 1. Asır ehli ittifak ettikleri ictihadın caiz olmas.nı ve 2 söylemden herbirinin ele alınması şartla icma belirlenmemesi, ittifak ettikleri gibi su olmayışı farzı ise teyemmümdür. Bu da su ol-mayışı ile şartlandırılmıştır. Su bulunursa o icma hükmünün geçersiz oluşudur.
Kabul ettik icma ettikleri şartlı değildir. O şeyin icmalarını gösteriyor ki iki söylemin birisinin ele alın-ması caiz olması 2. Asrın ehlini iki söylemden birisinin icma ederlerse icma ettikleri 1. Asrın icmaına teyid etmesi ele alınmasında caiz kılınması. Onların icmalarına muhaliftir. İcmaı teyid edenlerin işitme olarak yasaklanmamış oluyor. Yasaklanma hakkında söylediğinizi kabul ettik. Fakat caiz kılınmasının gösterilme-si itirazlıdır. Gerçekleşme beyan etmesi. Çünkü sahabelerin ittifakla Peygamber (SAV)'I defni Aişe Ranh. Evinde defnedilmesi. Defnin yerinin konusunda ihtilaf ettikten sonradır. İttifak ettiler Ebu Bekr'in imamlı-ğı hakkında. Kim imam olacak, ihtilaf ettikten sonra ittifaka varılmış. Tabi olanların ittifakları çocukların annelerinin satışı hakkında sahabe ihtilaf halinden sonra ittifak olur. İttifakın bu şekli yasaklanmış olsaydı bunlar gerçekleşmemiş olurdu. 1. Sorunun cevabı iki söylemin birisinin yanlış olması ile değildir. Kabul etmiyoruz. (mutlak değil) Fakat her ictihad eden ictihad meselelerinde doğruyu yakalar. Anlayacağımız gibi. Haberlerden zikrettikleri, tevili olacaktır. Doğruluğa inanılması gereği çünkü ümmetin icmaı göz önün-de tutularak ictihad edenin söylediğinin herbirinin ele alınmasının caizliği, doğru olmasa bile. Yoksa icma-ların yanlışları ele alması imkansızdır. Bu gibi hükümle ümmet şart koymamış. Fakat mana, anlam vermiş. Her icmada bunun gibi caiz olurdu. Ümmetin bir söyleme ittifakla caiz olurdu. Ondan sonraki bir hilafete (ayrılığa) icma ettikleri şartlı olabilirdi. Muhalif ortaya çıkmadığı için. İctihad eden birisinin ondan sonraki muhalefetinin caizliği olurdu. Şarttan söylendiği gib. Bu imkansızdır. İcma akdolunmuştur. Mutlak icma-nın muhalif olanların herbirinin zikredilen şart belirlenmemiş. Bu ca yanılgıya düşmüştür. Asidir. Bu Ebu Abdullah Basri'nin izlediği icmanın akdolunmasının caizliği, geçen icmaın hilafına yoludur.
29. Sual 2. Asrın ehlinin icmaı. Bu imkansız olmuyor. İki söylemin birisinin icmanının aynısı bu gerektir-miyor. Diğer söyleminin ele alınmasını yasaklamıyor.
30. Sual. İttifak ettikleri defin imamlık, zekatı engelleyenlerle savaş v.b. zikredilenler.
Bu istikrarından sonra hilafın onların aralarında ve ictihad edenlerin herbirinin gittiği yolun savunması ve hilafın istişare yoluyla gelereklere dayanarak incelenmesi (durumlarının) bu akıllar arasındaki yapılması gereken tartışılan şeyin tersine. Kabul ettik bu ittifak hilafın istikrarından sonra. Ayrıca ihtilaf edenlerin kendilerine ittifak ve icmada şart koyan ictihad eden asırların tükenmesi. Bunların onlara dönmeleri (bazı-larının) icma ettiklerini, hilaf ise icma edenlerin düşünülmesi birlikte, öncelerinin asrının tükendikten sonra ayrılık ettiklerini. Fakat 1. Cevap seçilendir. Çocukların anneleri meselesi ise, sahabenin hilafını istikrarı ve devamını onların asrının tükenmesi ile. Kabul etmiyoruz tabi olanların icmaının hepsinin satışının ya-saklanmasını. Ali'nin mezhebi diyor. Satışının caiz kılınması devamlı görünmektedir. Şii'nin tümü ve bütün hal akd ehli bu mezhebe tabi olanları bu güne kadar.
22. Mesele: Sahabe veya herhangi bir asır ehli herhangi bir meselede iki söylemde ihtilafa düşerse. İtti-faklarını caiz oluyor mu? İhtilaf istikrar ettikten sonra. O söylemi birisinde veya saklanma diğer söyleme caiz olması. İhtilafa düşmüşlerdir. İcmada asrın tükenmesine itibar eden caiz kılmış demektir. Asrın tüken-mesine itibar etmeyen ihtilafa düşmüştür. Bazıları onları şartla caiz kıldılar. İttifak ettikleri şey kıyas ve ictihadın hilafına kesin delil değildir. Bazıları mutlak olarak men etmesi ve söylediklerinden birisinin icma-larının akdolunması caiz kılınmıyor. Bu seçilendir. Çünkü biz beyan ettik. Ümmetin

ittifakına bir hükme bir an için olsa. Bu da kesin veya şüpheli bir delile dayandığından bu kesin bir delil oluyor. Muhalefet ya-saktır. Beyan ettik o meselede ümmet beyanlarını hilafının istikrar etmesi iki söyleme. Onlardan icma olu-yor ki bu iki söylemden herbirinin ele alınmasının caiz kılınmasını, iki söylemin birisinin icması düşünü-lürse daha sonra imkansızlığa girer. Daha önce beyan ettiğimiz gibi. O meselede itirazlardan ve ayrılışlar-dan edinilen, kendisinde oluyor ki itibar edilmesi veya nakledilmesini.
Fakat bu mesele başka bir soruya ait oluyor. Bütün sahabe ittifak ederse herhangi bir asrın ehlinin birisi muhalefet etmesi yasak olmuyor. Birisine belirlenmesini kalan ümmete belirlendiği gibi. Onun belirlenme-si ile biz yasak etsek gerekene gitmesini biz yasakladık demektir. Hükme delille onu belirlenmiş olanı ve ümmetin kalanı ile birlikte vacib kıldı. Ona hükme muhalif olanı ve iptal edilmesi de imkansızdır. Onunla olması yasaklanmazsa o zaman onlardan ittifak gerçekleşmesi olurdu. Hilaftan sonra. Bu istenilendir. Şöyle söyledik onu belirleyen şey ümmetin belirlediği gibi. Ona dönmesini imkansızlaştırmıyoruz. Şöyle söylü-yoruz. Ona belirlenmesi imkansızdır. akıl yönünden değil işitme yönünden iki icmaın itirazları ve birisinde hata olması daha önce açıkladığımız gibi. Fark (arasındaki) icmaın ehlinin bu meselede onlara dönenlerin icma ettikleri ve kendilerine muhalifleri 1. Meselenin tersine. Muhalif olan 1. Meselede şöyle şüpheye düşer. O meselede gelen ümmetin bazıları ittifak ettikleri bu meselede icma edenlerin ümmetin tümüdür. Bunun için bu meselede sorun 1. Meseleden daha büyüktür. Buna göre şöyle söylüyoruz. Asrın ehlinin 2. Meselede ihtilafa düşmesi veya iki kısımdan birisi vefat ederse, diğer kısmı kalırsa. Söylediklerini icma engelleyen diğer söylemin alınması olmuyor. Daha önce söylediğimiz gibi bir grup muhalefet ederse.

23. Mesele: Delil veya haber var olabilir mi? ona itiraz olmayan. Ümmete bilinmemesinde iştirak eder mi? ihtilafa düşmüşler. Bazıları caiz kılmış. Onlar onunla uyulamaya, belirli olmayanla mükellef değildir. Onunla ilimin bilinmemesi hata sayılmıyor. Bilinmemesi onların yaptıklarından değildir. Mükellefin hatası fiillerinin vasıflarındandır. Bazıları imkansızlaştı. Bilinmemesine katılırlarsa bu onlara bir yoldur. Başkala-rına tabi olmaları gereklidir. İlminin tahsil edilmesi yasaklananlar Allah'ın (CC) söylediği Nisa 115. "Müminlerin yollarından başka bir yol."
Seçilenlerin onlara iştirak edilmesinde engel yoktur. Yaptıklarını ona teyid ederse. Çünkü teklif etme-diklerini, belirli olanların tebliğ edilmeyenlerin anlaşılması ayette delil yoktur. Çünkü her grubun yolu kasdedilen fiillerden onlara arasında yaygınlaştırılması ittifak ettikleri. Söyleyenin söyleminden anlaşıldığı gibi. Falanın yolu böyle, filanın yolu böyle. İlim bilmemesi ümmetin fiilinden değil. Onlara yol değildir. Onlara yol olmaz. Biz biliyoruz ki ayette kasdedilen, müminlerin yollarının izlenmesinin teşvik edilmesi. Delilin bilinmeyişi ona yol olsa bile. Ayette onların izlenmesini teşvik ederdi. Kanun koyucu cahile teşvik etmez. Dini delillerle icma olarak. Onların yaptıklarının tersi ise imkansızdır. Çünkü bu ümmetin icmaının yanlışlığı işitme delilinin olumsuzlaştırılmıştır. İhtilafa düşmüştürler.

24. Mesele: Muhammed (SAV)'in ümmetinin dinden dönmesinin düşünülmesinin asırlardan bir asrı olumsuzlaştırmış veya ispat ederek, aklen düşünülmesinin şüphesi yok. Hilaf olan işitme engellenmesidir. Seçilen ise yasaklanışı. Peygamber (SAV) "Ümmetim bir dalalet, hata üzerine toplanmaz." Başka hadisler-de " Ümmetim hataya düşmeden veya dalalete düşmeden masum olduğu anlaşılır. Şöyle söylenirse, dön-düklerinde Peygamber (SAV) ümmetinden değillerdir. O haberler onları kapsamaz. Söyledik şöyle gösteri-yor ki Peygamber (SAV) ümmetine hatayı ittifakla doğrulamıyor. Ümmet dönerse şöyle söylemini doğru-lar. Muhammed (SAV) ümmetine ittifak etmiştir. Dönmede hatanın kendisidir. Bu da yasaklanmıştır.

25. Mesele: Ulema Yahudi'nin diyeti konusunda ihtilafa düşmüşler. Bazıları müslümanın diyetine gibi-dir. Bazıları yarısıdır.bazıları 1/3'ü demiştir. 1/3'ü savunan kişi Şafii (Ranh.) ihtilafa düşmüşler. Fakihler-den bazıları şöyle zannetmiş, icmayla tutulmasını. Bu böyle değildir. 1/3'ün odaklanmasını 1/3'ün vacibi-nin içeriği ve fazlanın olumsuzlaştırılması. 1/3'ün vacibliği ittifaktadır. Hilaf yoktur.

Fakat fazlanın olum-zuzlaşması itt fakla alınmamıştır. İçinde ihtilaf vardır. Olumsuzlama olumsuzlaşan için dayanak ise bir de-lin gözleminde belirlenmesinde engel var olduğunu veya bir şartın geçmesini veya idrak edilmemesinin. Asıl olumsuzun get rilmesinin itimad edilmesi ve bu da icma edilişi herhangi bir olayda değildir.

26. Mesele: Bir haberde icmaın tesbitinde arkadaşlarımızdan bir kısmı caiz kılmış. Ebu Hanife arkadaşları ve Hanbeliler inkar etmesi, Ebu Hanife'nin arkadaşlarından bazıları, arkadaşlarımızdan bazıları, Gazali gibi, tümünün ittifakıyla birisinin bir haberiyle tesbit edilen dayanağı zannidir. Metni kesin olsa bile caiz kılınmasını söyleyenlerin delili nas ve kıyastır. Nas ise Peygamber (SAV) "Biz zahir ile hükmederiz. Gizli olan Allah'a aittir." Kıyas birinin haberi icmadan bu zanna faydalıdır. Delildir. Peygamber (SAV)'in nası gibi engelleyen delili ise, icmaın bir dilden nakledilmesinin fıkıh usullerinden bir aslı kıyas gibi. Veya bir kişi Peygamber (SAV)'den bir haber verirse. Ümmetten kesin bir icmaın delil olarak caiz kılınmasının deli-li yoktur. Zahiri şeylerden başka bir şey yoktur. Usullerden olmuyor. Dallarda delil oluyor. Topluca mesele asıl delilin oluşumunun şartlanmış veya şartlanmamış ise, kesin şartlanan yasaklanmış. Birinin haberi icma-ın menkulu bir dilden menkul olmasının delilidir. Bu meselede ortaya çıkan iki taraftan itirazını delil getir-meyişi.

27. Mesele: Hükmün icma eden hükmün önemsenmemesinin küfrü olması konusunda ihtilafa düşmüşler. Bazı fakihler ispat etmiş. Diğerleri red etmiş. Zanni icmaın hükmünün inkarı küfre düşürmez. Seçilen ise ayrıntıdır. İcmaın hükmü bu İslam anlamını içerebilir. 5 ibadet gibi. Tevhid ve tebliğ. Veya böyle değildir. Satışın helal kılınmasının hükmü gibi. İcazetin doğruluğu v.s. 1.ise önemseyen kafirdir. Çünkü bu İslam'ın hakikatini kapsamaz. 2. İse değildir.

BİTİŞ

İcma delil olacak olur veya olmaz. Bu icma geçen dinlerde delilmiydi?, değil miydi? 1. İse icma edilen icmaın doğruluğu ona bağlıdır veya değildir. 1. İse delil icma olarak bir şeyi yasaklamış oluyor. Herbirinin doğruluğu diğerine bağlıdır. Bu roldür. Delil getirme Allah'ın varolması ve Peygamber (SAV) tebliğinin doğruluğu, icmaın doğruluğu naslara bağlıdır. Ümmetin hatadan masum olduklarını daha önce söylediği-miz gibi rasların doğruluğu, gönderen Allah'ın (CC) doğruluğuna bağlıdır ve Peygamber (SAV) elçidir. Tebliğini icmaın doğruluğunu muhalefete bağlanmışsa roldür. 2. Kısımdan olsa icma edilen şeyler dünyevi ve dini emirler olurdu. Din emirlerinden ise engelleyen bir delildir. Muhalefet kesin ise icamı söyleyenlerin hilafı olmadan ittifak ettikleri aklen Allah'ın (CC) takdiri ile olmadan rüya görmesi. Bir yönde değil. (Allah'I tasarlayarak görmesi v.b.) Allah'a (CC) ortak koşanların olumsuzlaşması veya dinen namaz, oruç, zekatın vacibliği v.b.

İcma edilen dünyevi bir durum ise savaşlardaki görüşler. Ordunun tertibi, insanların hallerinin düzenlenmesi. İhtilaf var. kadı Abdul Cabbar söylemi, olumsuzlaşması veya ispatlanması. Bazıları muhalefetin yasaklanması, bazı hallerde caiz kılıması ve iki söylemde de cemaatten tabi olanlar vardır. Seçilen ise mu-halefetin yasaklanması gerekli değildir. Çünkü genelde ümmet hatadan masumdur. İttifak ettikleri izlenme-lidir. Geçen dinlerde icma delil mi, değildi. Usulleri ihtilafa düşmüşler. Gerçek ise ispatı veya olumsuzlaş-ması ondan vazgeçmesi ne akıl ve nakli olarak gözükmez. Olumsuzlaşma veya ispatını engeller. Bu da son kelamdır İcmada 1. Cüz bitmiştir.

www.ingramcontent.com/pod-product-compliance
Lightning Source LLC
LaVergne TN
LVHW012122070526
838202LV00056B/5827